Ich wünsche mir gar nichts Besonderes.
Nur etwas ganz „Normales“, ich will einfach nur „normal“ glücklich sein.
Mehr will ich gar nicht.

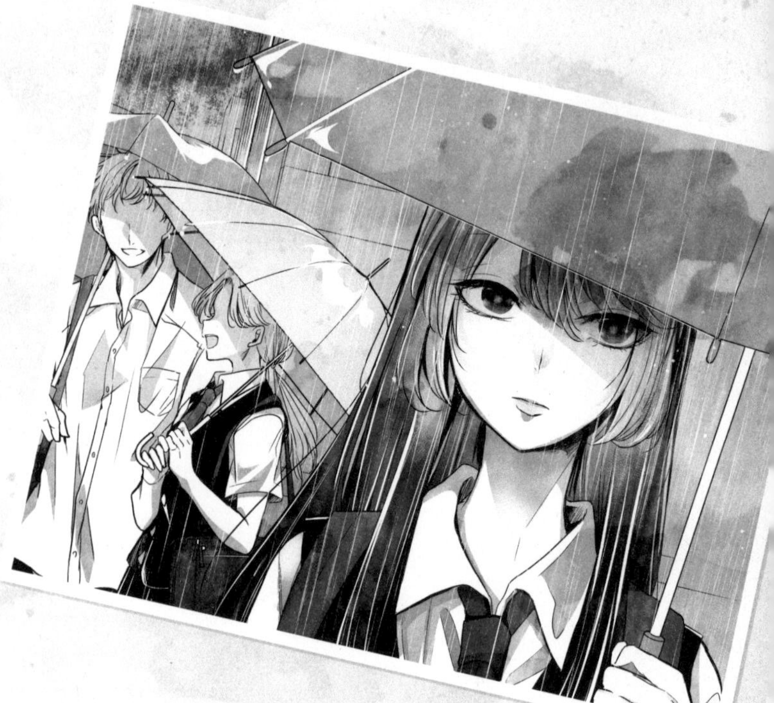

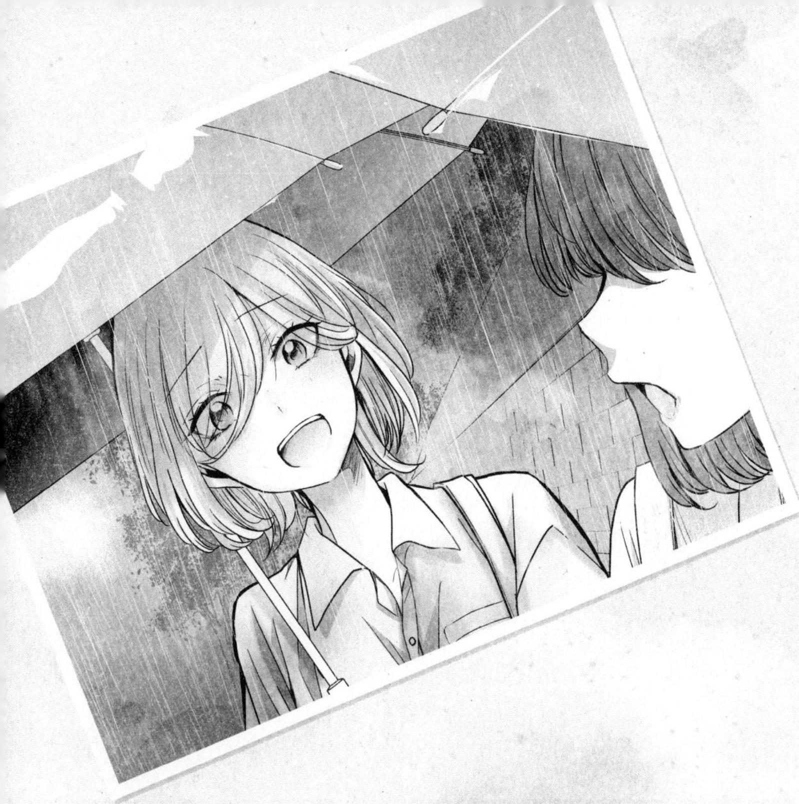

Inhalt

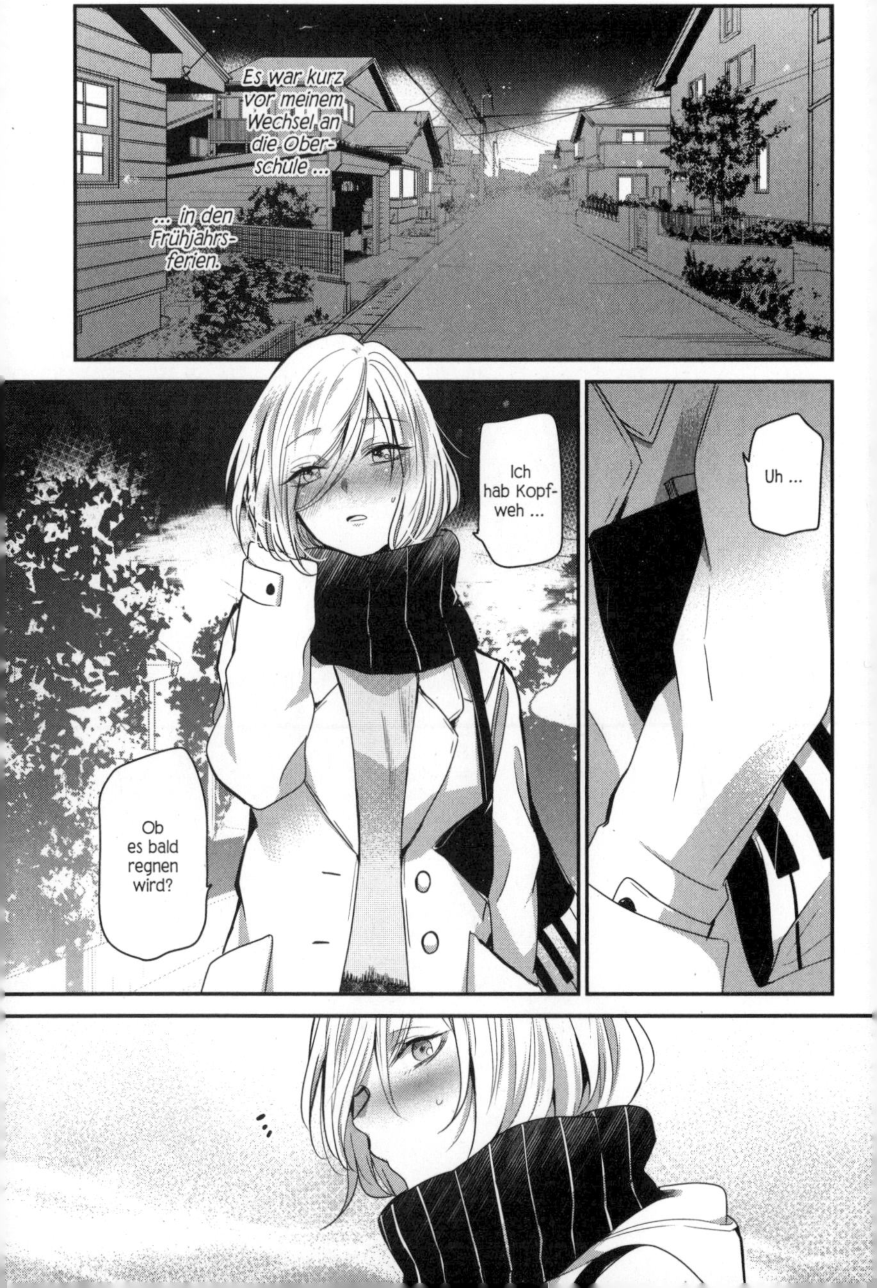
Es war kurz vor meinem Wechsel an die Oberschule ...
... in den Frühjahrsferien.
Ich hab Kopfweh ...
Uh ...
Ob es bald regnen wird?
...

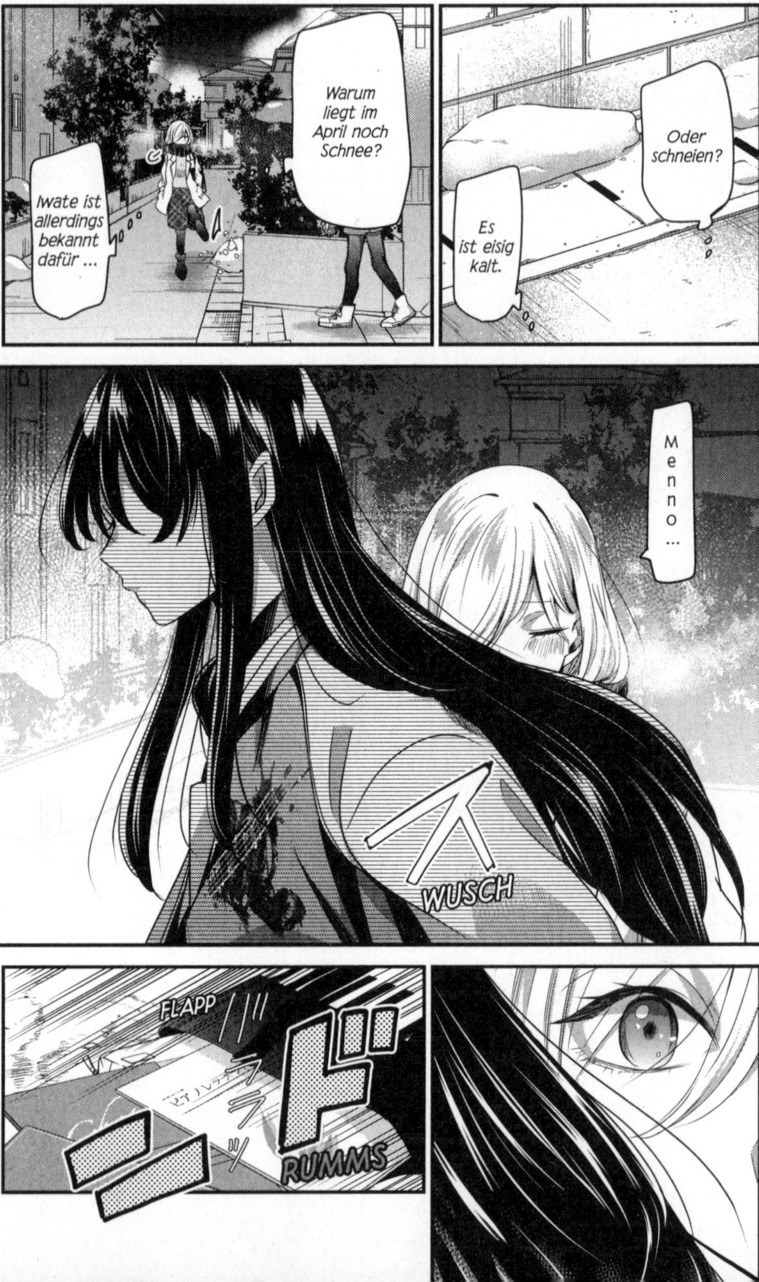

Oder schneien?
Es ist eisig kalt.
Warum liegt im April noch Schnee?
Iwate ist allerdings bekannt dafür ...
Menno ...
WUSCH
FLAPP
RUMMS

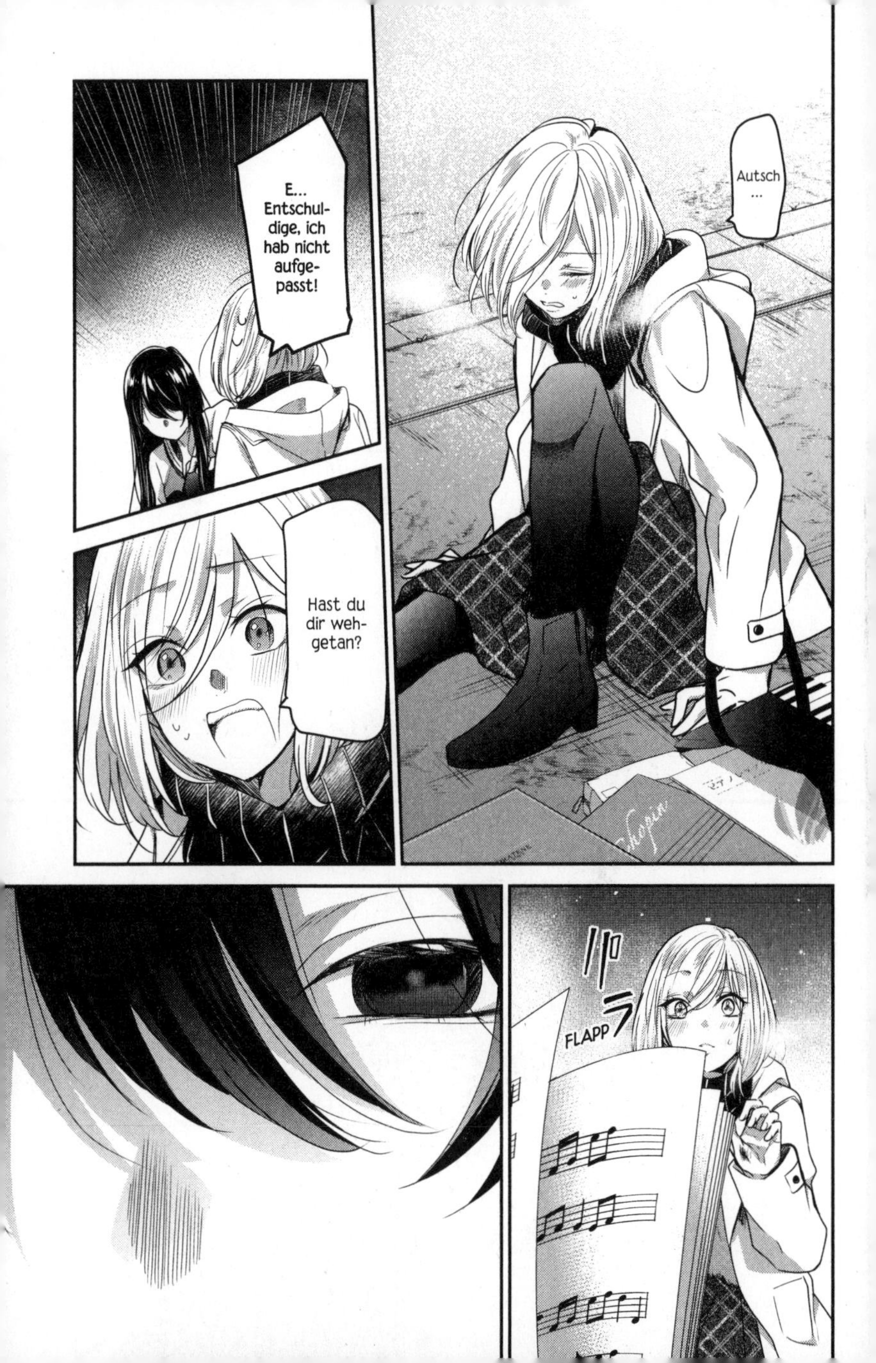

Autsch ...
E... Entschuldige, ich hab nicht aufgepasst!
Hast du dir wehgetan?
Chopin
FLAPP

Kapitel 1: Kanon und Saki

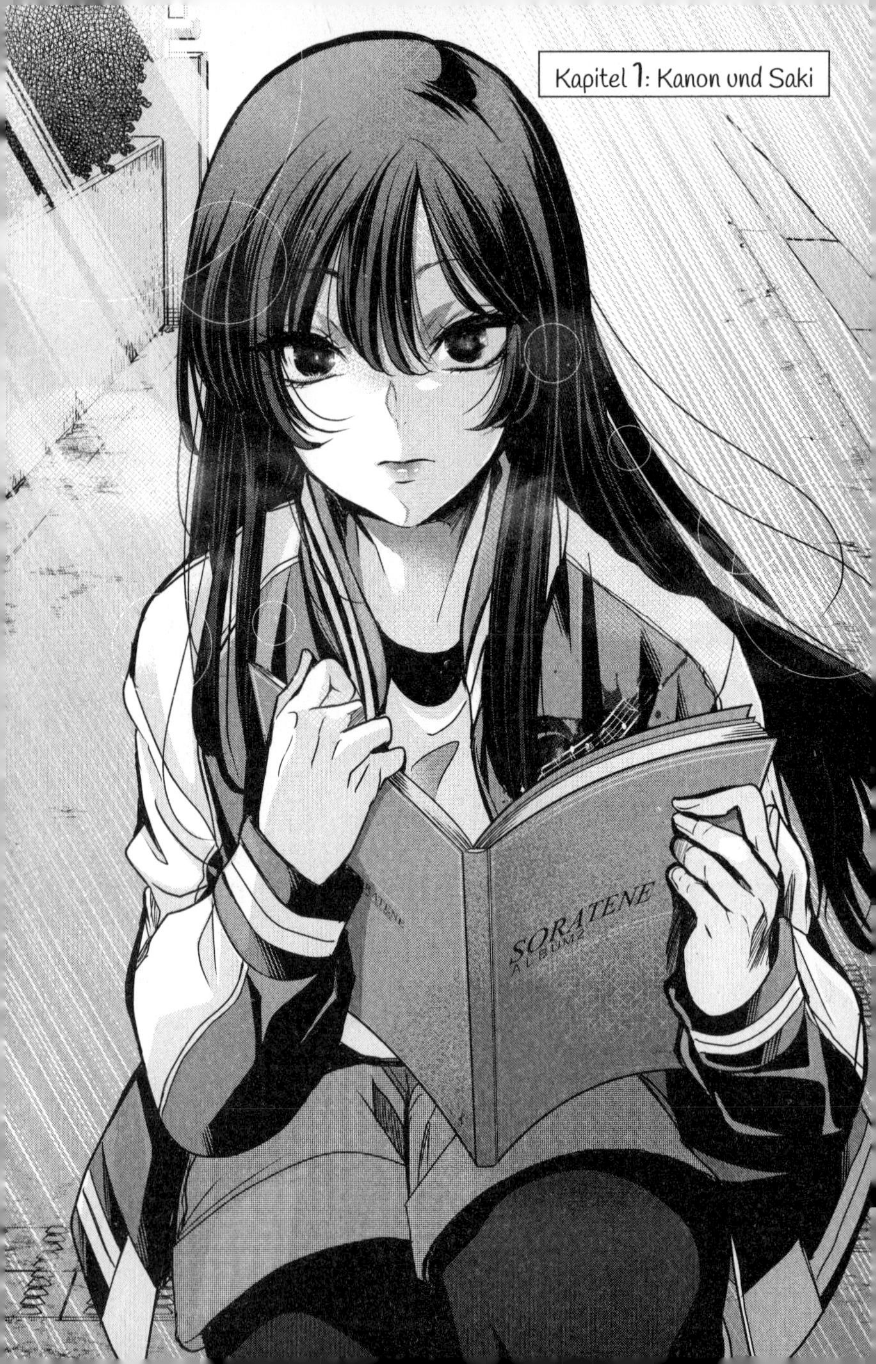

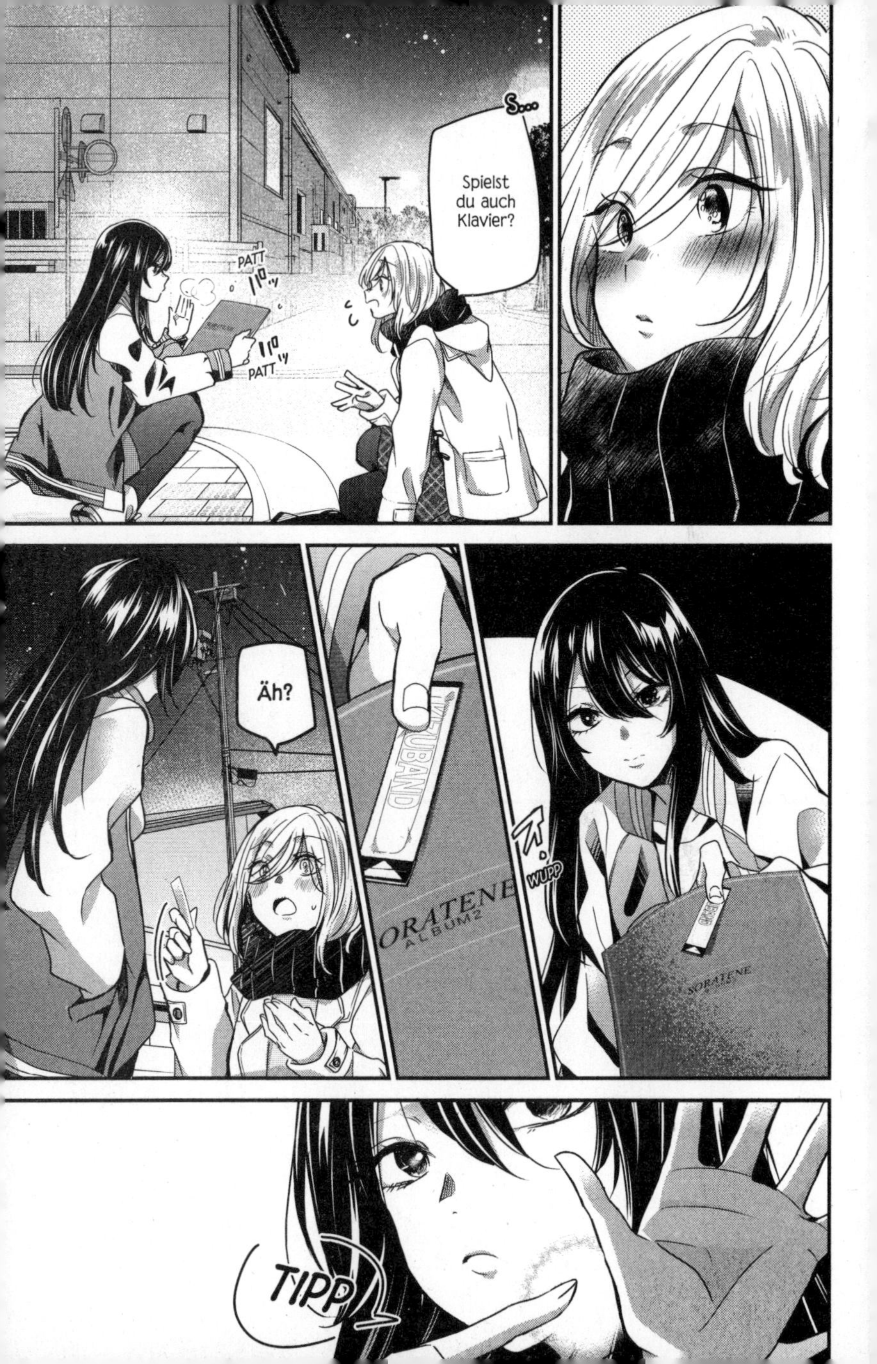
S...
Spielst du auch Klavier?
PATT
PATT
Äh?
WUPP
TIPP

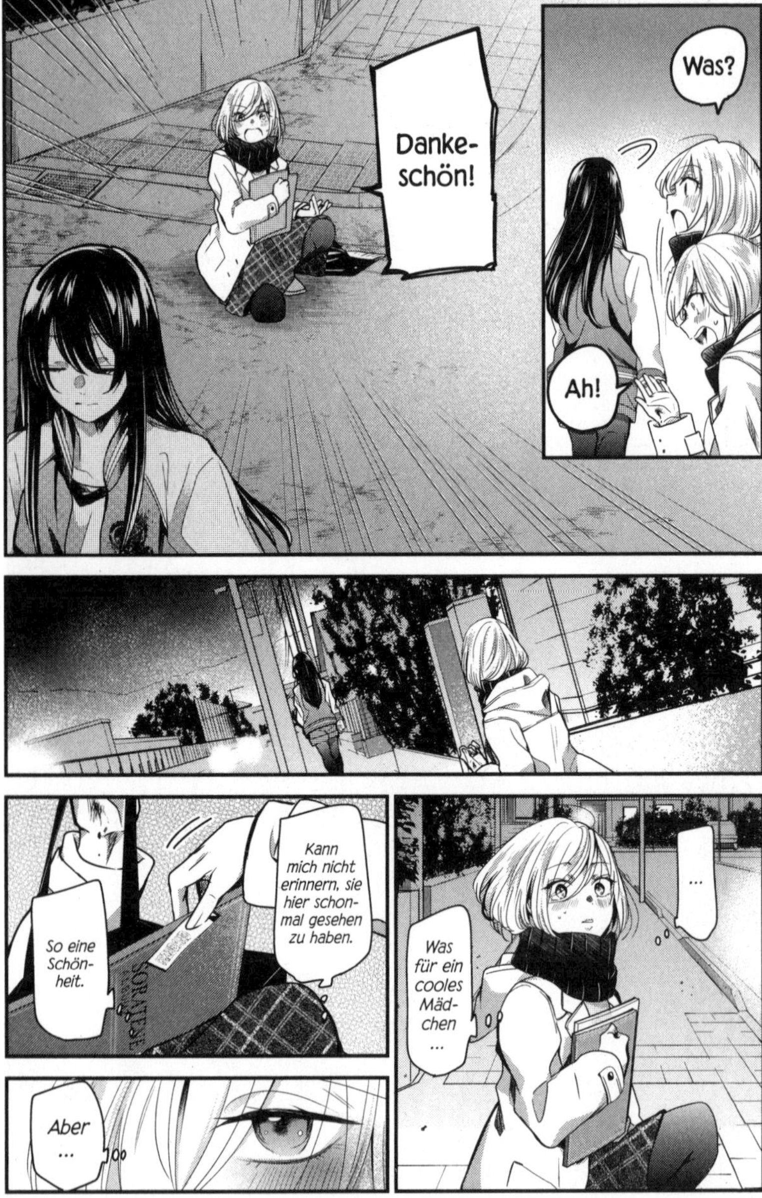
Was?
Ah!
Danke-schön!
...
Was für ein cooles Mädchen ...
Kann mich nicht erinnern, sie hier schonmal gesehen zu haben.
So eine Schönheit.
Aber ...

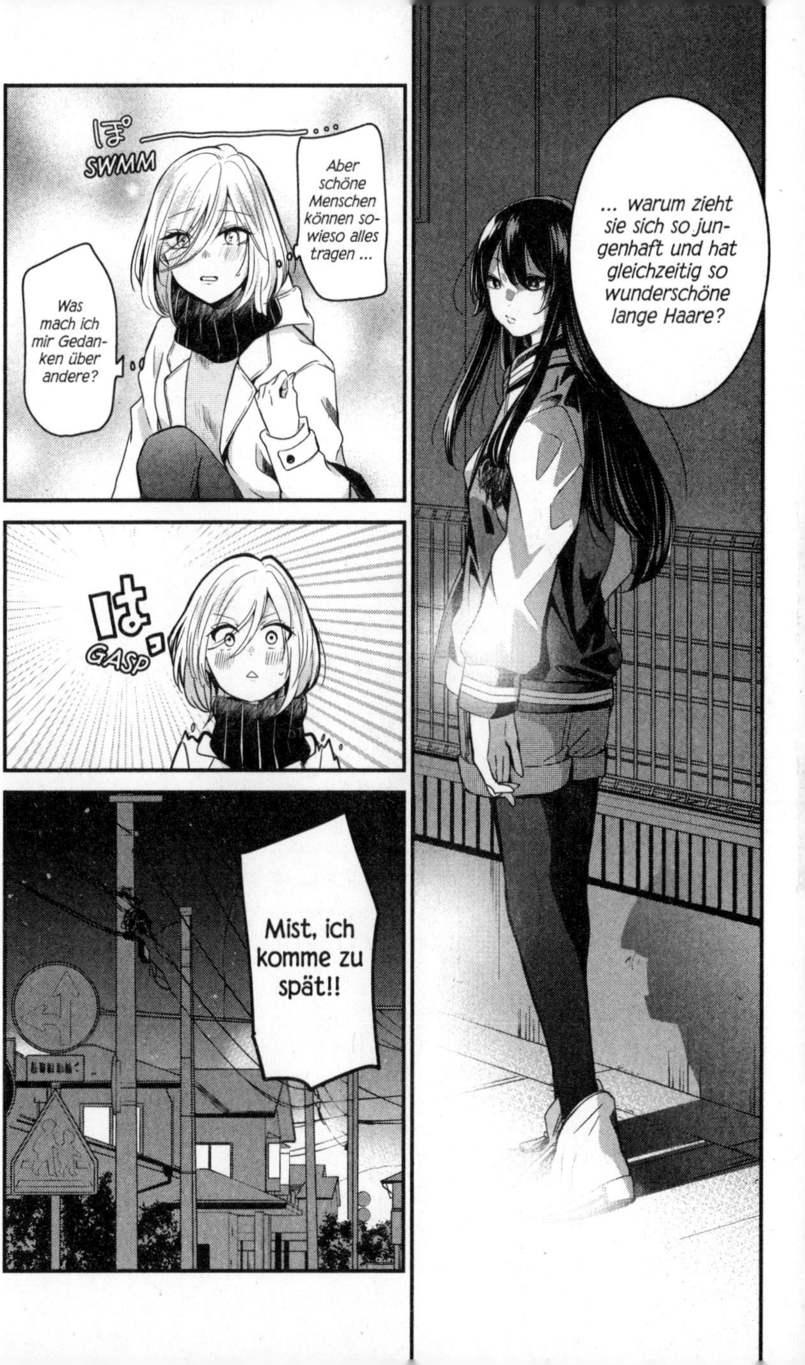
... warum zieht sie sich so jungenhaft und hat gleichzeitig so wunderschöne lange Haare?
ぽ
SWMM
Aber schöne Menschen können sowieso alles tragen ...
Was mach ich mir Gedanken über andere?
は
GASP
Mist, ich komme zu spät!!

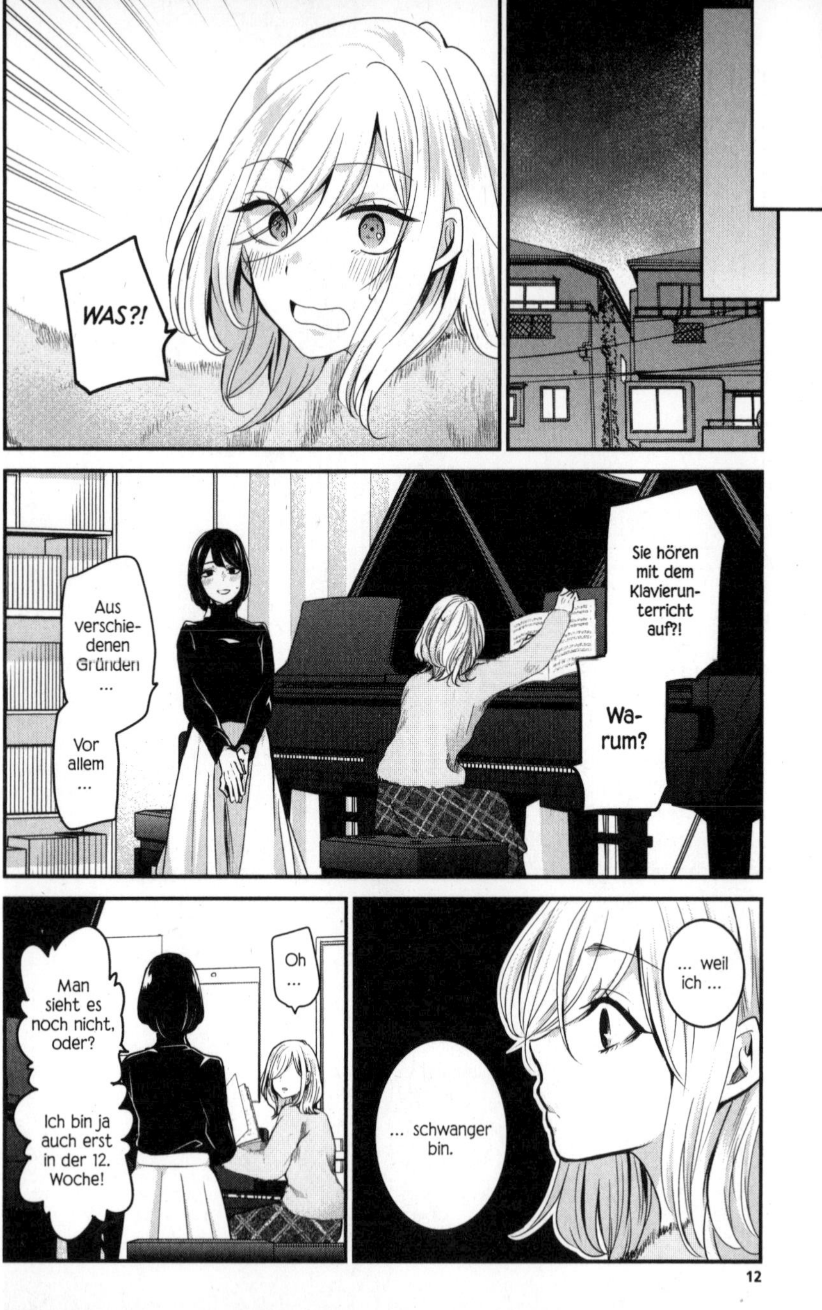
WAS?!
Sie hören mit dem Klavierunterricht auf?!
Warum?
Aus verschiedenen Gründen ...
Vor allem ...
... weil ich ...
... schwanger bin.
Oh ...
Man sieht es noch nicht, oder?
Ich bin ja auch erst in der 12. Woche!

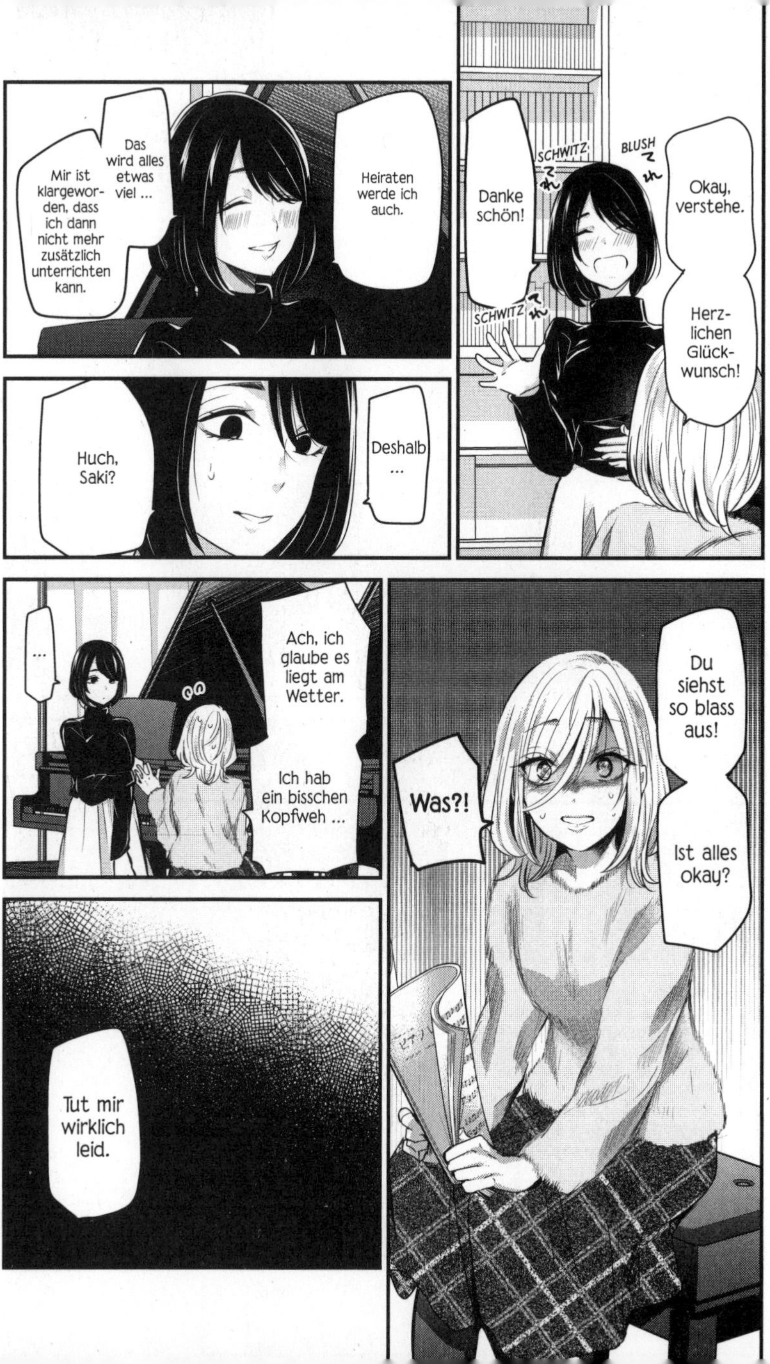
BLUSH
Okay, verstehe.
Herzlichen Glückwunsch!
SCHWITZ
Danke schön!
SCHWITZ
Heiraten werde ich auch.
Das wird alles etwas viel ...
Mir ist klargeworden, dass ich dann nicht mehr zusätzlich unterrichten kann.
Deshalb ...
Huch, Saki?
Du siehst so blass aus!
Ist alles okay?
Was?!
Ach, ich glaube es liegt am Wetter.
Ich hab ein bisschen Kopfweh ...
...
Tut mir wirklich leid.

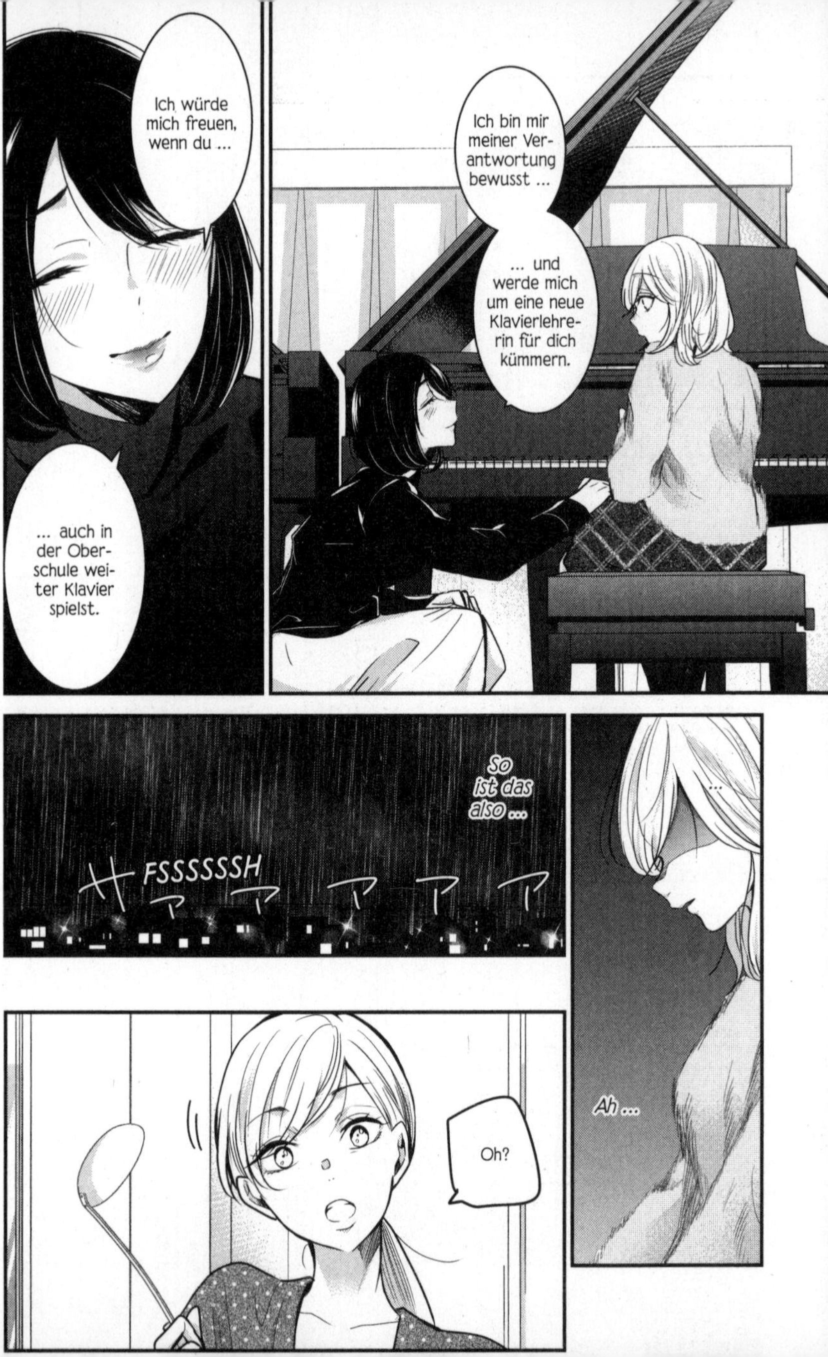
Ich bin mir meiner Verantwortung bewusst ...
... und werde mich um eine neue Klavierlehrerin für dich kümmern.
Ich würde mich freuen, wenn du ...
... auch in der Oberschule weiter Klavier spielst.
...
Ah ...
So ist das also ...
FSSSSSSH
Oh?

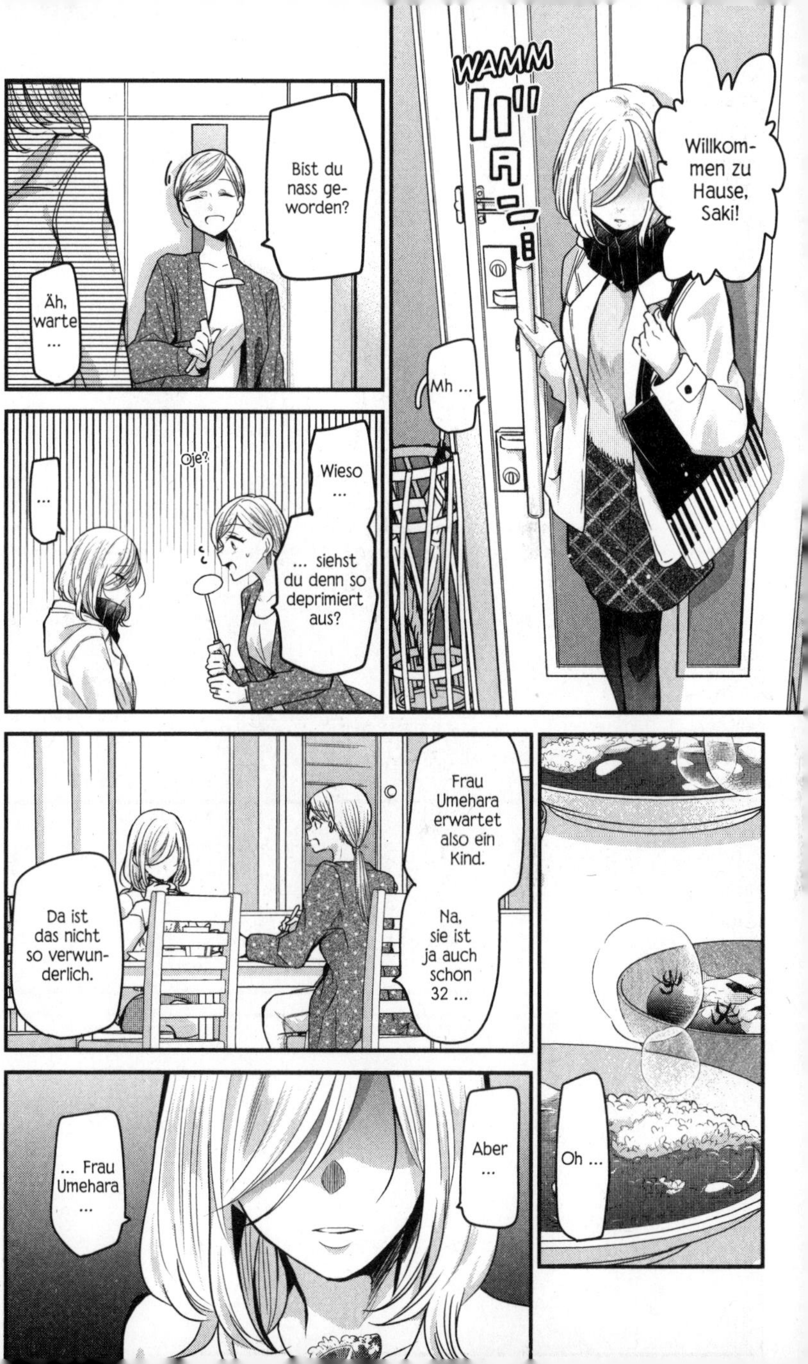
WAMM
Willkommen zu Hause, Saki!
Mh ...
Bist du nass geworden?
Äh, warte ...
Wieso ...
... siehst du denn so deprimiert aus?
Oje?
...
Oh ...
Frau Umehara erwartet also ein Kind.
Na, sie ist ja auch schon 32 ...
Da ist das nicht so verwunderlich.
Aber ...
... Frau Umehara ...

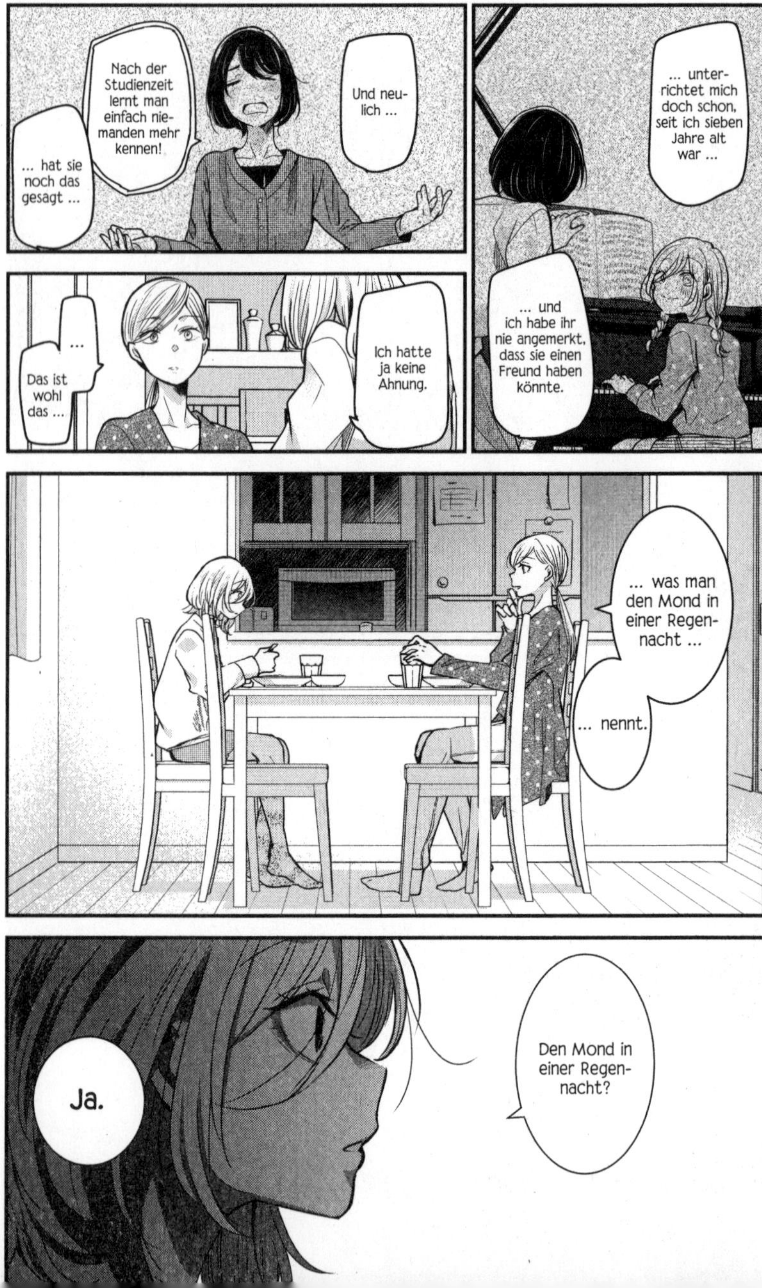
Und neulich ...
Nach der Studienzeit lernt man einfach niemanden mehr kennen!
... hat sie noch das gesagt ...
... unterrichtet mich doch schon, seit ich sieben Jahre alt war ...
... und ich habe ihr nie angemerkt, dass sie einen Freund haben könnte.
Ich hatte ja keine Ahnung.
...
Das ist wohl das ...
... was man den Mond in einer Regennacht ...
... nennt.
Den Mond in einer Regennacht?
Ja.

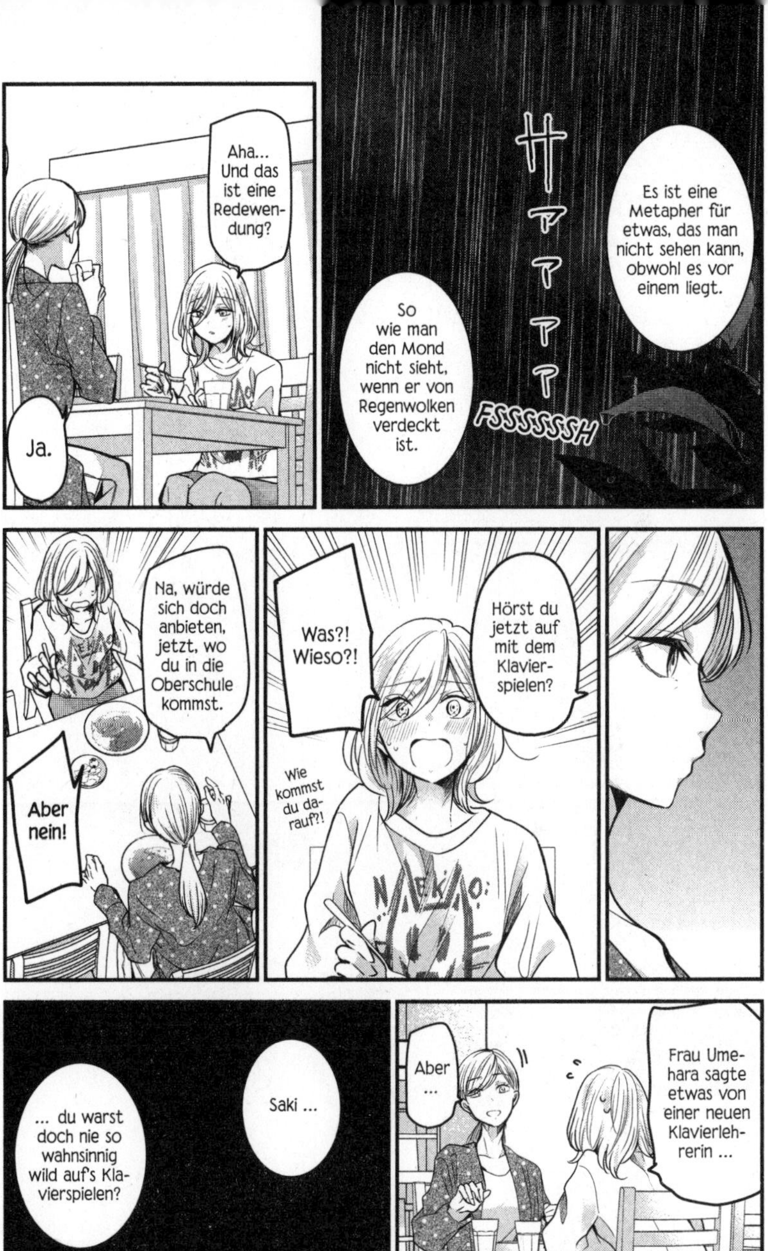
Es ist eine Metapher für etwas, das man nicht sehen kann, obwohl es vor einem liegt.
So wie man den Mond nicht sieht, wenn er von Regenwolken verdeckt ist.
FSSSSSSH
Aha... Und das ist eine Redewendung?
Ja.
Hörst du jetzt auf mit dem Klavierspielen?
Was?! Wieso?!
Wie kommst du darauf?!
Na, würde sich doch anbieten, jetzt, wo du in die Oberschule kommst.
Aber nein!
Frau Umehara sagte etwas von einer neuen Klavierlehrerin ...
Aber ...
Saki ...
... du warst doch nie so wahnsinnig wild auf's Klavierspielen?

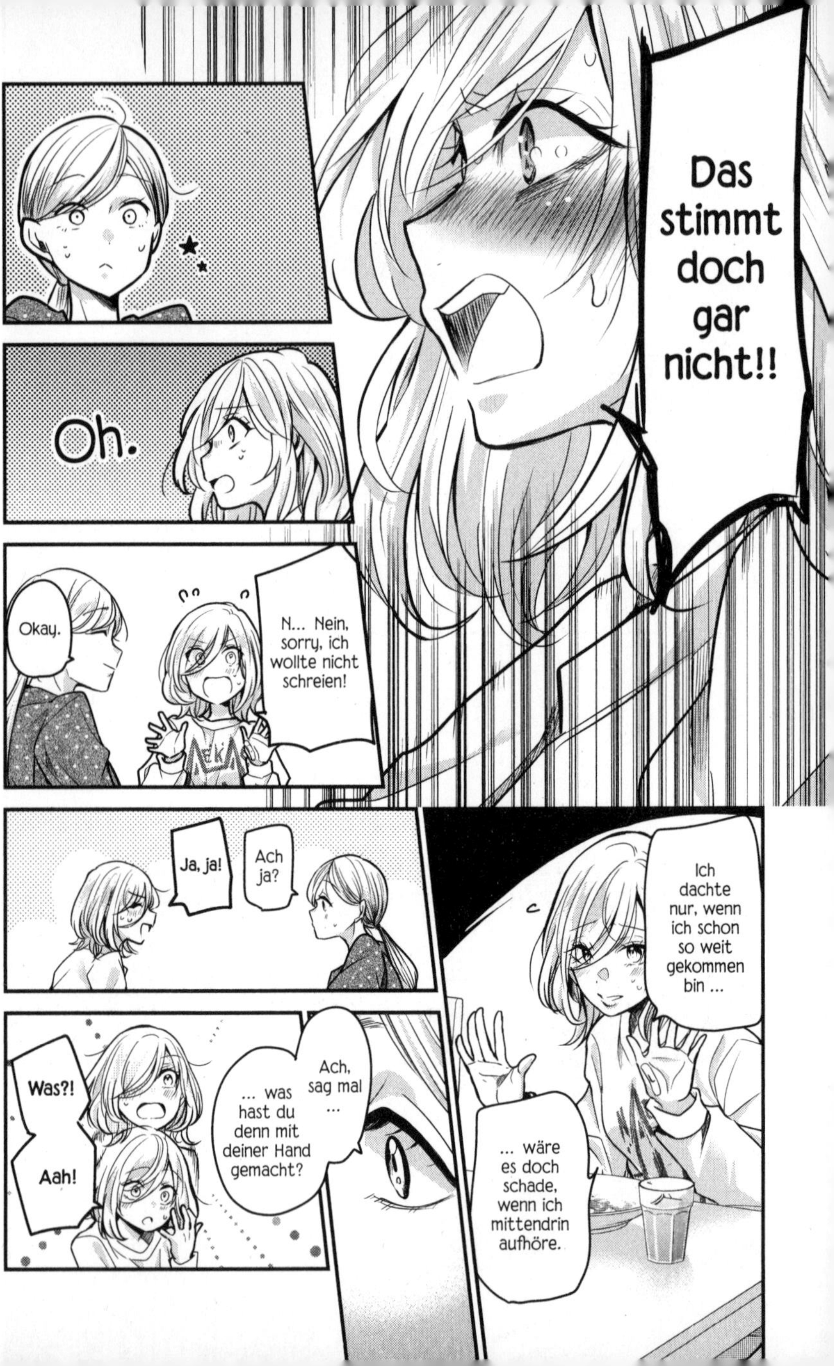
Das stimmt doch gar nicht!!
Oh.
N... Nein, sorry, ich wollte nicht schreien!
Okay.
Ich dachte nur, wenn ich schon so weit gekommen bin ...
... wäre es doch schade, wenn ich mittendrin aufhöre.
Ach ja?
Ja, ja!
Ach, sag mal ...
... was hast du denn mit deiner Hand gemacht?
Was?!
Aah!

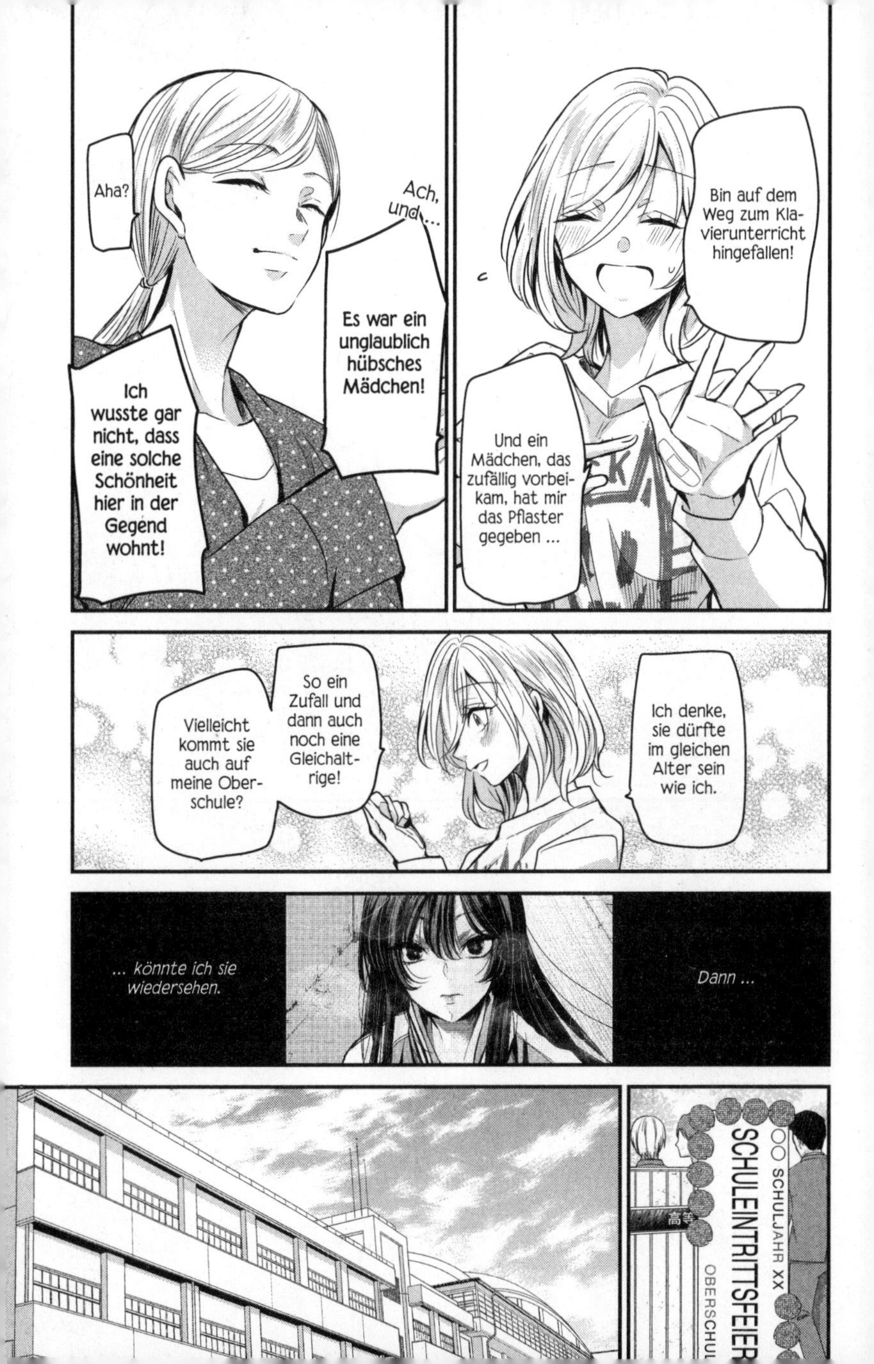
Bin auf dem Weg zum Klavierunterricht hingefallen!
Und ein Mädchen, das zufällig vorbeikam, hat mir das Pflaster gegeben ...
Aha?
Ach, und ...
Es war ein unglaublich hübsches Mädchen!
Ich wusste gar nicht, dass eine solche Schönheit hier in der Gegend wohnt!
Ich denke, sie dürfte im gleichen Alter sein wie ich.
So ein Zufall und dann auch noch eine Gleichaltrige!
Vielleicht kommt sie auch auf meine Oberschule?
Dann ...
... könnte ich sie wiedersehen.
○○ SCHULJAHR XX
SCHULEINTRITTSFEIER

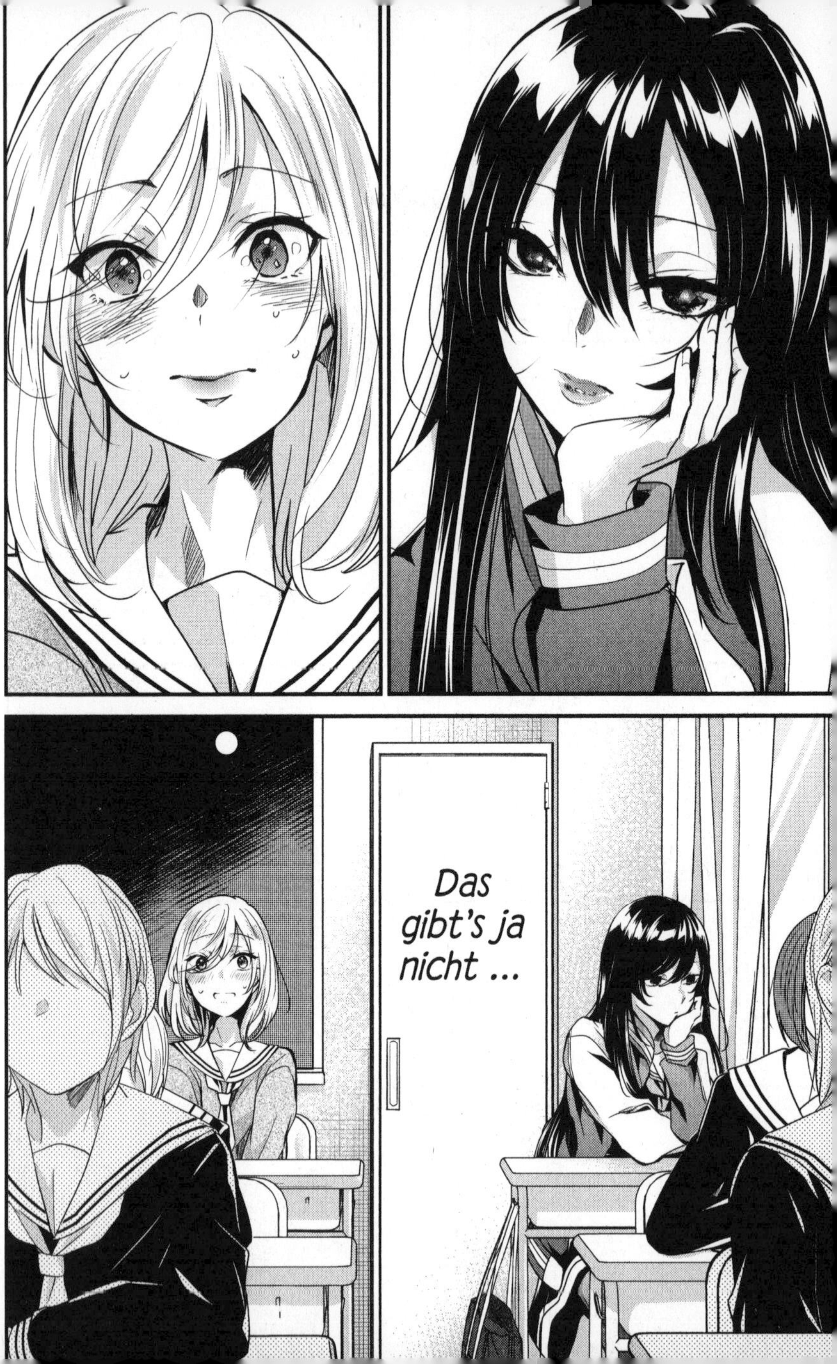
Das gibt's ja nicht ...

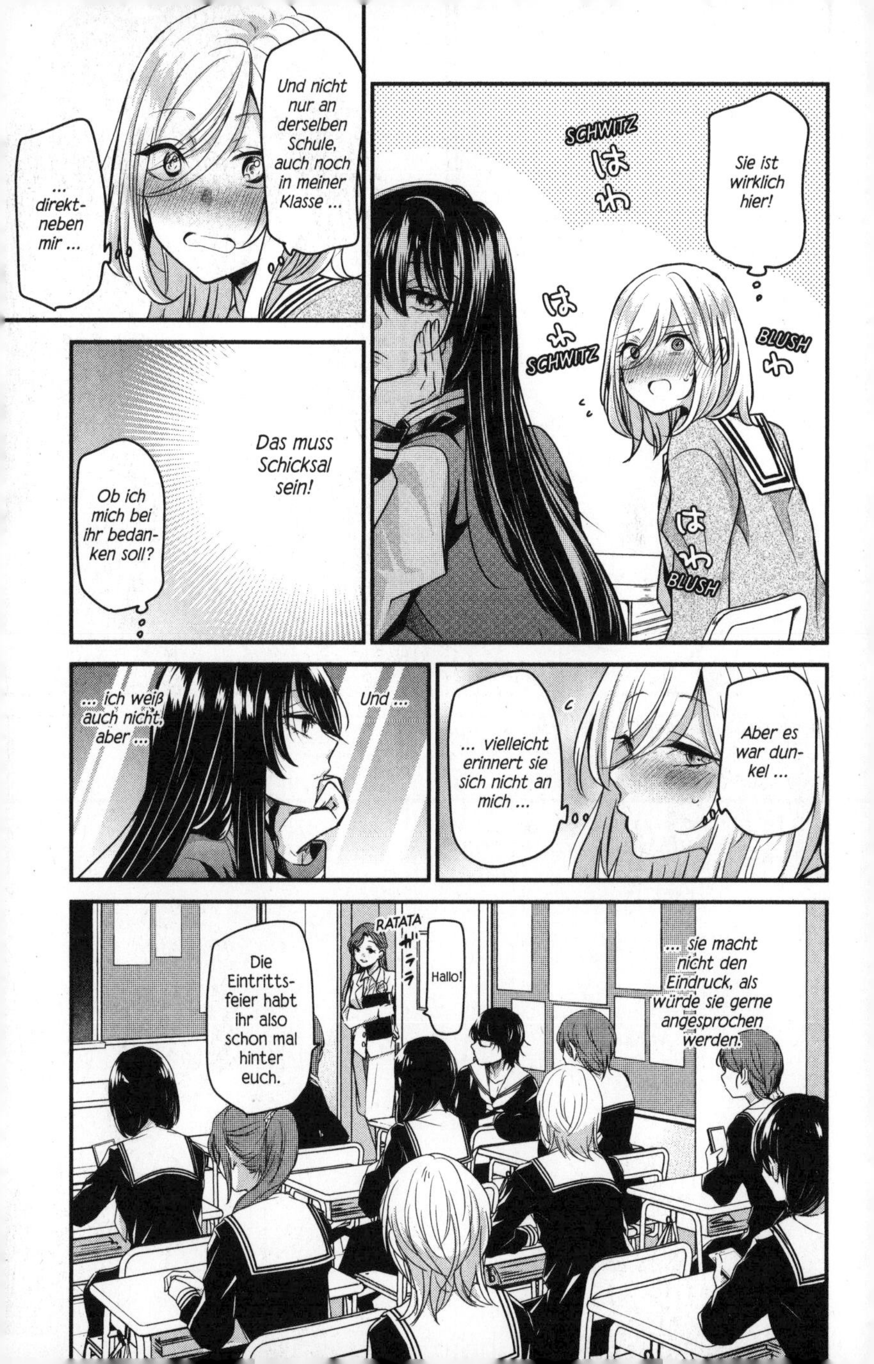
Sie ist wirklich hier!
SCHWITZ
SCHWITZ
BLUSH
BLUSH
Und nicht nur an derselben Schule, auch noch in meiner Klasse ...
... direkt-neben mir ...
Das muss Schicksal sein!
Ob ich mich bei ihr bedanken soll?
Aber es war dunkel ...
... vielleicht erinnert sie sich nicht an mich ...
Und ...
... ich weiß auch nicht, aber ...
... sie macht nicht den Eindruck, als würde sie gerne angesprochen werden.
RATATA
Hallo!
Die Eintrittsfeier habt ihr also schon mal hinter euch.

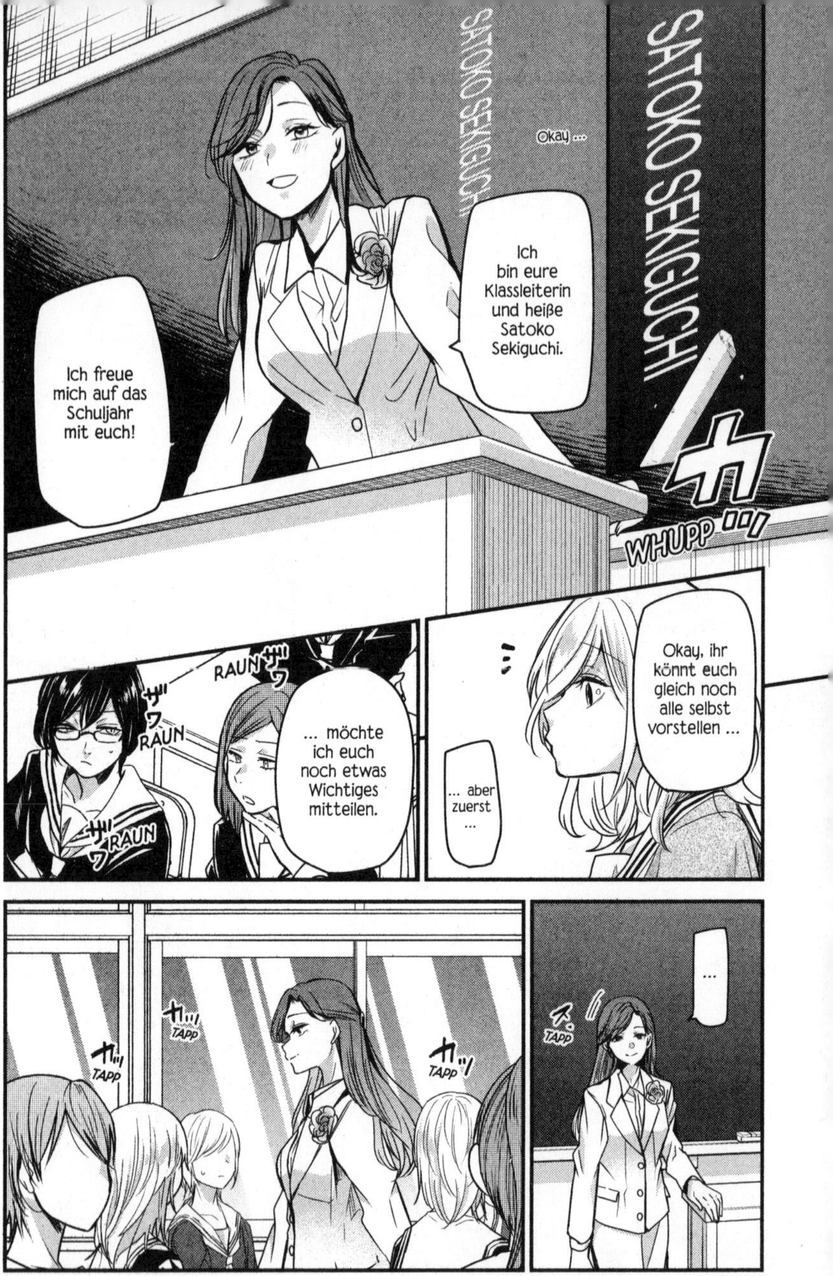
SATOKO SEKIGUCHI
Okay ...
SATOKO SEKIGUCHI
Ich bin eure Klassleiterin und heiße Satoko Sekiguchi.
Ich freue mich auf das Schuljahr mit euch!
WHUPP
Okay, ihr könnt euch gleich noch alle selbst vorstellen ...
... aber zuerst ...
... möchte ich euch noch etwas Wichtiges mitteilen.
RAUN
RAUN
RAUN
...
TAPP
TAPP
TAPP
TAPP

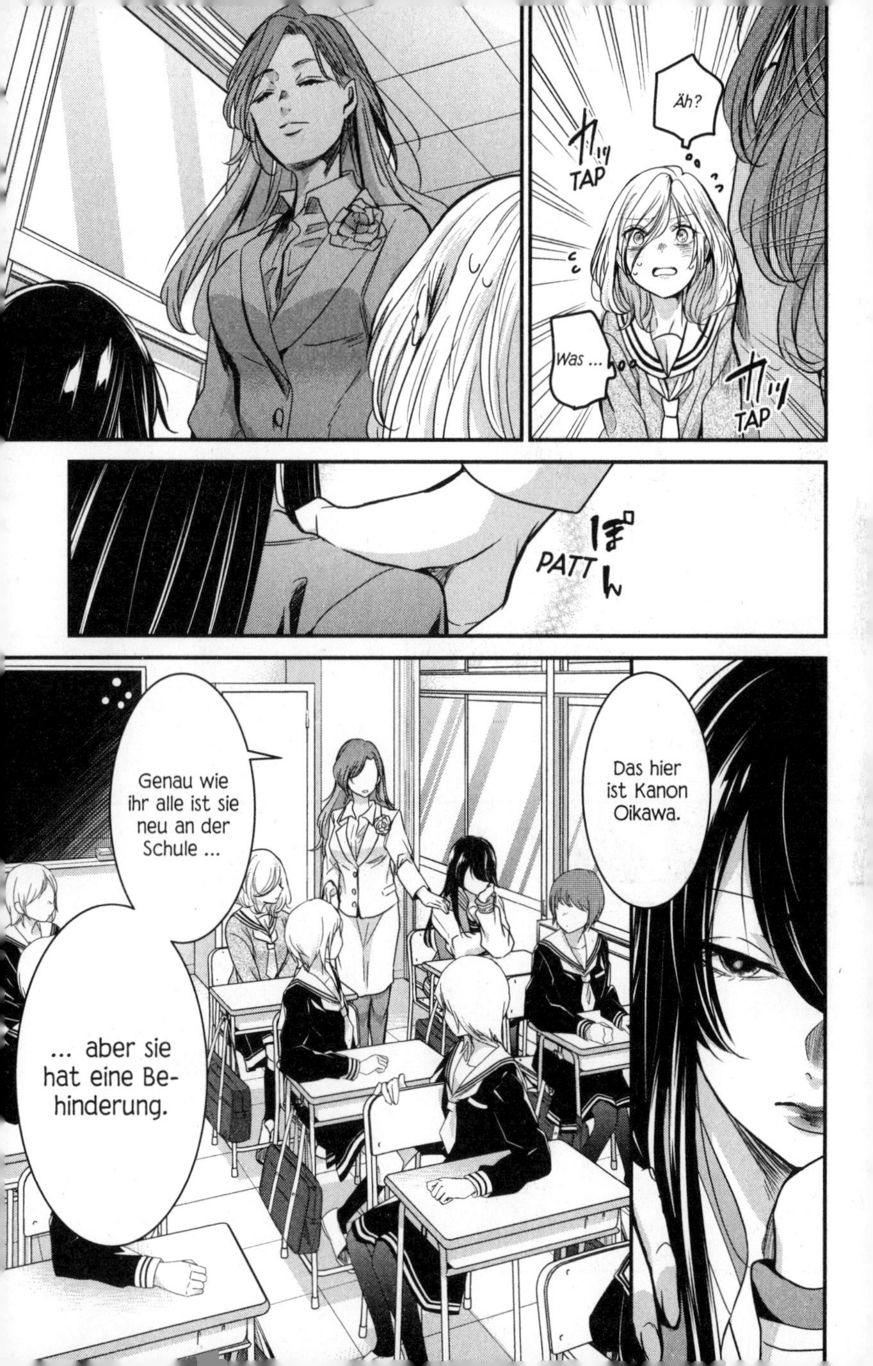
Äh?
カッ
TAP
Was ...
カッ
TAP
ぽん
PATT
Das hier ist Kanon Oikawa.
Genau wie ihr alle ist sie neu an der Schule ...
... aber sie hat eine Behinderung.

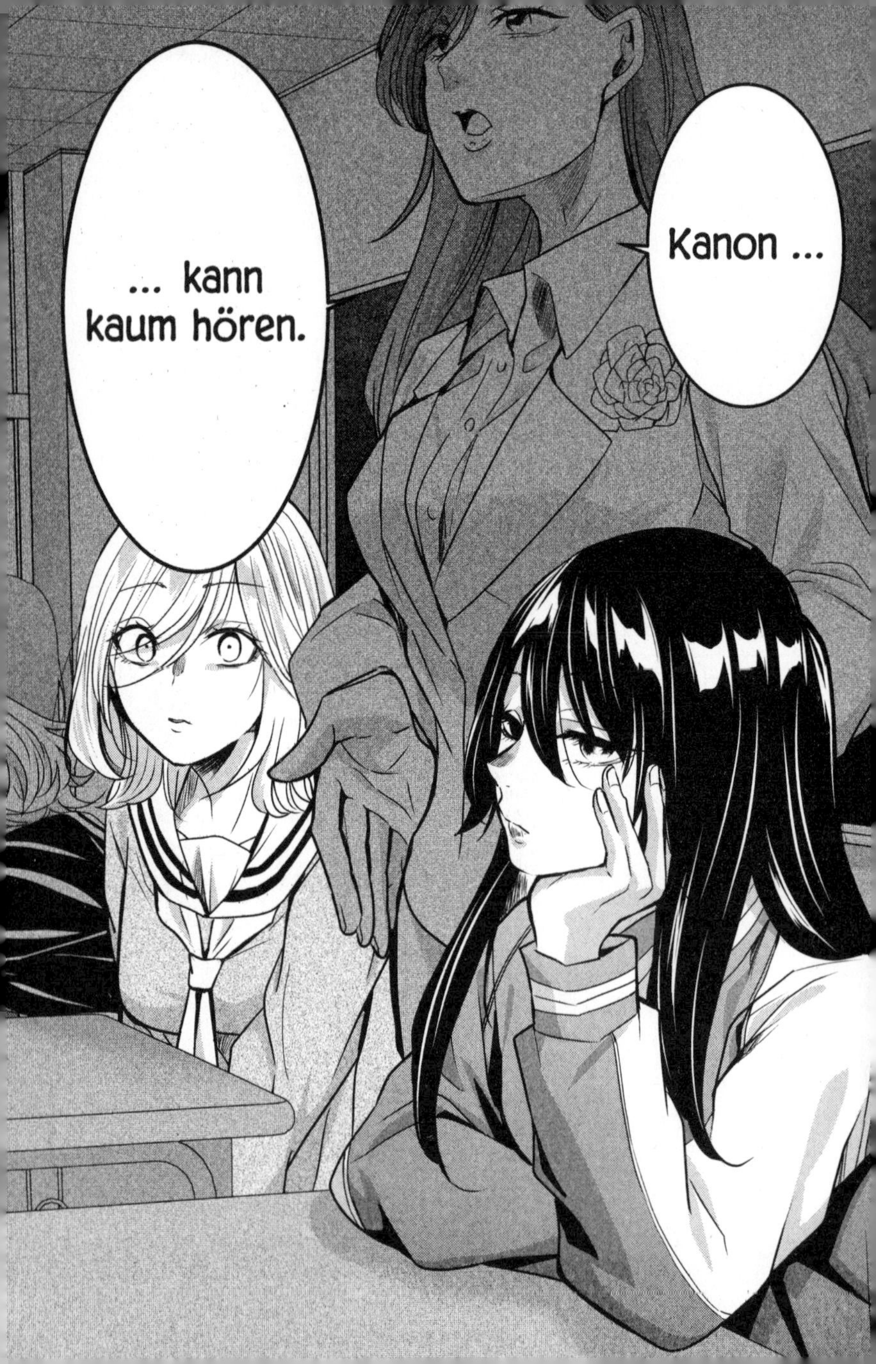
Kanon ...
... kann kaum hören.

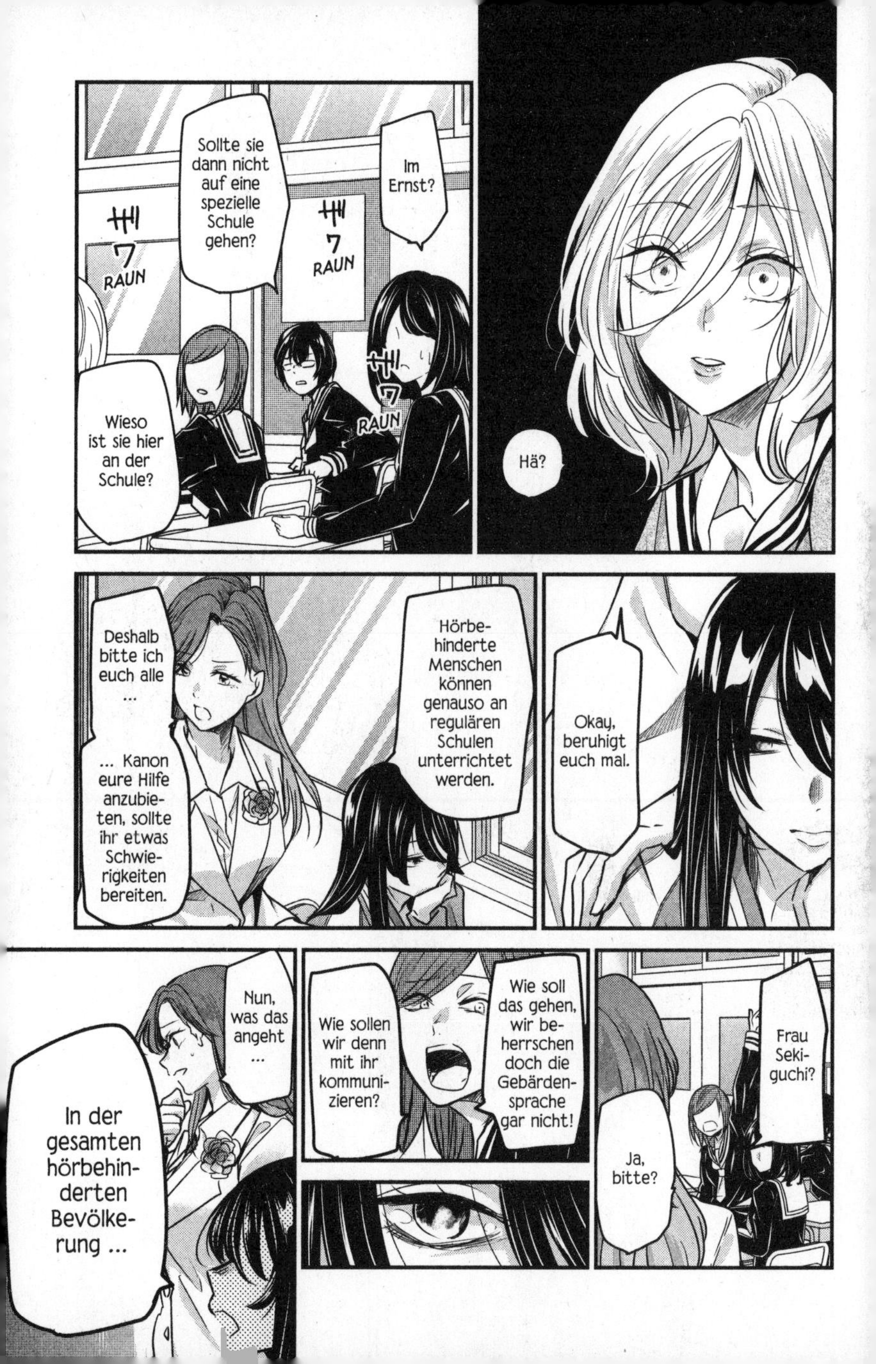
Hä?
Im Ernst?
Sollte sie dann nicht auf eine spezielle Schule gehen?
RAUN
RAUN
RAUN
Wieso ist sie hier an der Schule?
Okay, beruhigt euch mal.
Hörbehinderte Menschen können genauso an regulären Schulen unterrichtet werden.
Deshalb bitte ich euch alle ...
... Kanon eure Hilfe anzubieten, sollte ihr etwas Schwierigkeiten bereiten.
Frau Sekiguchi?
Ja, bitte?
Wie soll das gehen, wir beherrschen doch die Gebärdensprache gar nicht!
Wie sollen wir denn mit ihr kommunizieren?
Nun, was das angeht ...
In der gesamten hörbehinderten Bevölkerung ...

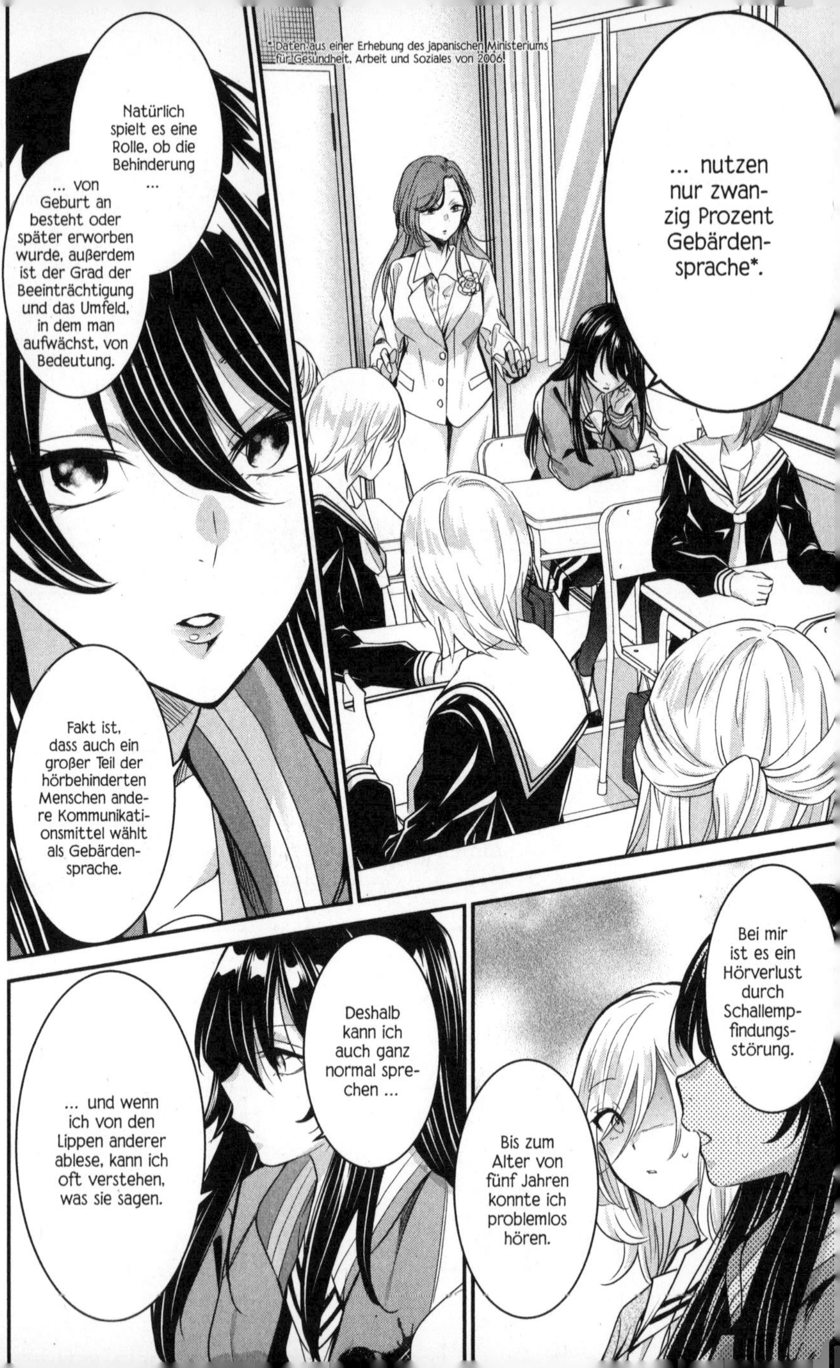
... nutzen nur zwanzig Prozent Gebärdensprache*.
* Daten aus einer Erhebung des japanischen Ministeriums für Gesundheit, Arbeit und Soziales von 2006.
Natürlich spielt es eine Rolle, ob die Behinderung ...
... von Geburt an besteht oder später erworben wurde, außerdem ist der Grad der Beeinträchtigung und das Umfeld, in dem man aufwächst, von Bedeutung.
Fakt ist, dass auch ein großer Teil der hörbehinderten Menschen andere Kommunikationsmittel wählt als Gebärdensprache.
Bei mir ist es ein Hörverlust durch Schallempfindungsstörung.
Bis zum Alter von fünf Jahren konnte ich problemlos hören.
Deshalb kann ich auch ganz normal sprechen ...
... und wenn ich von den Lippen anderer ablese, kann ich oft verstehen, was sie sagen.

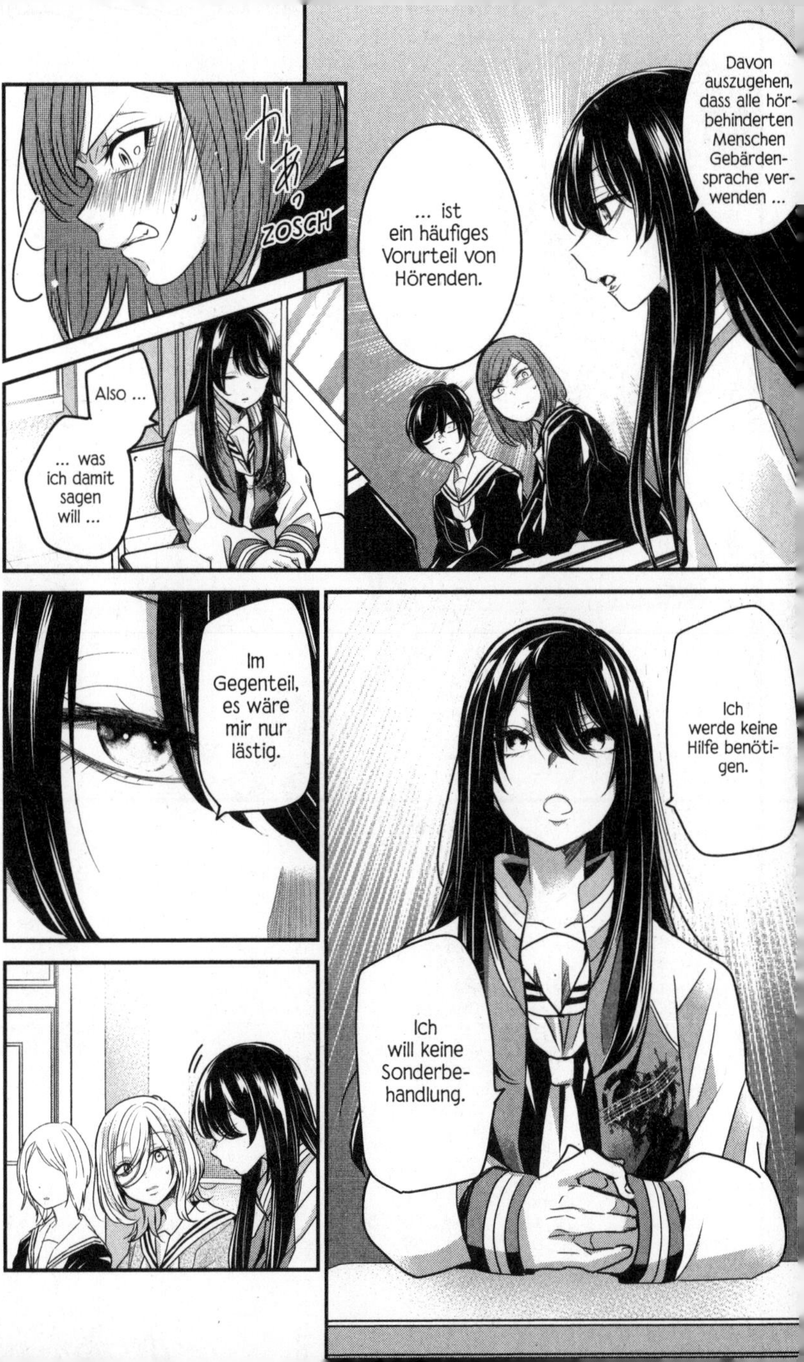
Davon auszugehen, dass alle hörbehinderten Menschen Gebärdensprache verwenden ...
... ist ein häufiges Vorurteil von Hörenden.
ZOSCH
Also ...
... was ich damit sagen will ...
Ich werde keine Hilfe benötigen.
Ich will keine Sonderbehandlung.
Im Gegenteil, es wäre mir nur lästig.

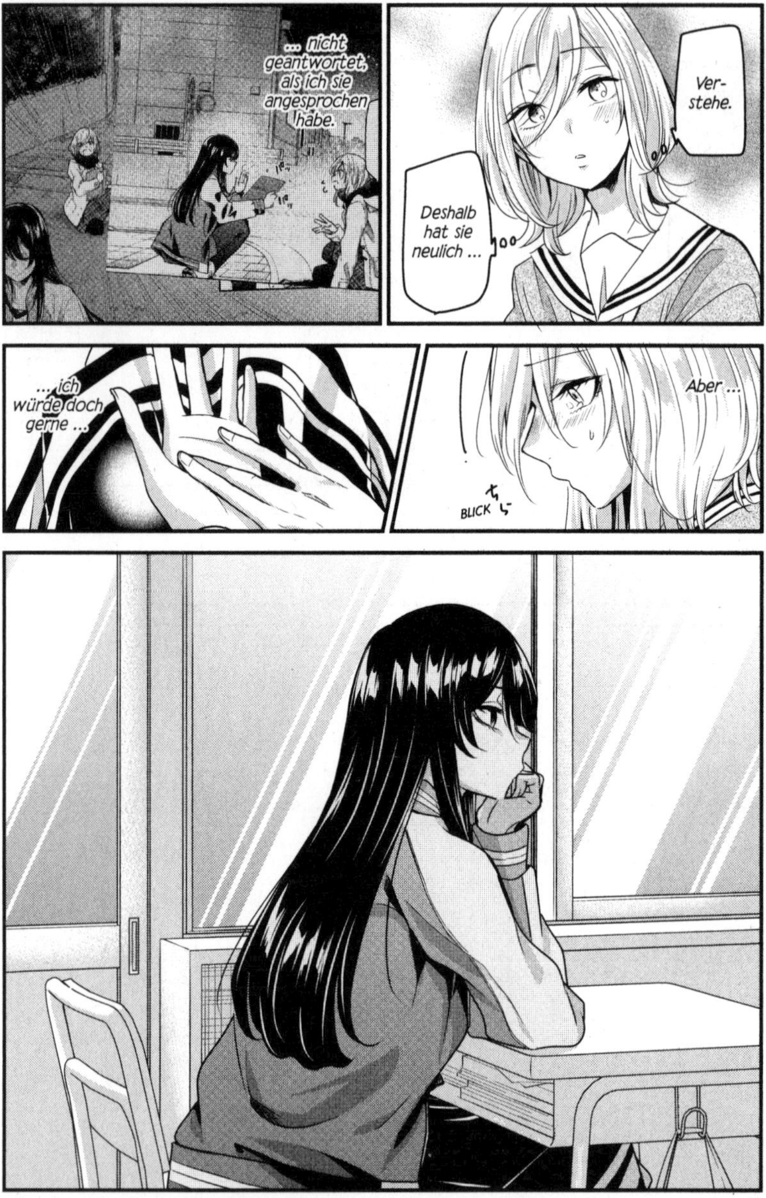
Ver-
stehe.
Deshalb
hat sie
neulich ...
... nicht
geantwortet,
als ich sie
angesprochen
habe.
Aber ...
BLICK
... ich
würde doch
gerne ...

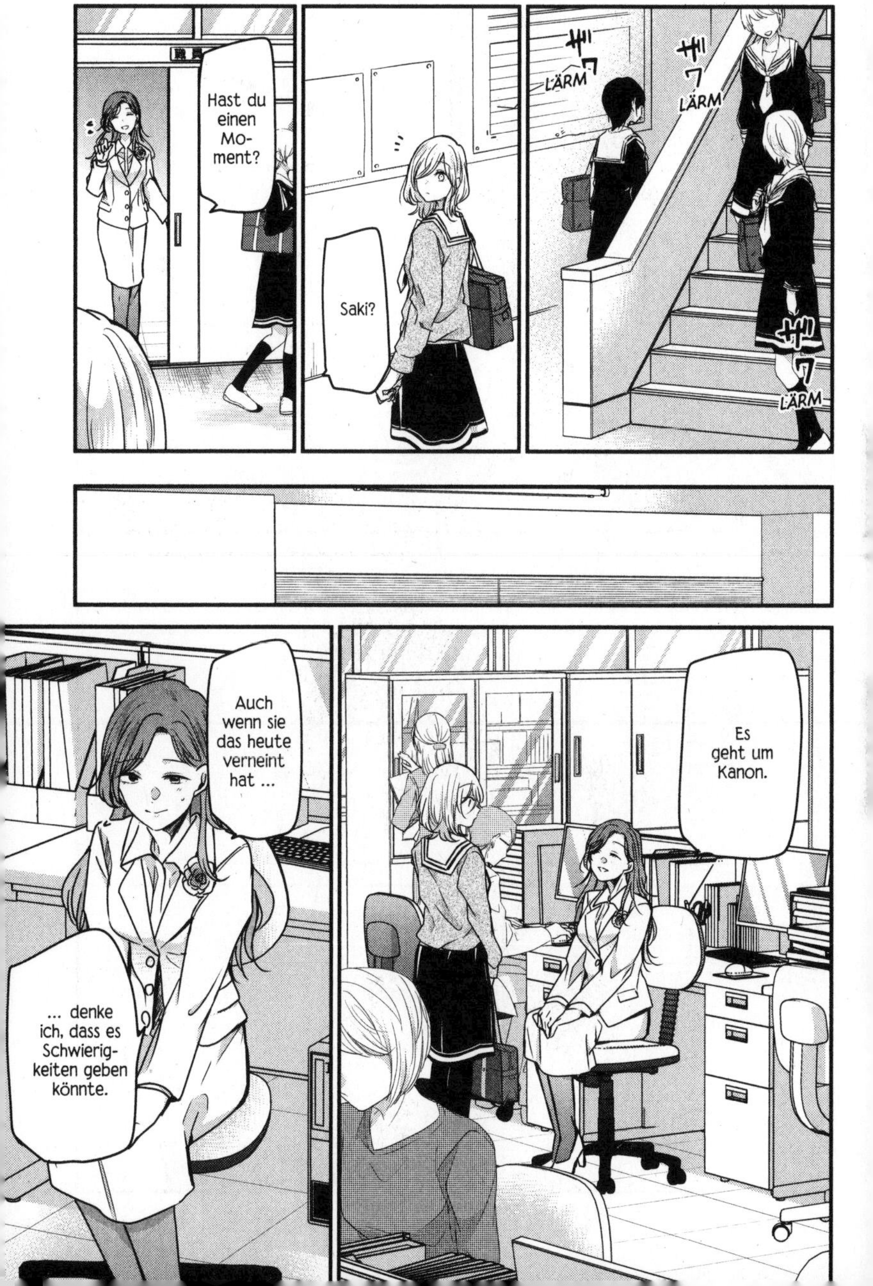
LÄRM
LÄRM
LÄRM
Saki?
Hast du einen Moment?
Es geht um Kanon.
Auch wenn sie das heute verneint hat ...
... denke ich, dass es Schwierigkeiten geben könnte.

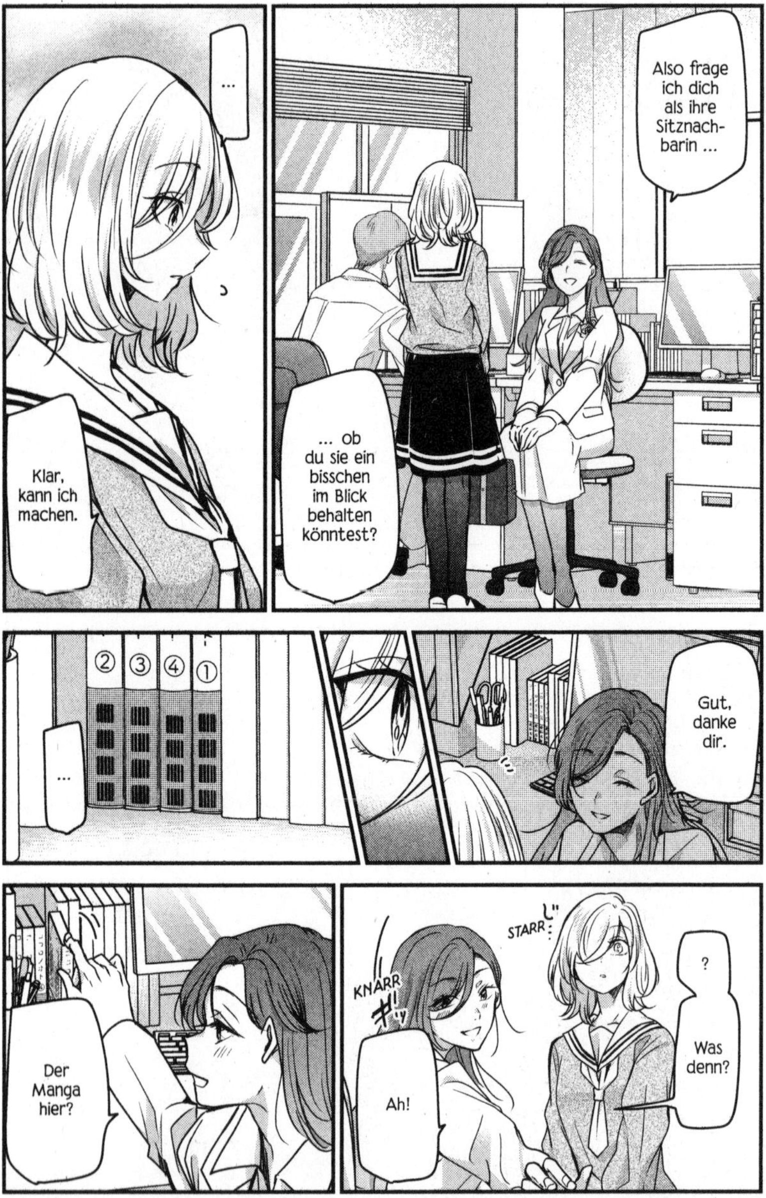
Also frage ich dich als ihre Sitznach-barin ...
... ob du sie ein bisschen im Blick behalten könntest?
...
Klar, kann ich machen.
Gut, danke dir.
② ③ ④ ①
...
STARR
?
Was denn?
KNARR
Ah!
Der Manga hier?

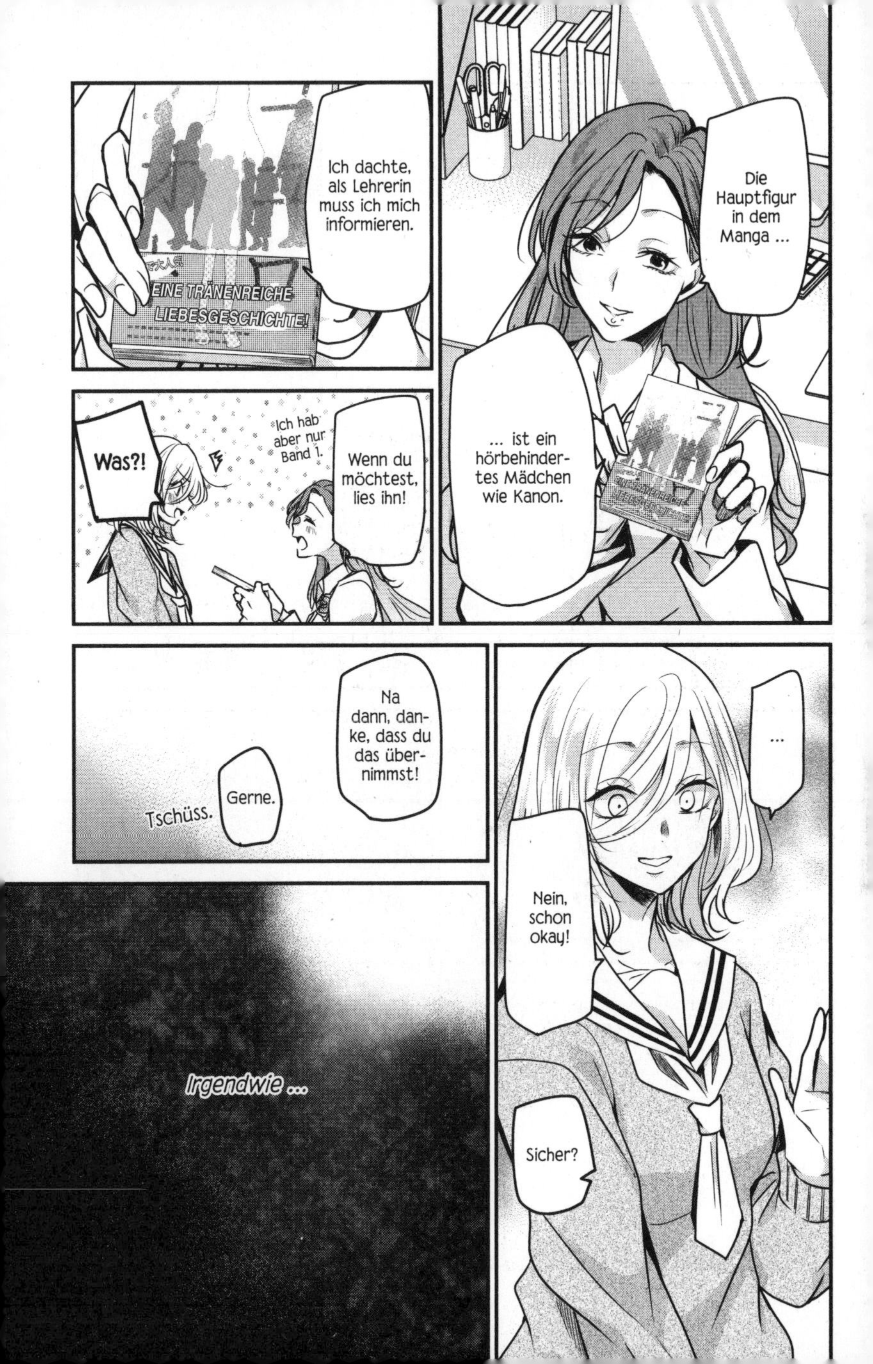
Die Hauptfigur in dem Manga ...
... ist ein hörbehinder-tes Mädchen wie Kanon.
Ich dachte, als Lehrerin muss ich mich informieren.
EINE TRÄNENREICHE LIEBESGESCHICHTE!
Wenn du möchtest, lies ihn!
Ich hab aber nur Band 1.
Was?!
...
Nein, schon okay!
Sicher?
Na dann, dan-ke, dass du das über-nimmst!
Gerne.
Tschüss.
Irgendwie ...

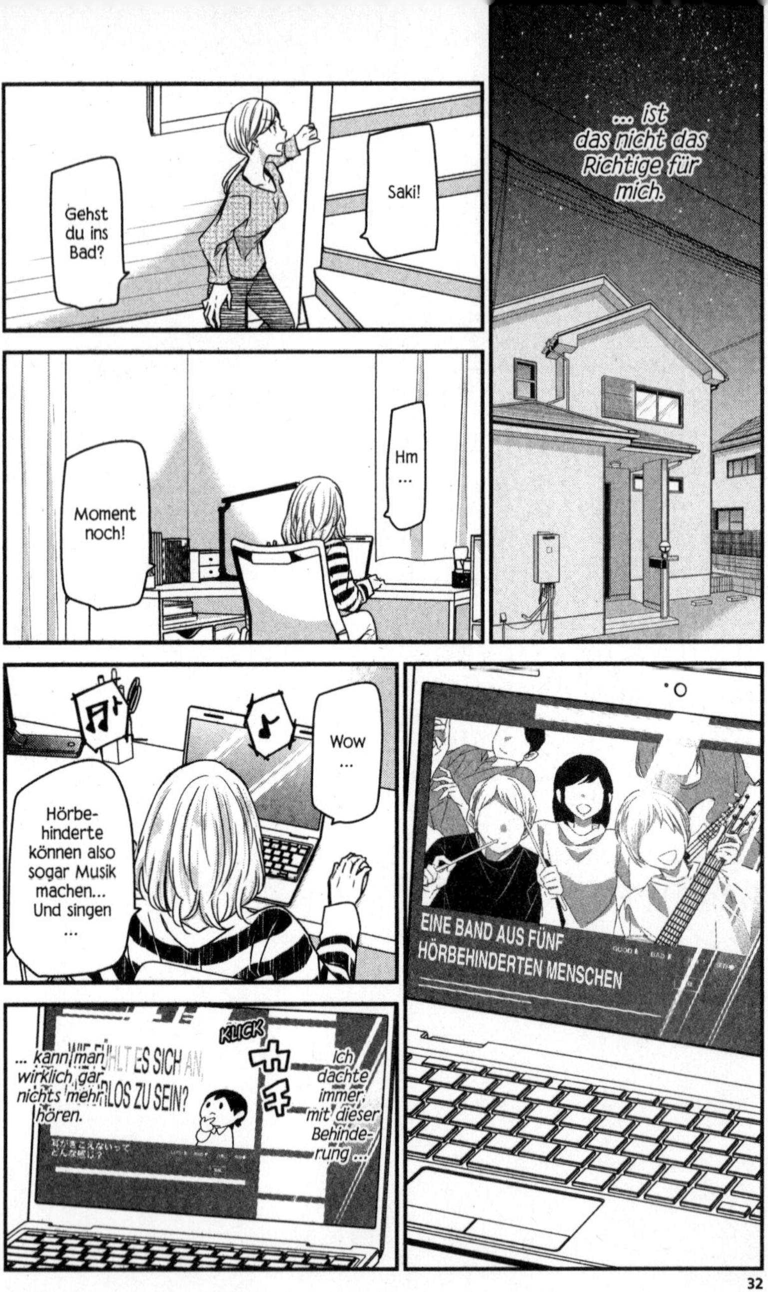
... ist das nicht das Richtige für mich.
Saki!
Gehst du ins Bad?
Hm ...
Moment noch!
EINE BAND AUS FÜNF HÖRBEHINDERTEN MENSCHEN
Wow ...
Hörbehinderte können also sogar Musik machen... Und singen ...
Ich dachte immer, mit dieser Behinderung ...
KLICK
... kann man wirklich gar nichts mehr hören.

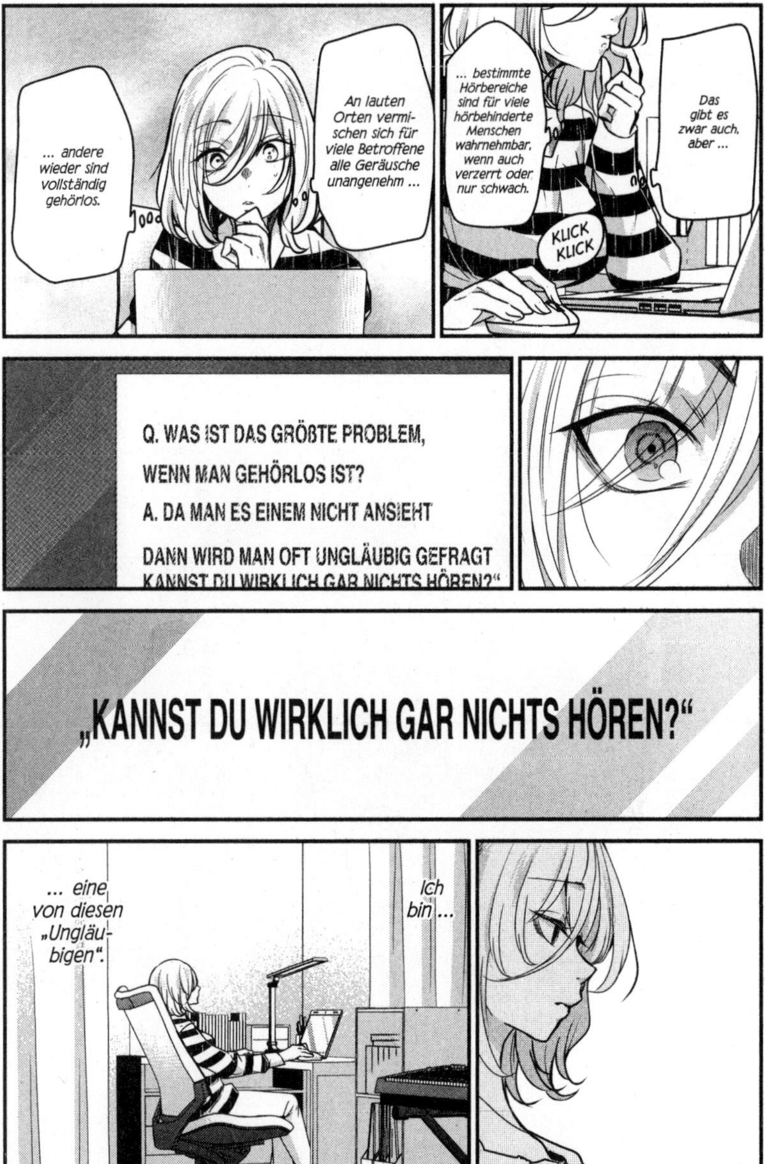
Das gibt es zwar auch, aber ...
... bestimmte Hörbereiche sind für viele hörbehinderte Menschen wahrnehmbar, wenn auch verzerrt oder nur schwach.
KLICK KLICK
An lauten Orten vermischen sich für viele Betroffene alle Geräusche unangenehm ...
... andere wieder sind vollständig gehörlos.
Q. WAS IST DAS GRÖßTE PROBLEM, WENN MAN GEHÖRLOS IST?
A. DA MAN ES EINEM NICHT ANSIEHT
DANN WIRD MAN OFT UNGLÄUBIG GEFRAGT
„KANNST DU WIRKLICH GAR NICHTS HÖREN?“
Ich bin ...
... eine von diesen „Ungläubigen“.

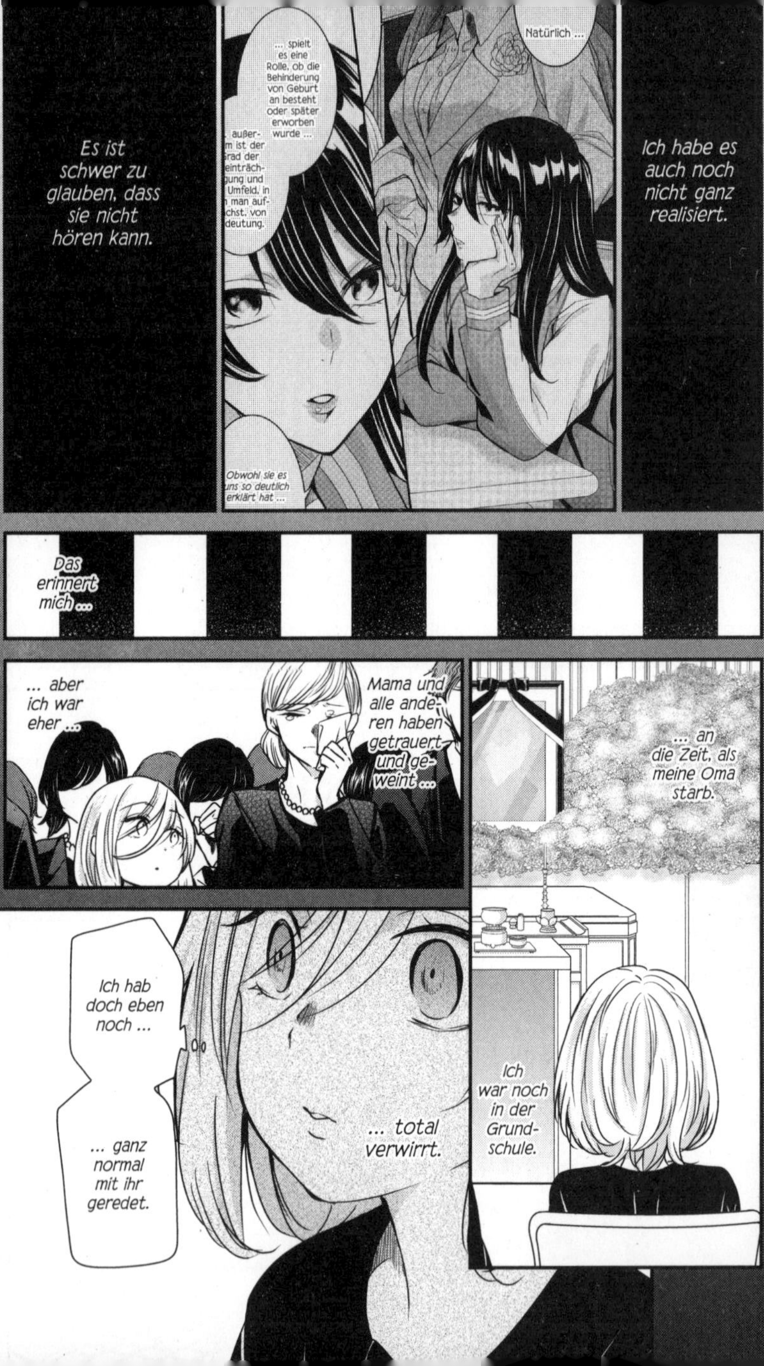

Ich habe es auch noch nicht ganz realisiert.
Natürlich ...
... spielt es eine Rolle, ob die Behinderung von Geburt an besteht oder später erworben wurde ...
Obwohl sie es uns so deutlich erklärt hat ...
Es ist schwer zu glauben, dass sie nicht hören kann.
Das erinnert mich ...
... an die Zeit, als meine Oma starb.
Mama und alle anderen haben getrauert und geweint ...
... aber ich war eher ...
Ich war noch in der Grundschule.
... total verwirrt.
Ich hab doch eben noch ...
... ganz normal mit ihr geredet.

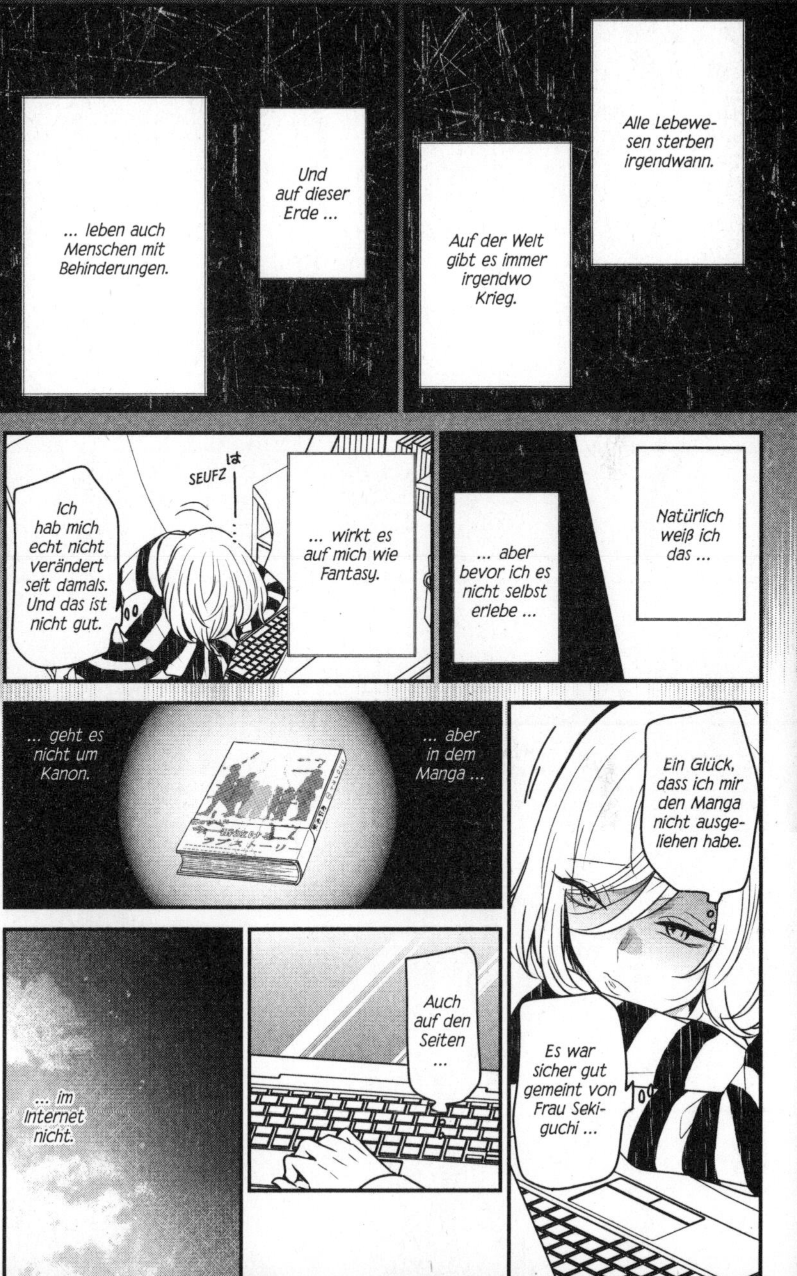
Alle Lebewesen sterben irgendwann.
Auf der Welt gibt es immer irgendwo Krieg.
Und auf dieser Erde ...
... leben auch Menschen mit Behinderungen.
Natürlich weiß ich das ...
... aber bevor ich es nicht selbst erlebe ...
... wirkt es auf mich wie Fantasy.
SEUFZ は
Ich hab mich echt nicht verändert seit damals. Und das ist nicht gut.
Ein Glück, dass ich mir den Manga nicht ausgeliehen habe.
Es war sicher gut gemeint von Frau Sekiguchi ...
... aber in dem Manga ...
... geht es nicht um Kanon.
Auch auf den Seiten ...
... im Internet nicht.

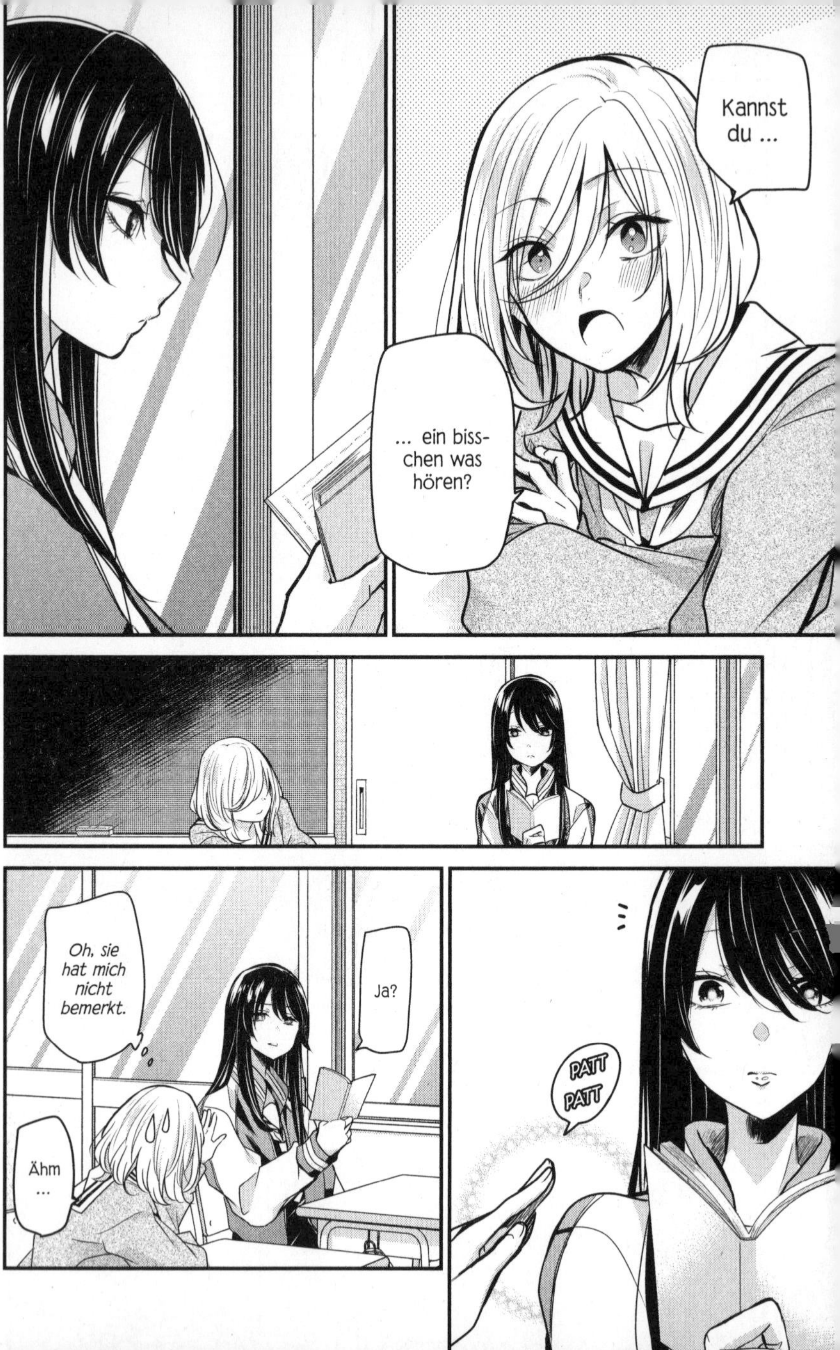

Kannst du ...
... ein bisschen was hören?
PATT PATT
Ja?
Oh, sie hat mich nicht bemerkt.
Ähm ...

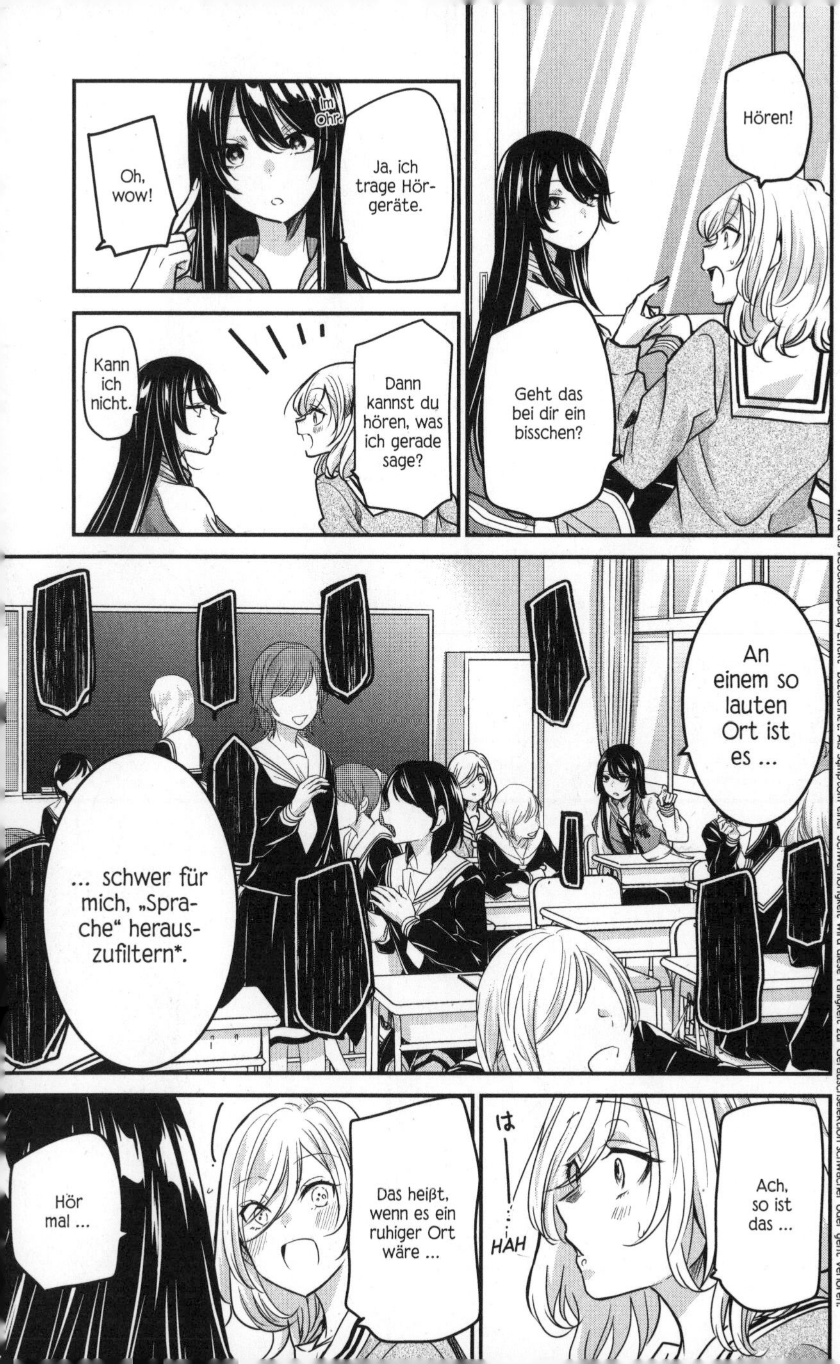

* Die Fähigkeit des Gehirns und des Gehörs, für den Betreffenden relevante Sprache in einem Raum voller verschiedener Geräusche und Stimmen herauszufiltern wird als „Cocktailparty-Effekt“ bezeichnet. Als Symptom einer Schwerhörigkeit wird diese Fähigkeit zur Geräuschselektion schwächer oder geht verloren.

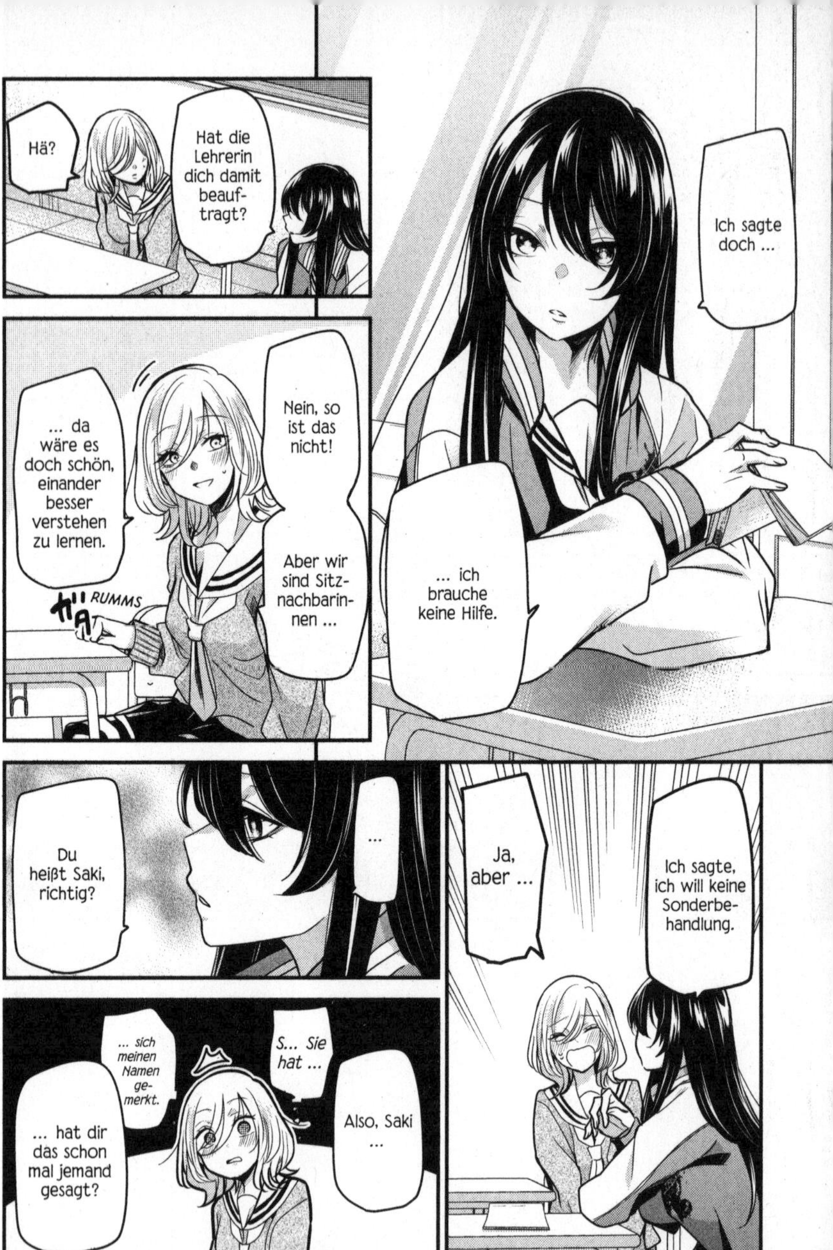
Ich sagte doch ...
... ich brauche keine Hilfe.
Hat die Lehrerin dich damit beauftragt?
Hä?
Nein, so ist das nicht!
Aber wir sind Sitznachbarinnen ...
... da wäre es doch schön, einander besser verstehen zu lernen.
RUMMS
Ich sagte, ich will keine Sonderbehandlung.
Ja, aber ...
...
Du heißt Saki, richtig?
S... Sie hat ...
... sich meinen Namen gemerkt.
Also, Saki ...
... hat dir das schon mal jemand gesagt?

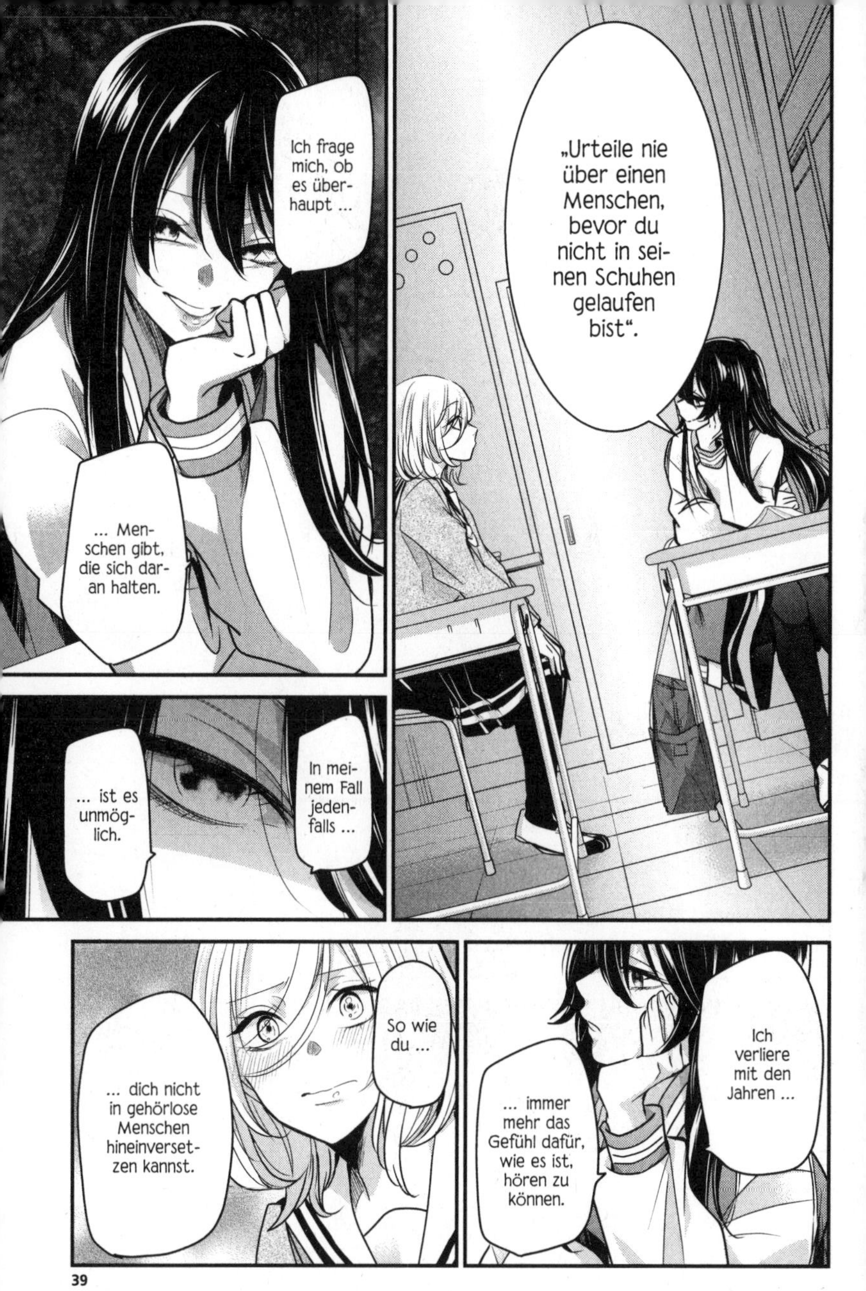
„Urteile nie über einen Menschen, bevor du nicht in seinen Schuhen gelaufen bist“.
Ich frage mich, ob es überhaupt …
… Menschen gibt, die sich daran halten.
In meinem Fall jedenfalls …
… ist es unmöglich.
Ich verliere mit den Jahren …
… immer mehr das Gefühl dafür, wie es ist, hören zu können.
So wie du …
… dich nicht in gehörlose Menschen hineinversetzen kannst.

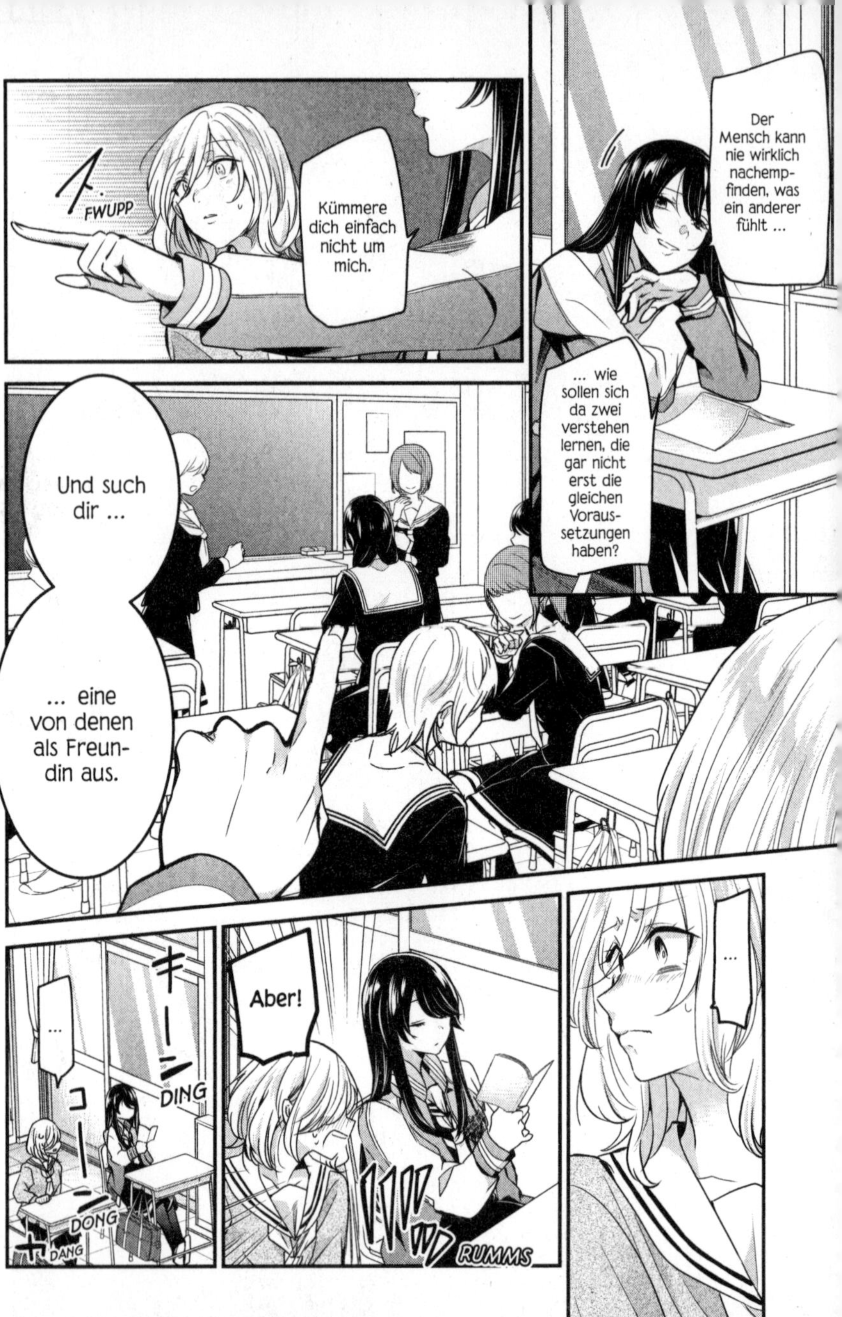
Der Mensch kann nie wirklich nachempfinden, was ein anderer fühlt ...
... wie sollen sich da zwei verstehen lernen, die gar nicht erst die gleichen Voraussetzungen haben?
FWUPP
Kümmere dich einfach nicht um mich.
Und such dir ...
... eine von denen als Freundin aus.
...
Aber!
RUMMS
DING
DONG
DANG
...

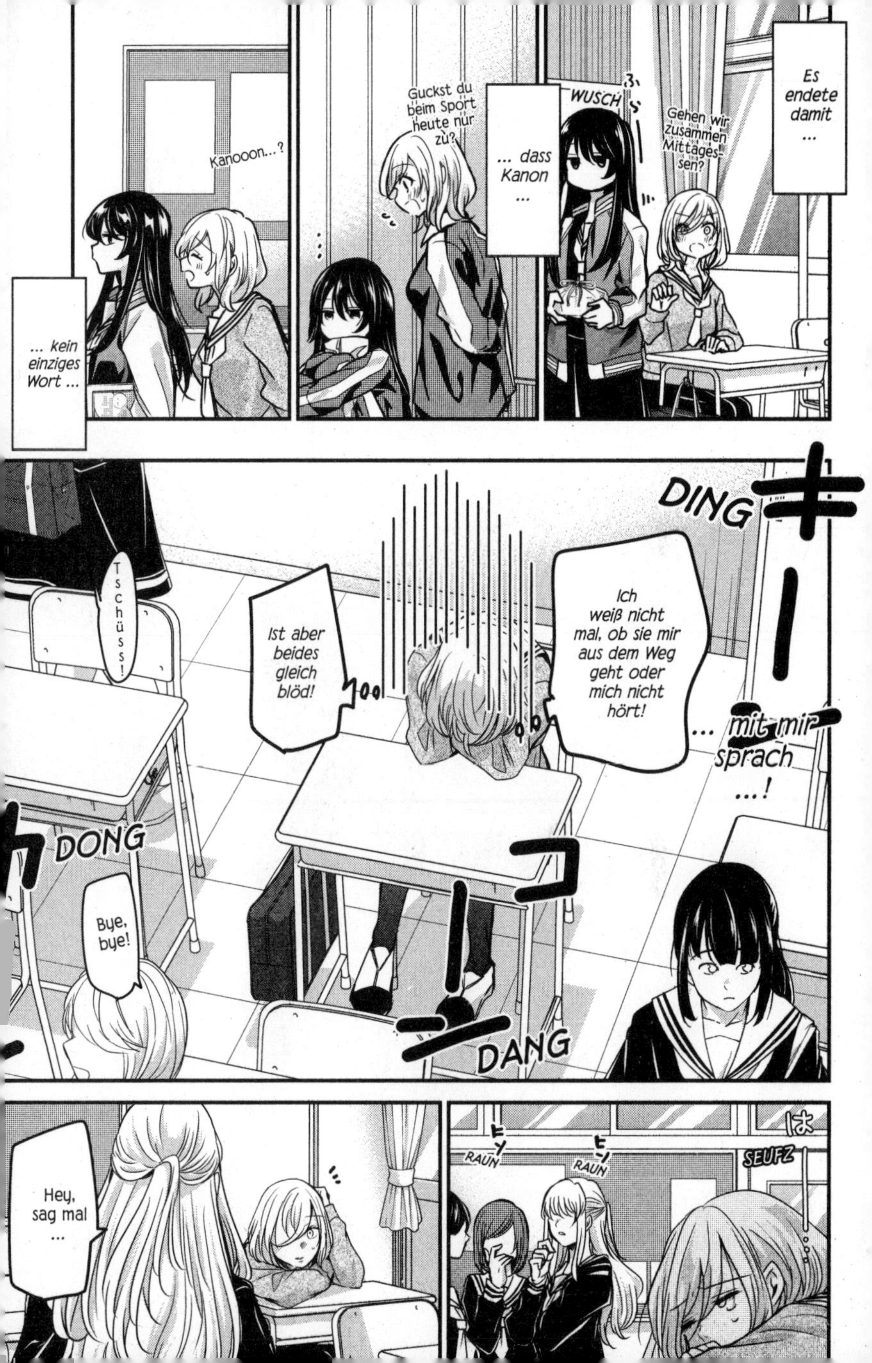

Es endete damit ...
Gehen wir zusammen Mittagessen?
WUSCH
... dass Kanon ...
Guckst du beim Sport heute nur zu?
Kanooon...?
... kein einziges Wort ...
DING
... mit mir sprach ...!
Ich weiß nicht mal, ob sie mir aus dem Weg geht oder mich nicht hört!
Ist aber beides gleich blöd!
Tschüss!
DONG
Bye, bye!
DANG
SEUFZ
RAUN
RAUN
Hey, sag mal ...

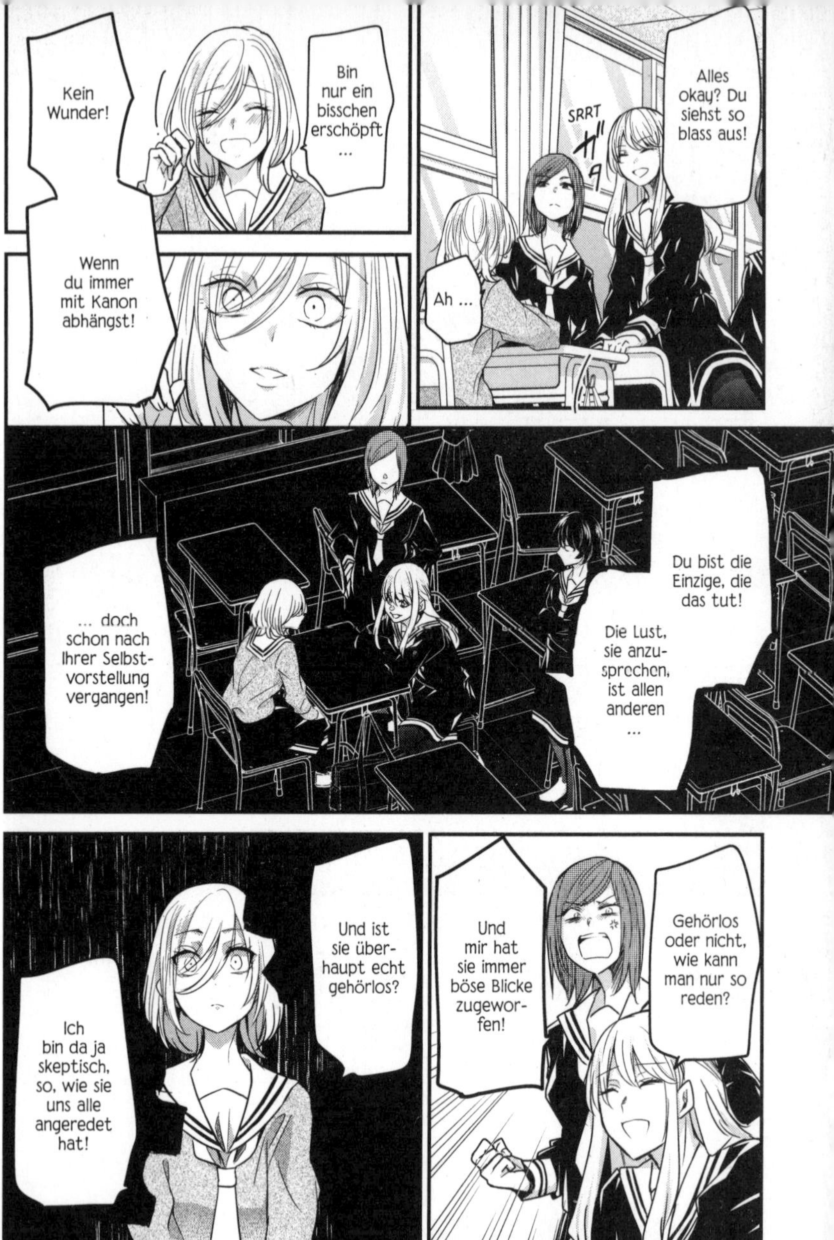
Alles okay? Du siehst so blass aus!
SRRT
Ah ...
Bin nur ein bisschen erschöpft ...
Kein Wunder!
Wenn du immer mit Kanon abhängst!
Du bist die Einzige, die das tut!
Die Lust, sie anzusprechen, ist allen anderen ...
... doch schon nach Ihrer Selbstvorstellung vergangen!
Gehörlos oder nicht, wie kann man nur so reden?
Und mir hat sie immer böse Blicke zugeworfen!
Und ist sie überhaupt echt gehörlos?
Ich bin da ja skeptisch, so, wie sie uns alle angeredet hat!

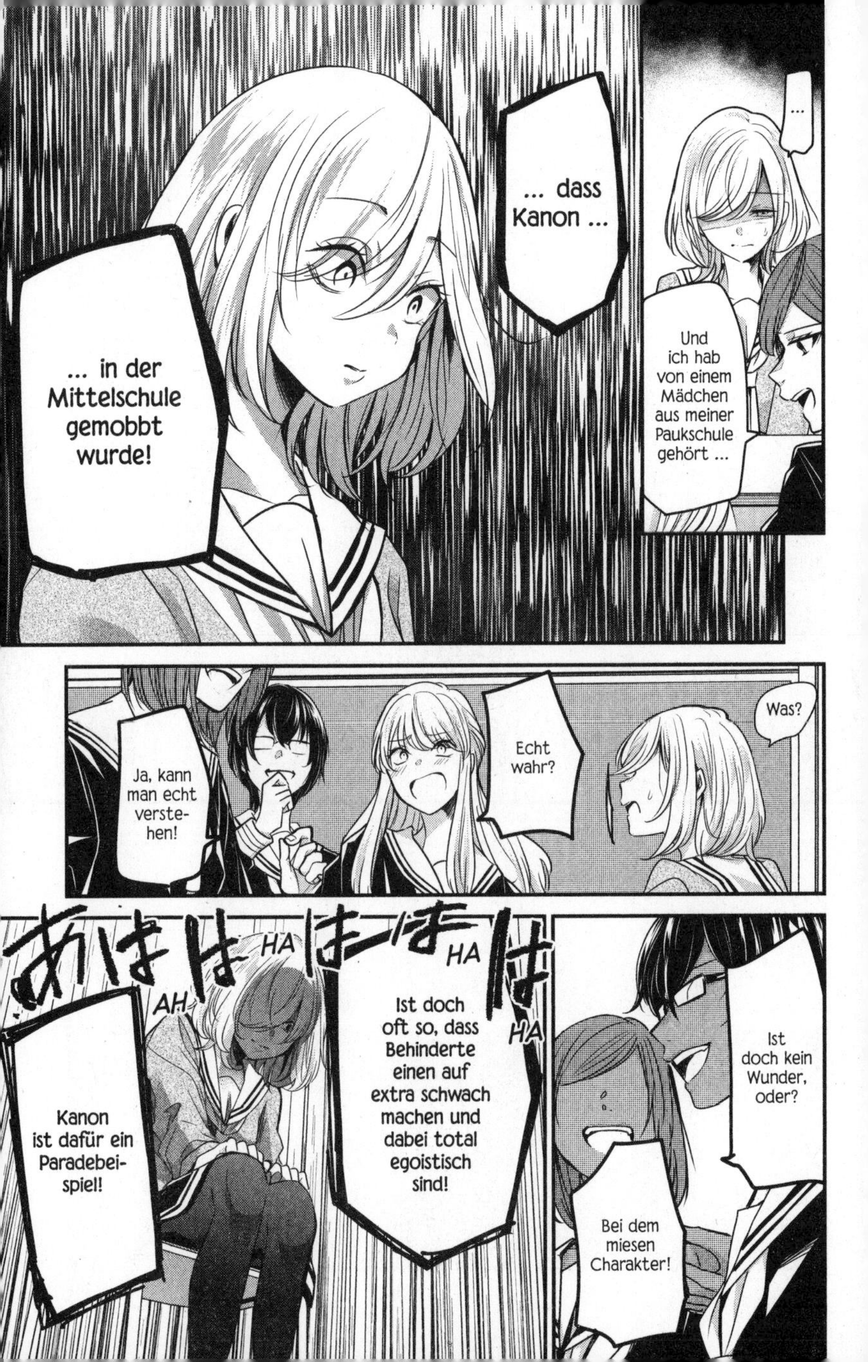
...
Und ich hab von einem Mädchen aus meiner Paukschule gehört ...
... dass Kanon ...
... in der Mittelschule gemobbt wurde!
Was?
Echt wahr?
Ja, kann man echt verste-hen!
あははははは
HA HA HA AH
Ist doch kein Wunder, oder?
Bei dem miesen Charakter!
Ist doch oft so, dass Behinderte einen auf extra schwach machen und dabei total egoistisch sind!
Kanon ist dafür ein Paradebei-spiel!

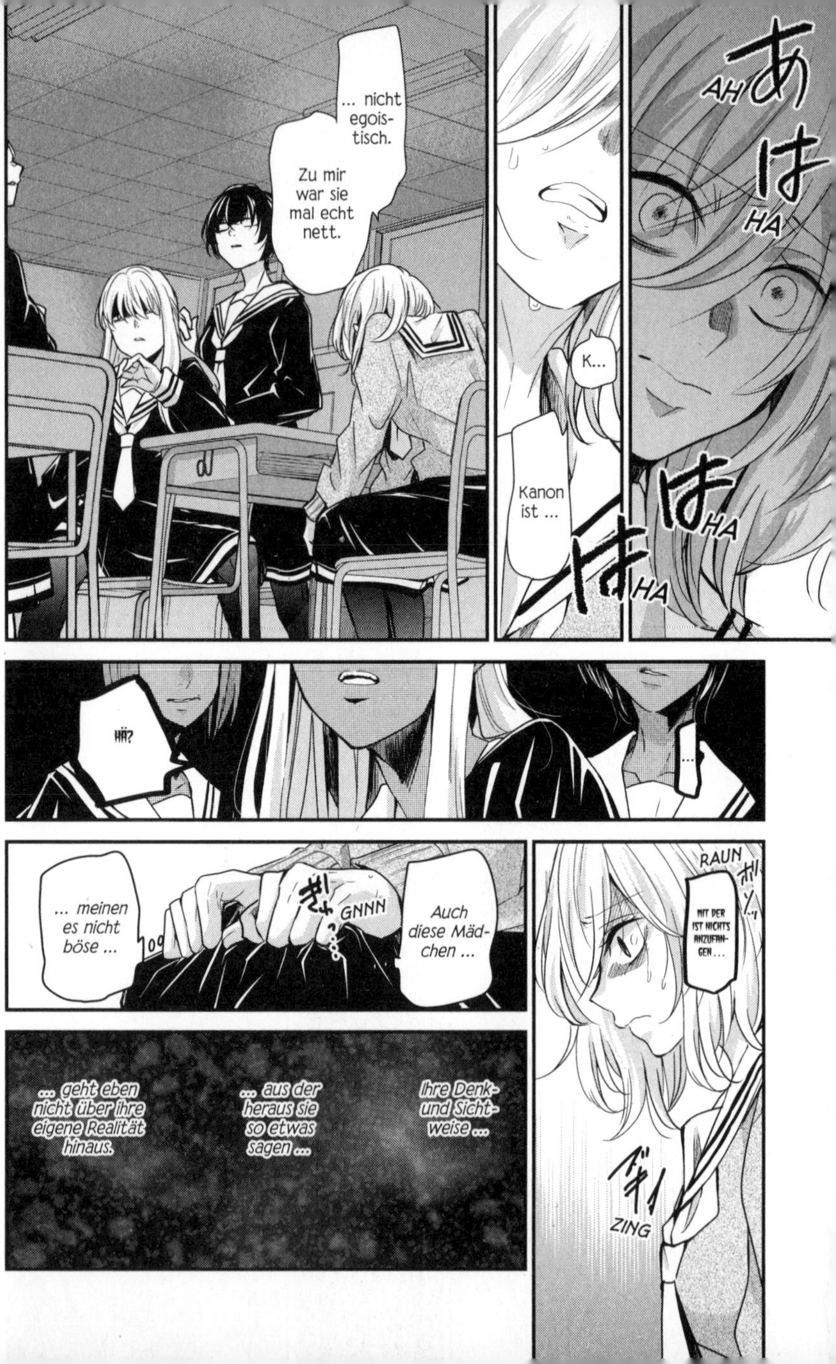
AH あ
HA は
は HA
は HA
K...
Kanon ist ...
... nicht egoistisch.
Zu mir war sie mal echt nett.
...
HÄ?
RAUN
MIT DER IST NICHTS ANZUFANGEN ...
Auch diese Mädchen ...
GNNN
... meinen es nicht böse ...
Ihre Denk- und Sichtweise ...
... aus der heraus sie so etwas sagen ...
... geht eben nicht über ihre eigene Realität hinaus.
ZING

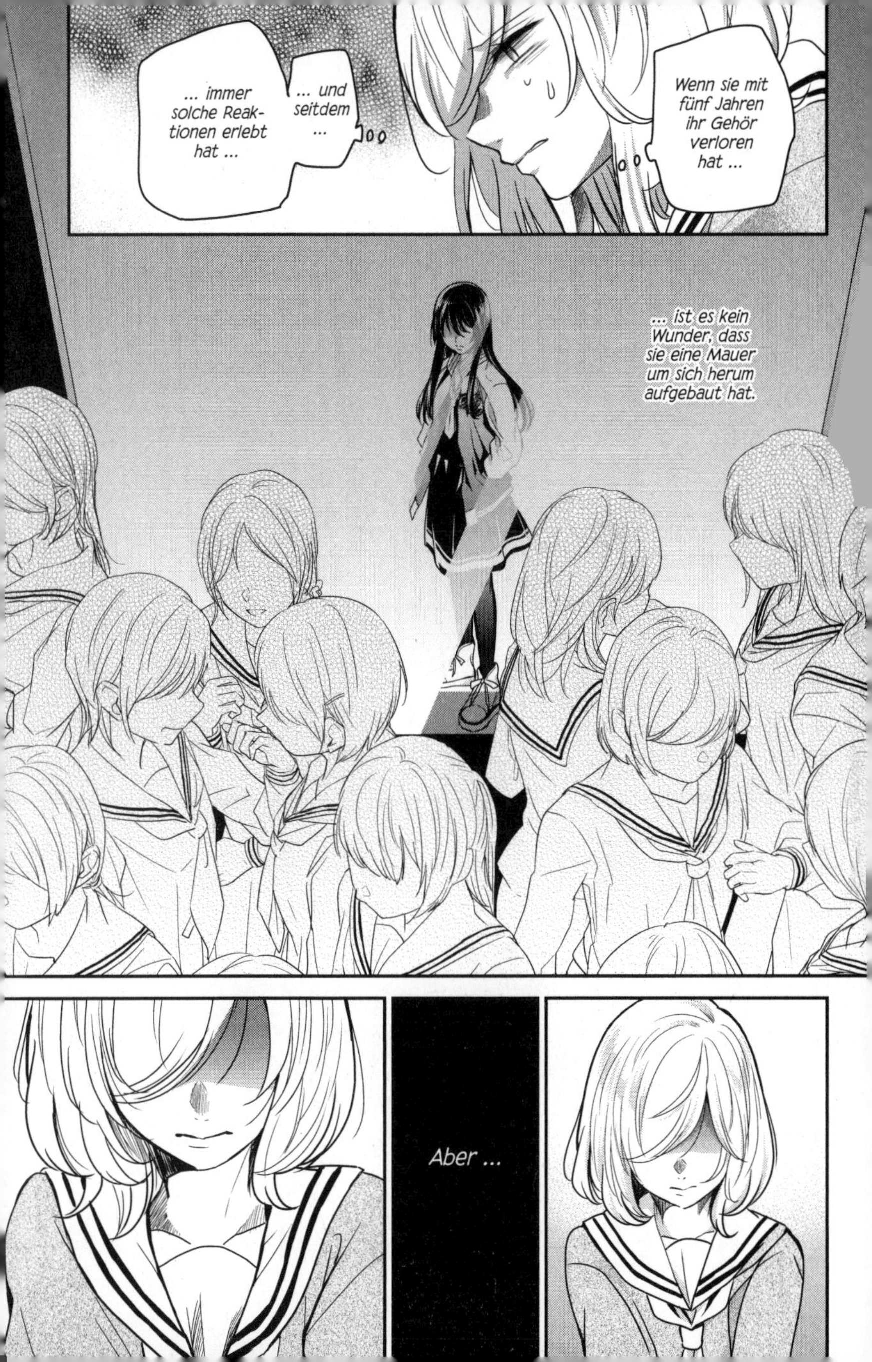
Wenn sie mit fünf Jahren ihr Gehör verloren hat ...
... und seitdem ...
... immer solche Reaktionen erlebt hat ...
... ist es kein Wunder, dass sie eine Mauer um sich herum aufgebaut hat.
Aber ...

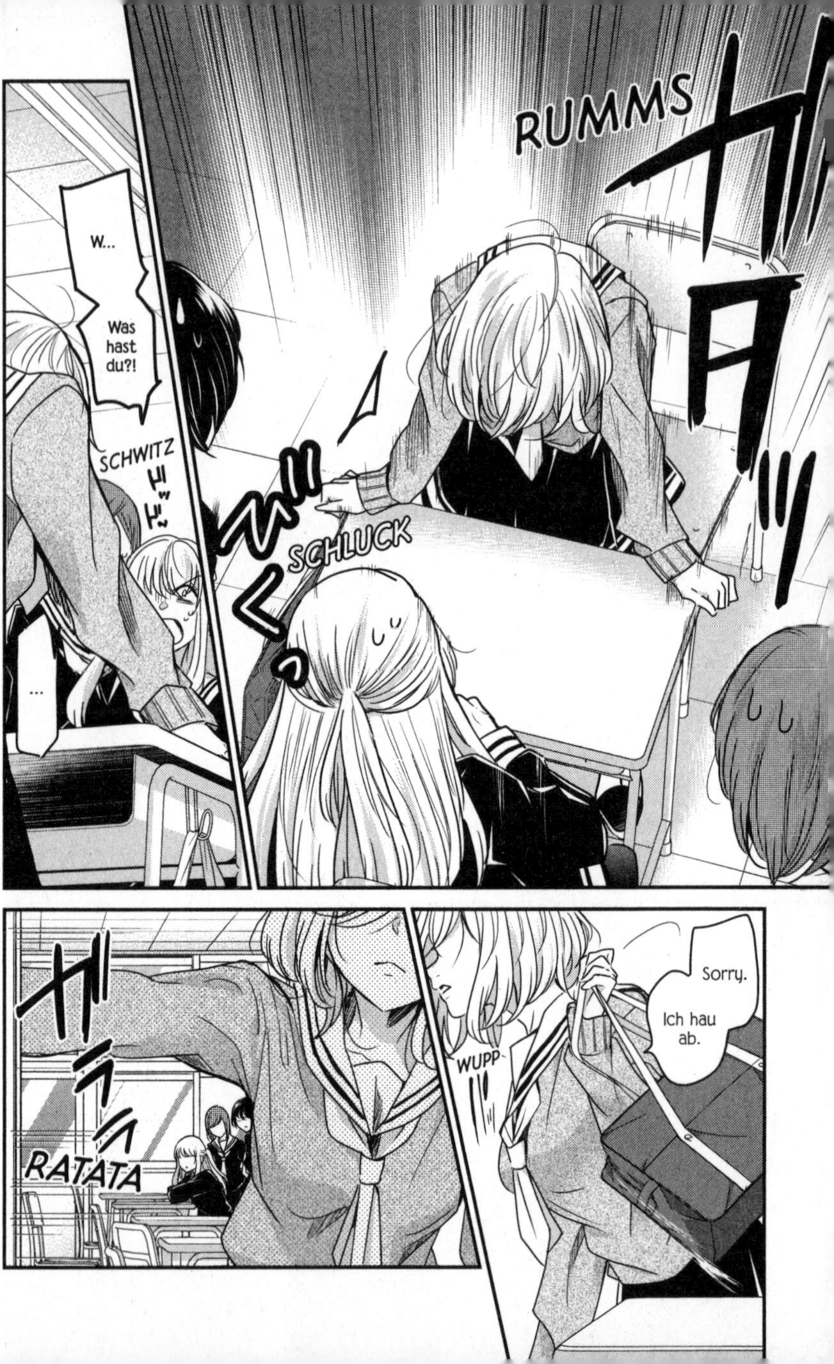
RUMMS
SCHLUCK
W...
Was hast du?!
SCHWITZ
...
Sorry.
Ich hau ab.
WUPP
RATATA

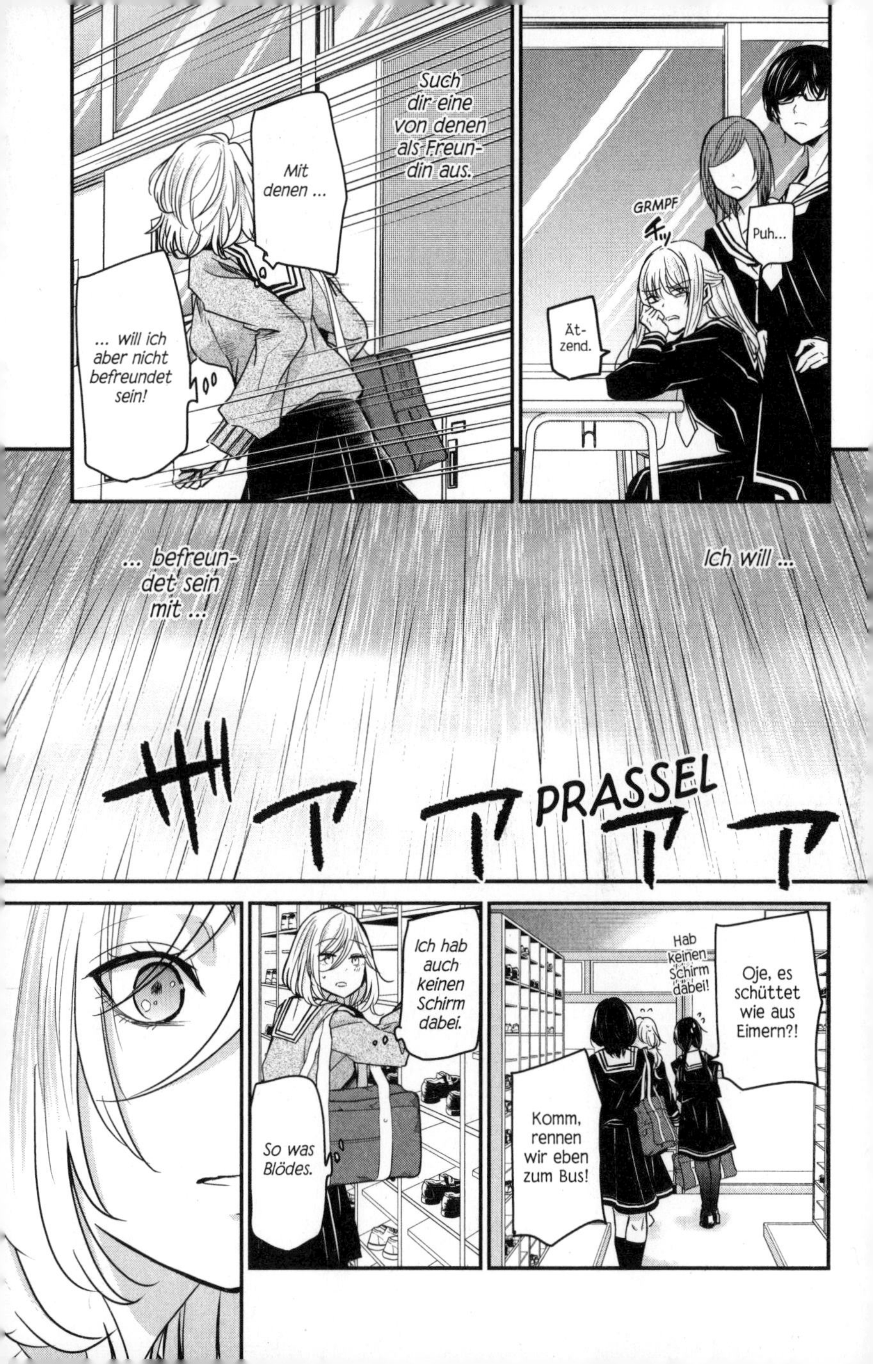
Puh...
GRMPF
チッ
Ätzend.
Such dir eine von denen als Freundin aus.
Mit denen ...
... will ich aber nicht befreundet sein!
Ich will ...
... befreundet sein mit ...
ザアアア
PRASSEL
Oje, es schüttet wie aus Eimern?!
Hab keinen Schirm dabei!
Komm, rennen wir eben zum Bus!
Ich hab auch keinen Schirm dabei.
So was Blödes.

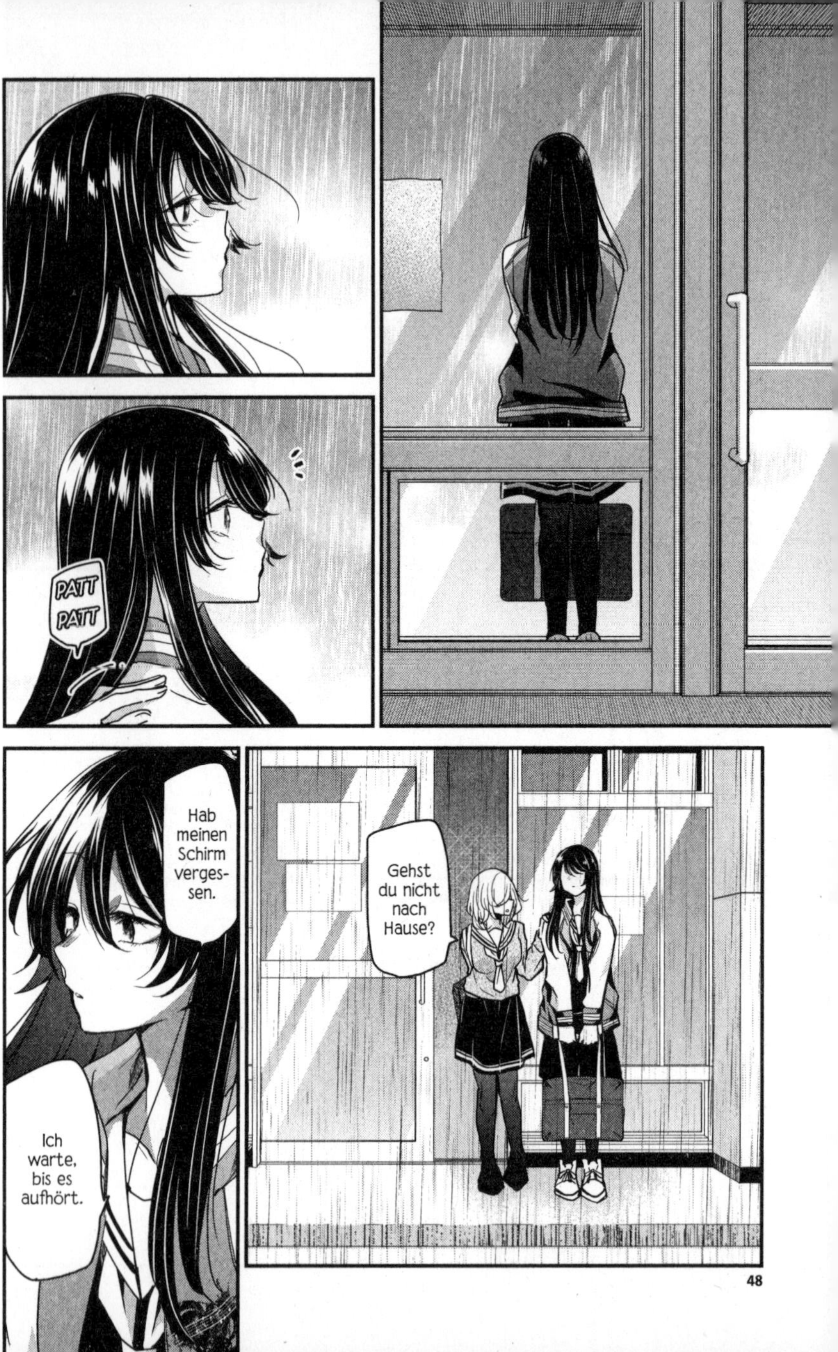
PATT
PATT
Gehst du nicht nach Hause?
Hab meinen Schirm verges-sen.
Ich warte, bis es aufhört.

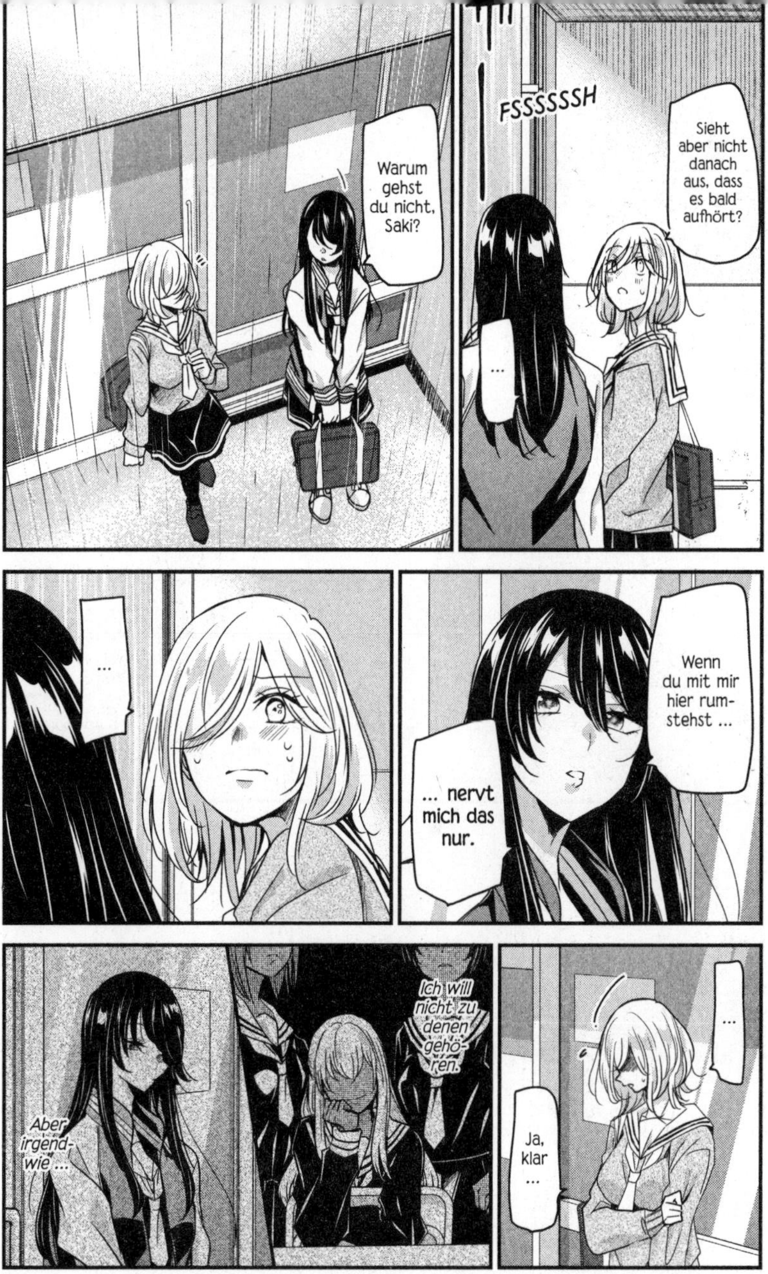
FSSSSSSH
Sieht aber nicht danach aus, dass es bald aufhört?
...
Warum gehst du nicht, Saki?
Wenn du mit mir hier rumstehst ...
... nervt mich das nur.
...
...
Ja, klar ...
Ich will nicht zu denen gehö-ren.
Aber irgend-wie ...

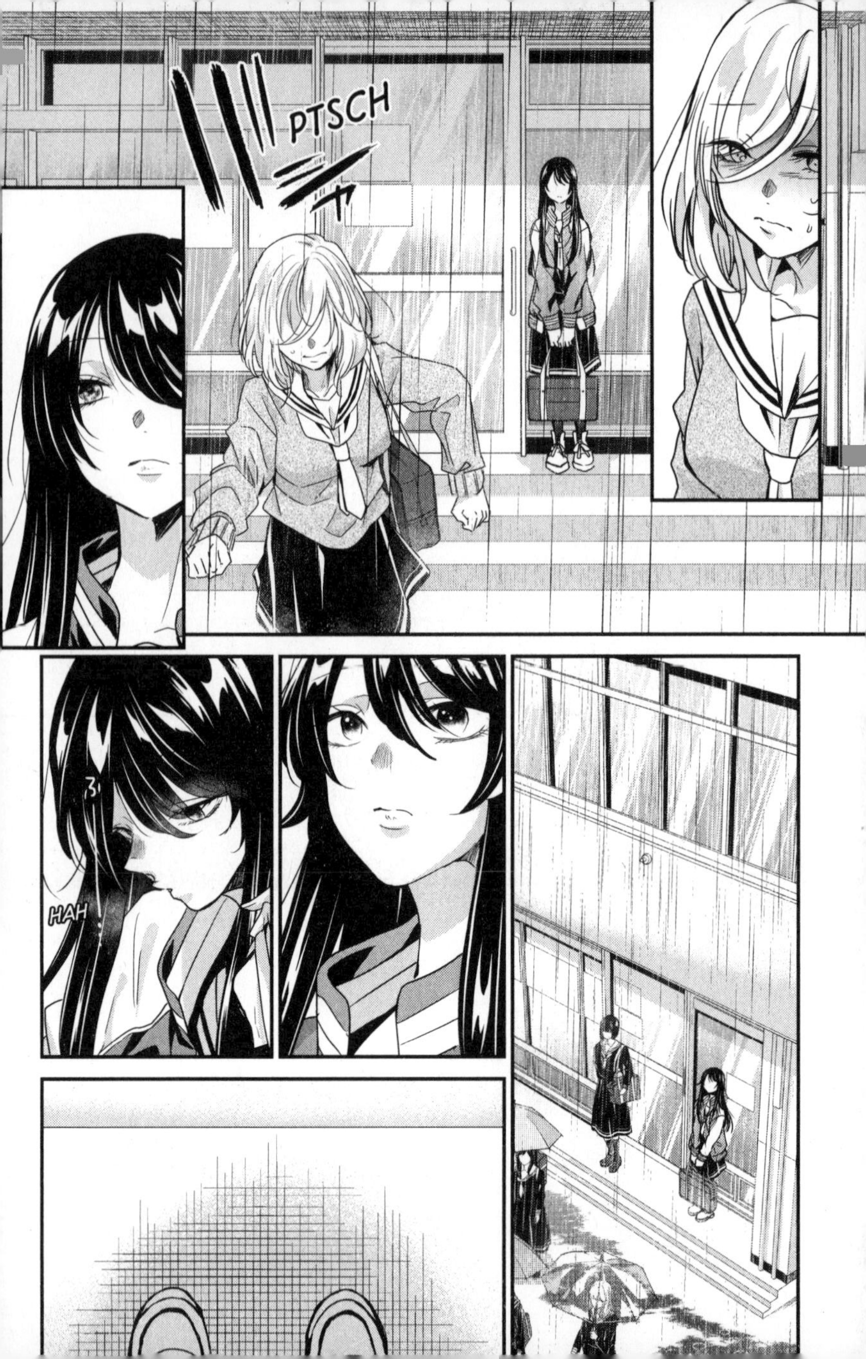
PTSCH
HAH

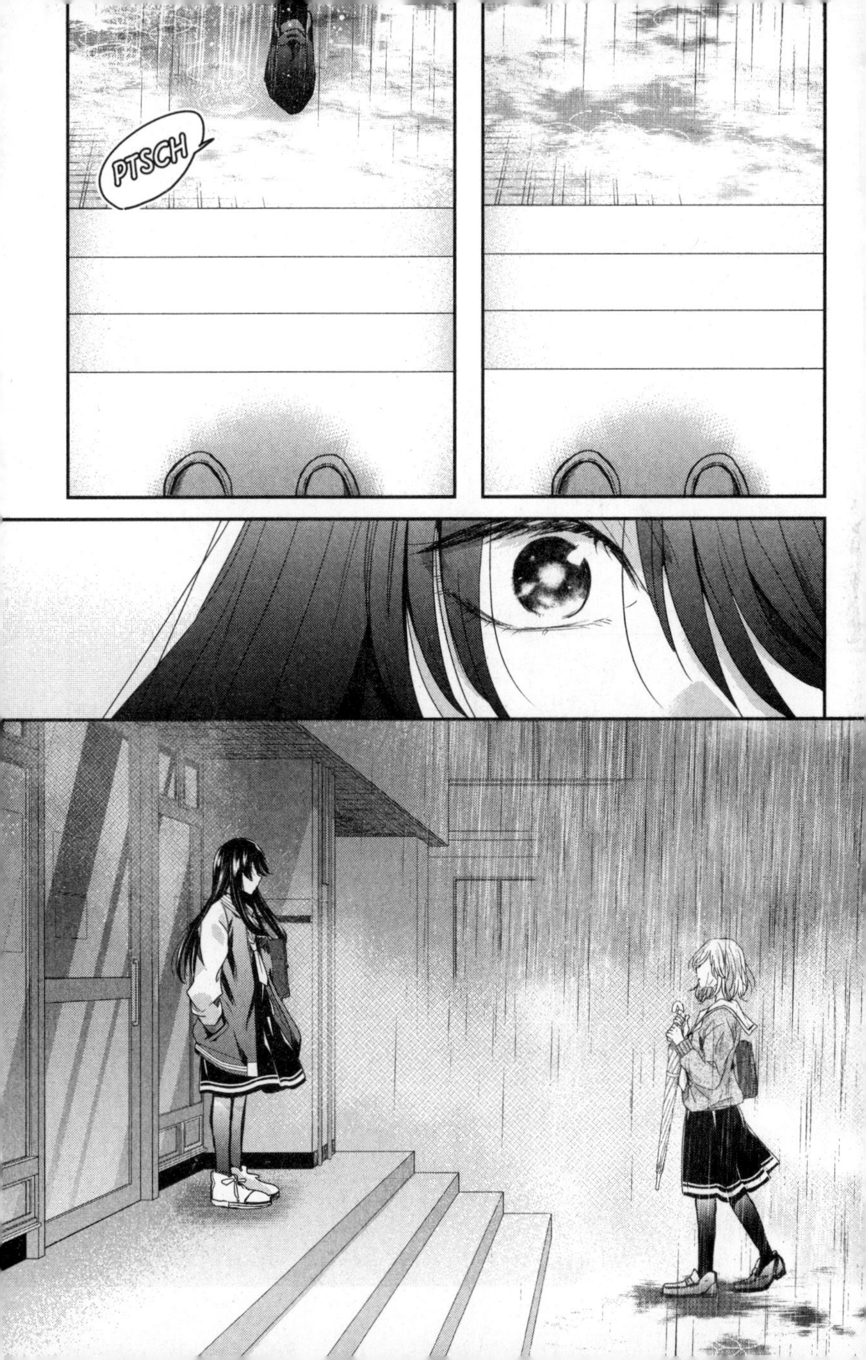
PTSCH

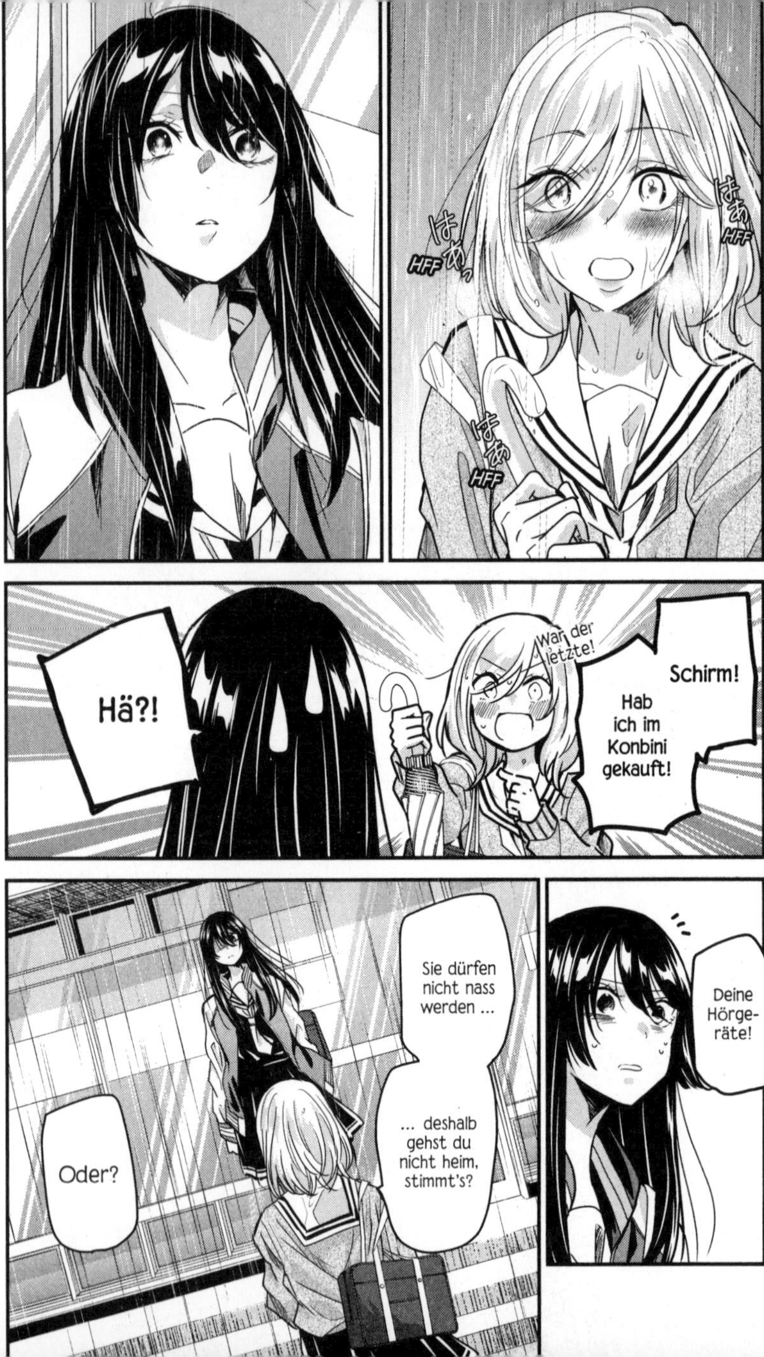

はぁ HFF
はぁっ HFF
はぁ HFF
Schirm!
Hab ich im Konbini gekauft!
War der letzte!
Hä?!
Deine Hörge-räte!
Sie dürfen nicht nass werden ...
... deshalb gehst du nicht heim, stimmt's?
Oder?

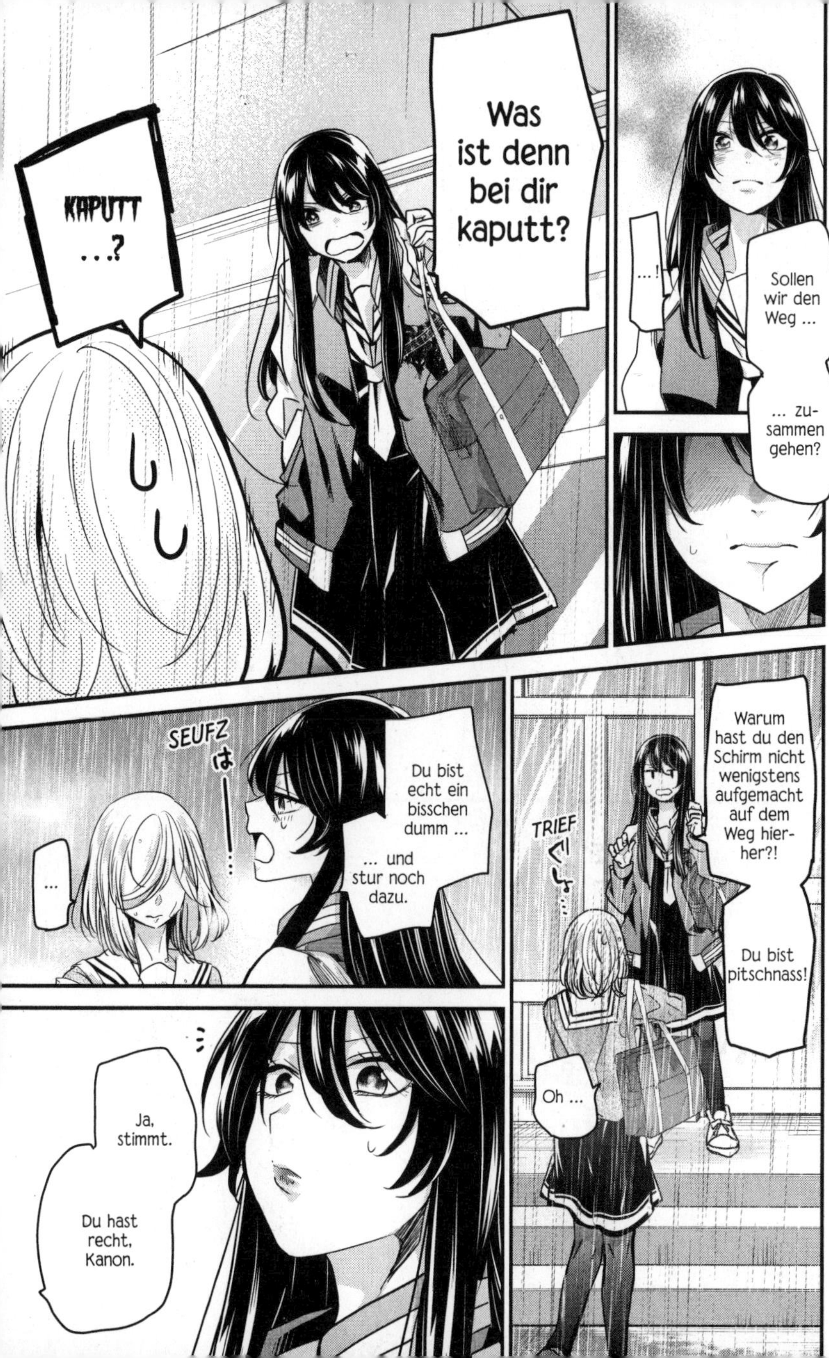

... !
Sollen wir den Weg ...
... zusammen gehen?
Was ist denn bei dir kaputt?
KAPUTT ...?
Warum hast du den Schirm nicht wenigstens aufgemacht auf dem Weg hierher?!
TRIEF
Du bist pitschnass!
Oh ...
SEUFZ
Du bist echt ein bisschen dumm ...
... und stur noch dazu.
...
Ja, stimmt.
Du hast recht, Kanon.

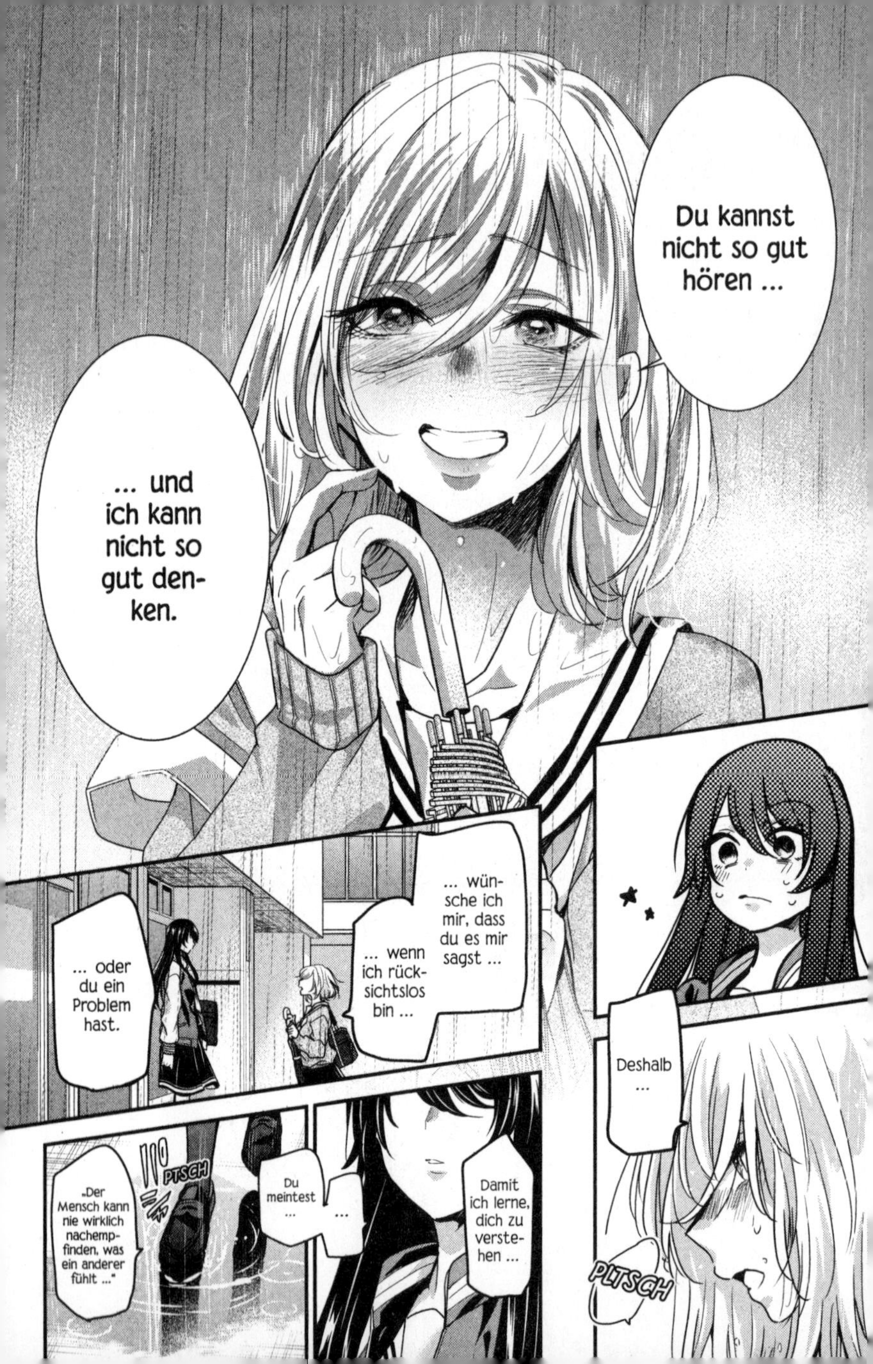
Du kannst nicht so gut hören ...
... und ich kann nicht so gut denken.
... wünsche ich mir, dass du es mir sagst ...
... wenn ich rücksichtslos bin ...
... oder du ein Problem hast.
Deshalb ...
PLTSCH
Damit ich lerne, dich zu verstehen ...
Du meintest ...
...
PTSCH
„Der Mensch kann nie wirklich nachempfinden, was ein anderer fühlt ...“

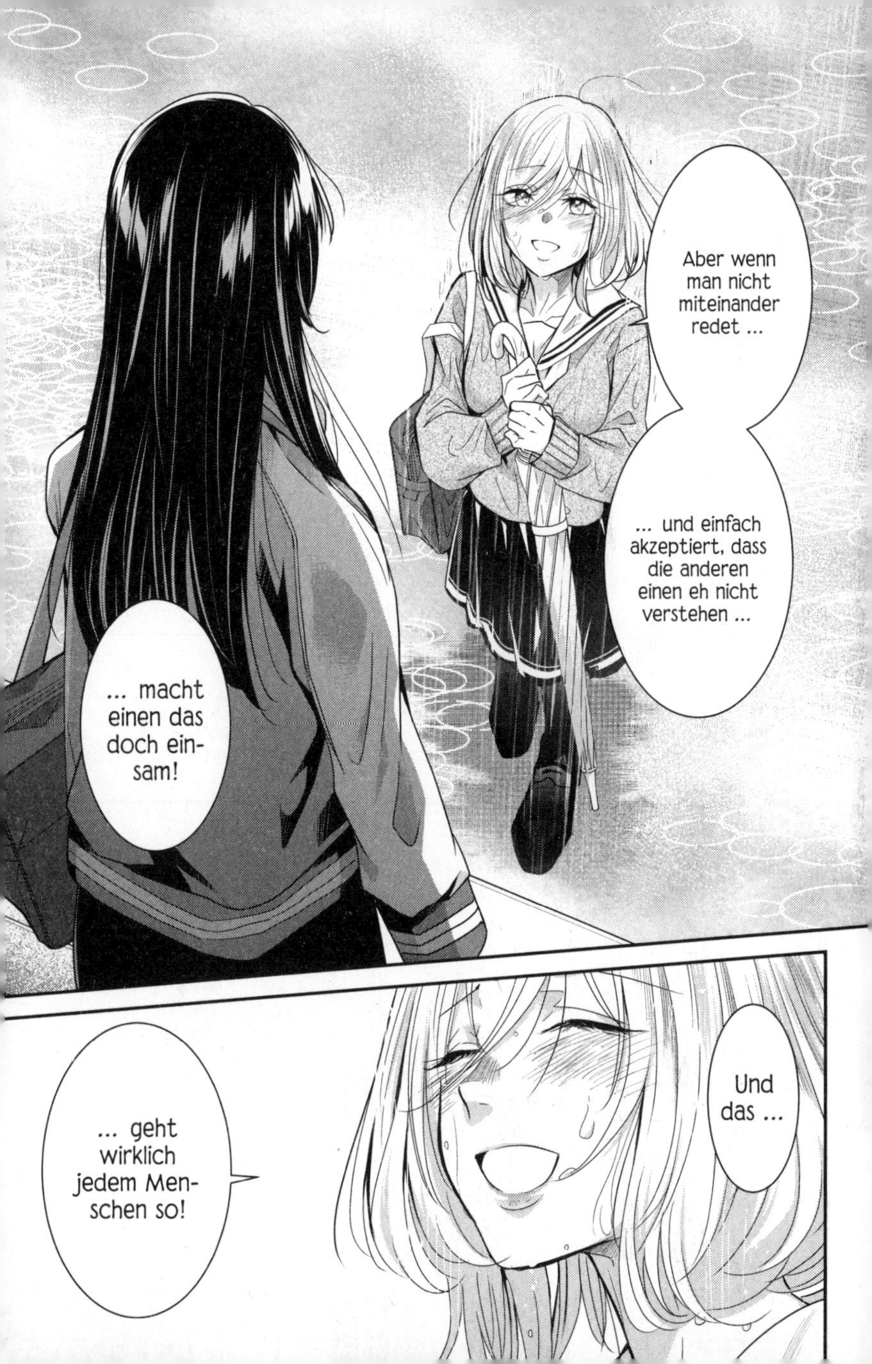
Aber wenn man nicht miteinander redet ...
... und einfach akzeptiert, dass die anderen einen eh nicht verstehen ...
... macht einen das doch ein-sam!
Und das ...
... geht wirklich jedem Men-schen so!

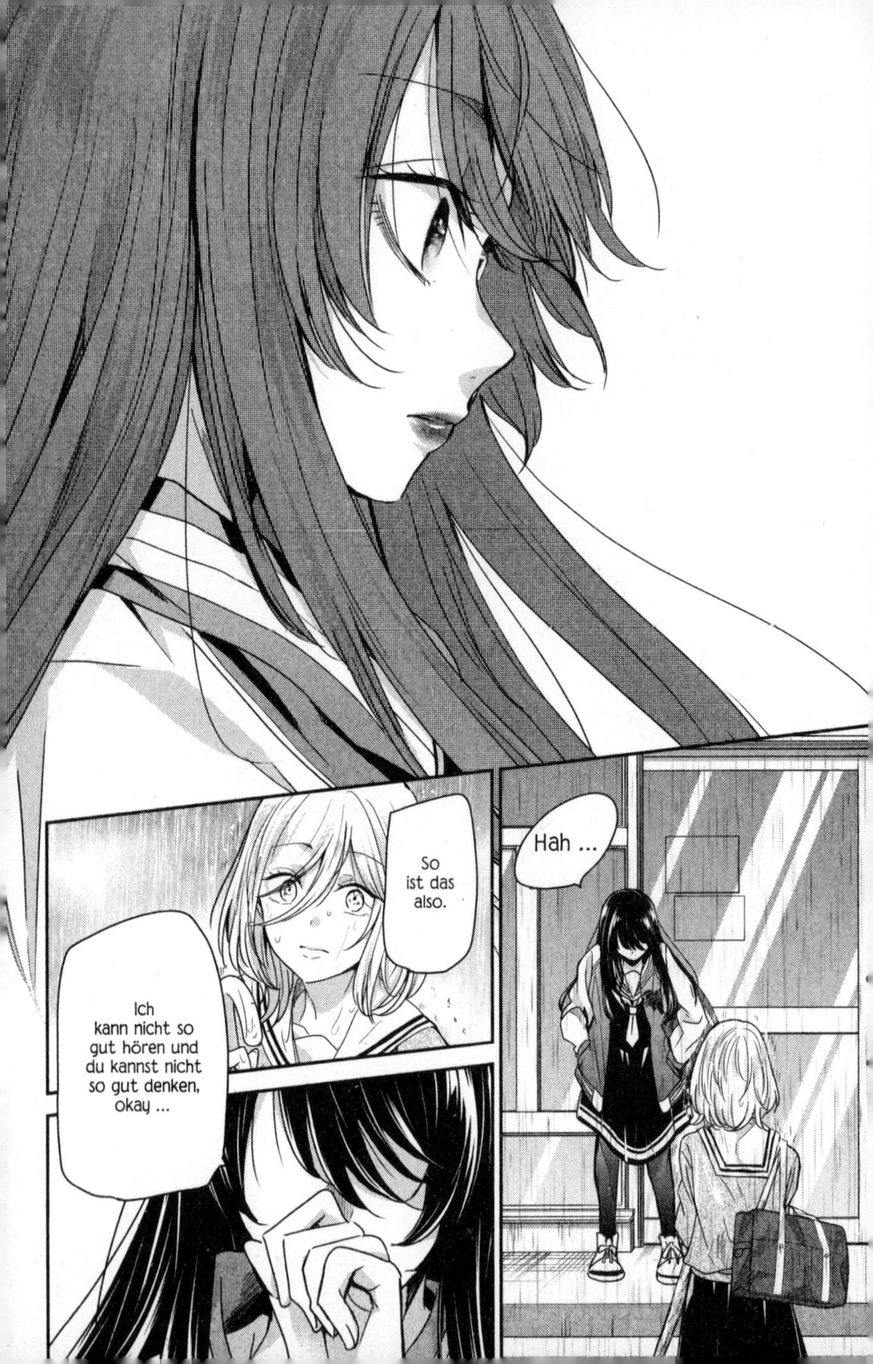
Hah ...
So ist das also.
Ich kann nicht so gut hören und du kannst nicht so gut denken, okay ...

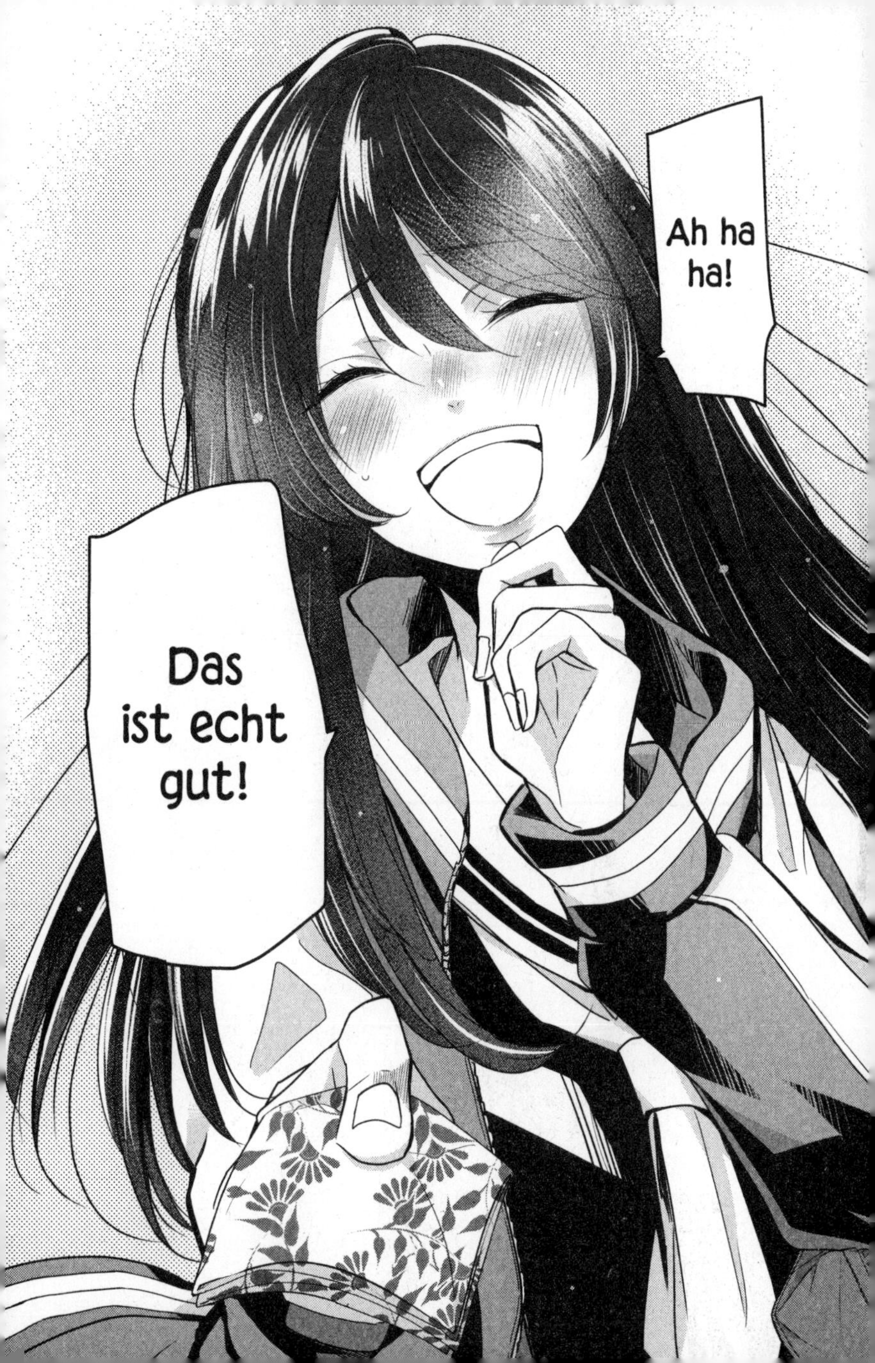
Ah ha ha!
Das ist echt gut!

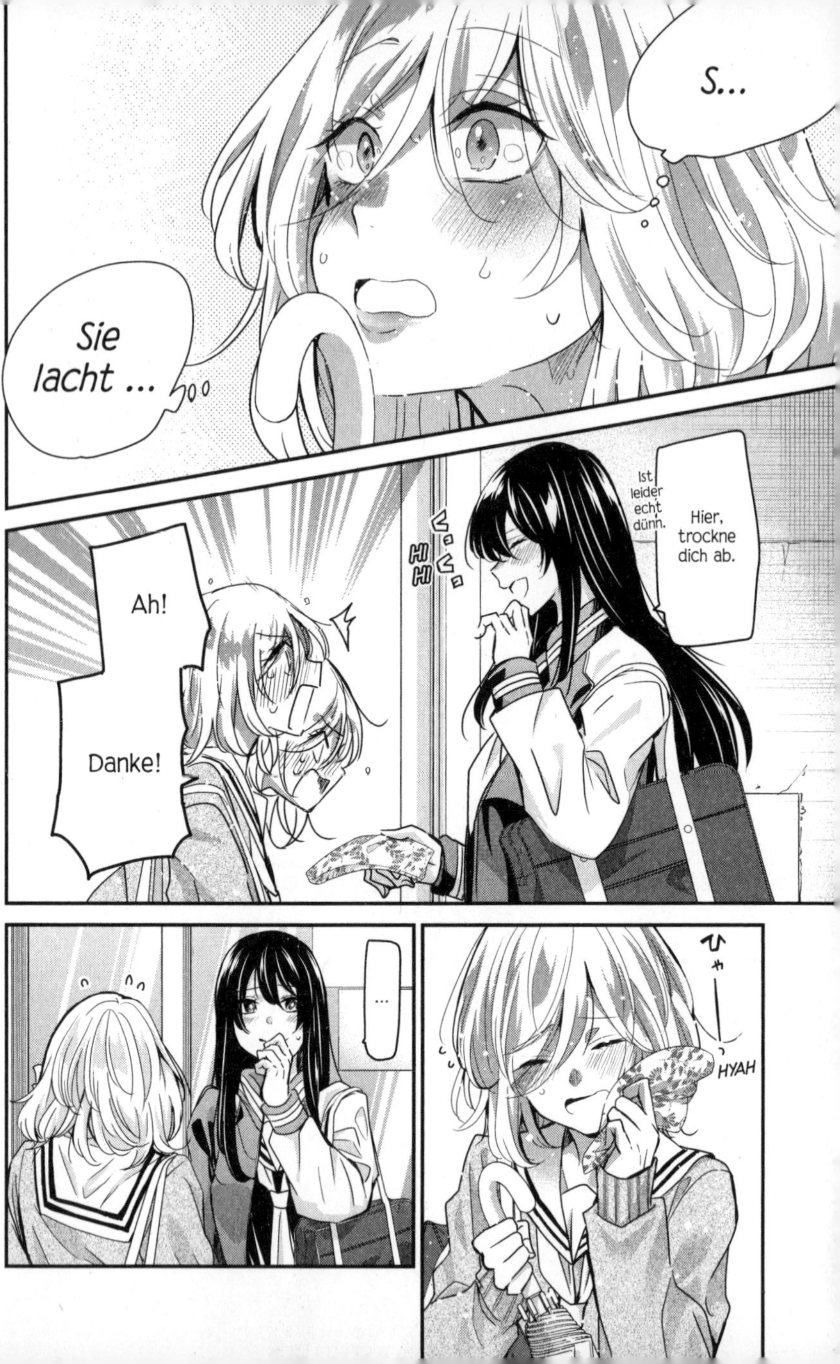
S...
Sie lacht ...
Hier, trockne dich ab.
Ist leider echt dünn.
HI HI
Ah!
Danke!
HYAH
...

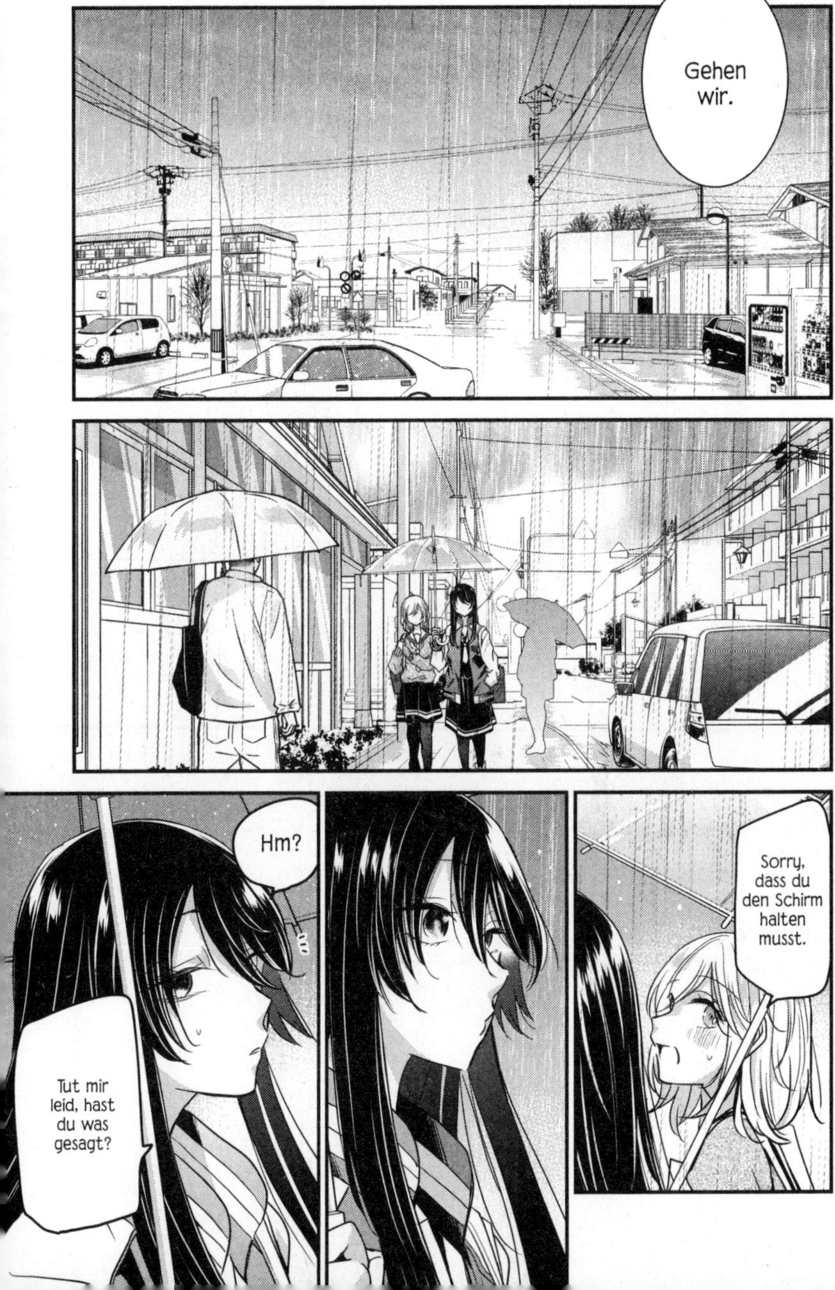
Gehen wir.
Sorry, dass du den Schirm halten musst.
Hm?
Tut mir leid, hast du was gesagt?

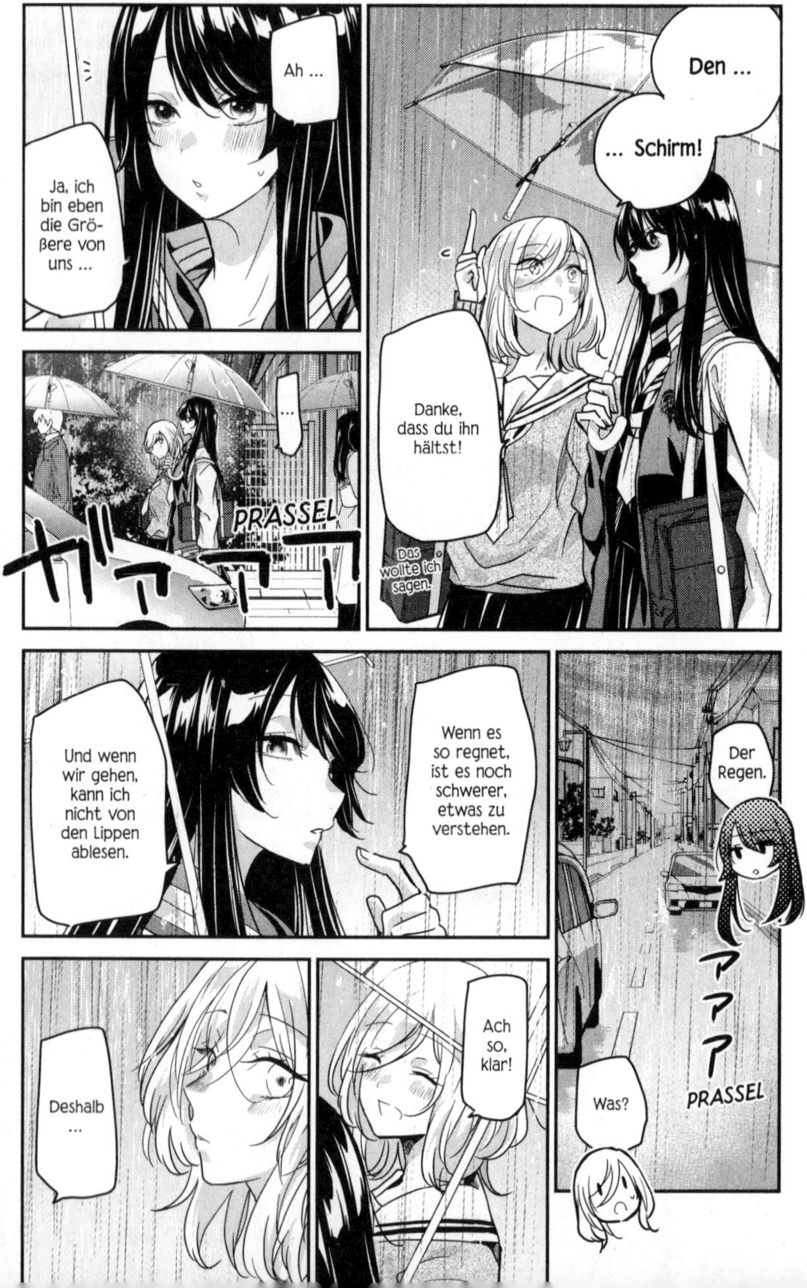
Den ...
... Schirm!
Danke, dass du ihn hältst!
Das wollte ich sagen.
Ah ...
Ja, ich bin eben die Größere von uns ...
...
PRASSEL
Der Regen.
PRASSEL
Was?
Wenn es so regnet, ist es noch schwerer, etwas zu verstehen.
Und wenn wir gehen, kann ich nicht von den Lippen ablesen.
Ach so, klar!
Deshalb ...

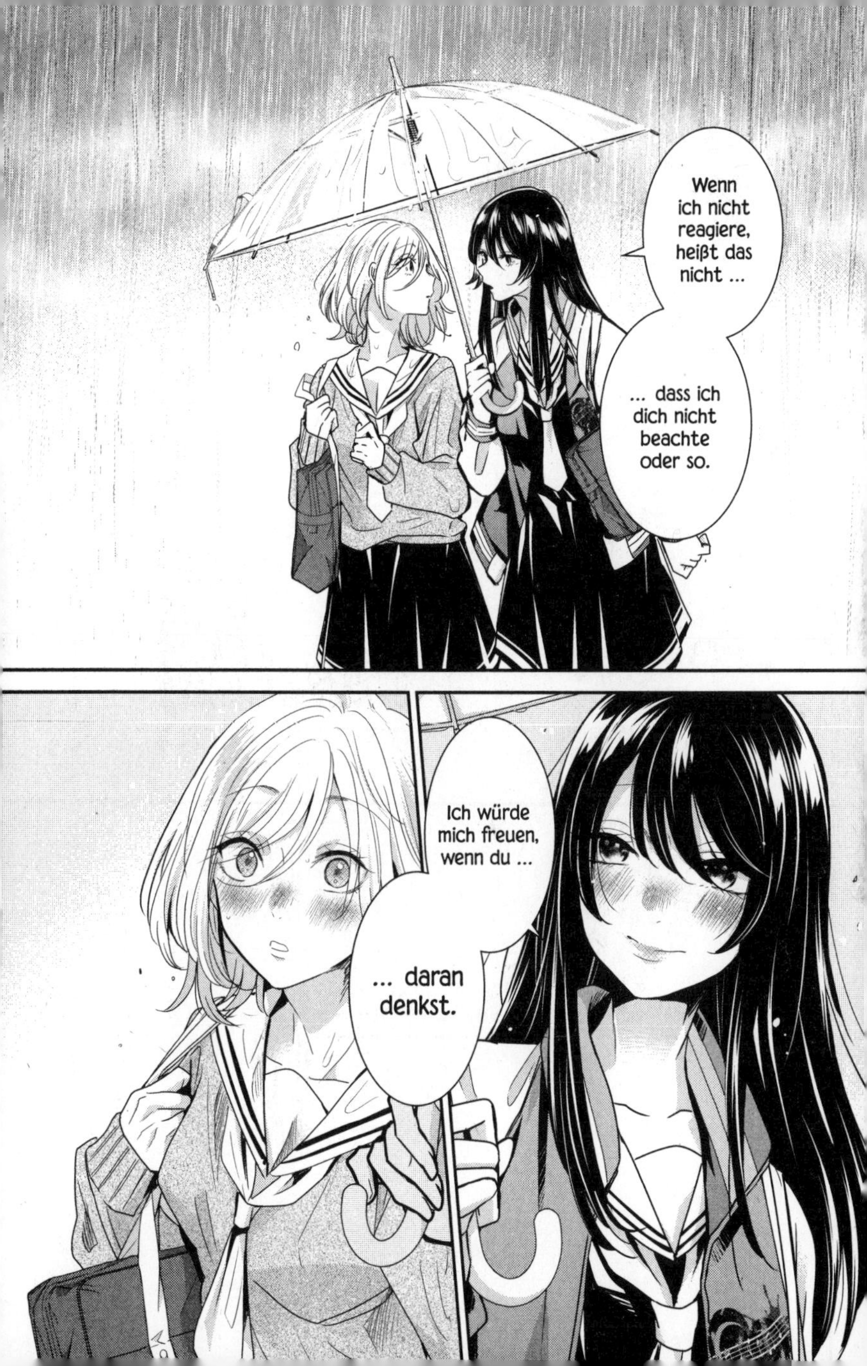
Wenn ich nicht reagiere, heißt das nicht ...
... dass ich dich nicht beachte oder so.
Ich würde mich freuen, wenn du ...
... daran denkst.

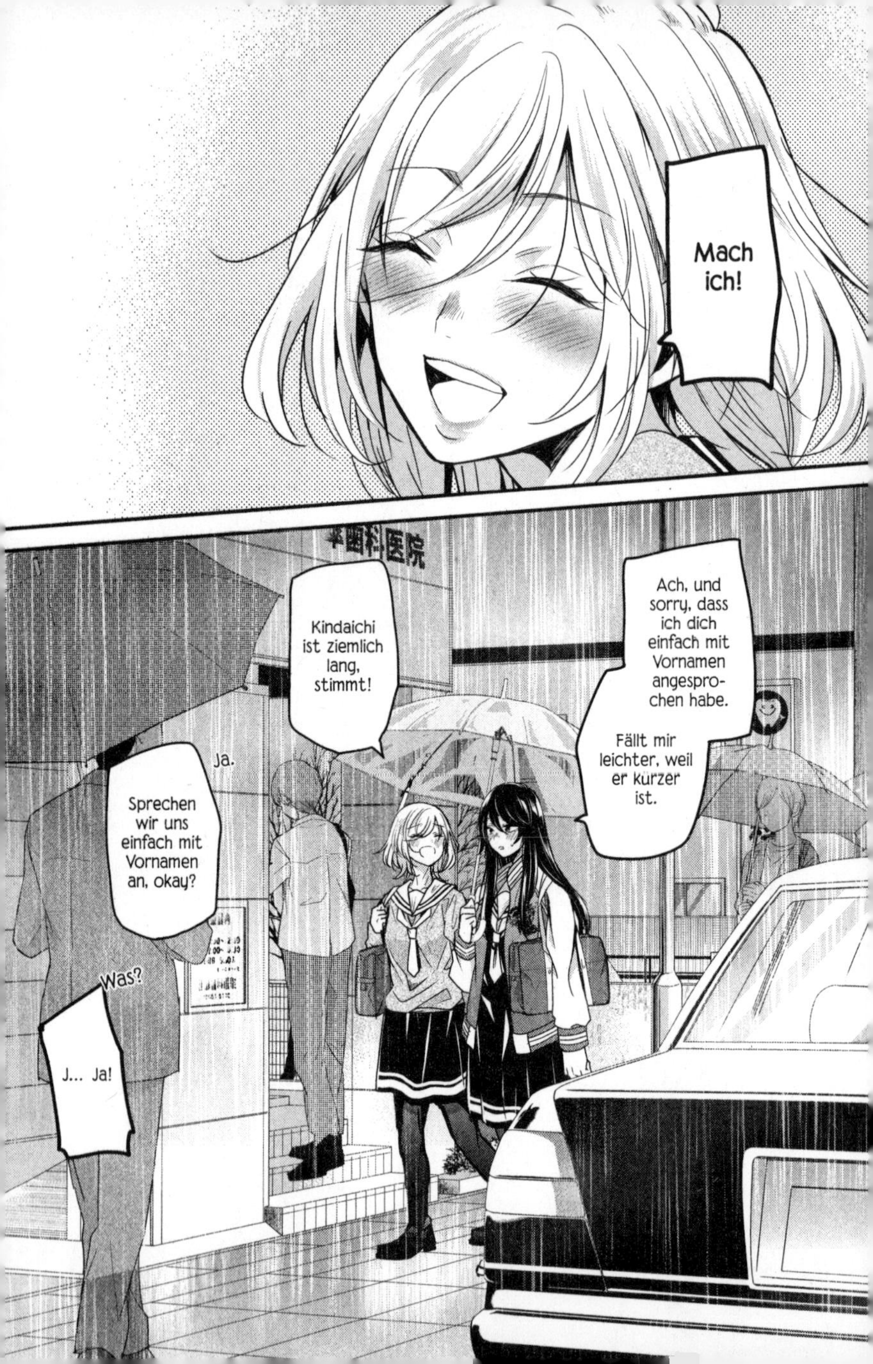
Mach ich!
Ach, und sorry, dass ich dich einfach mit Vornamen angesprochen habe.
Fällt mir leichter, weil er kürzer ist.
Kindaichi ist ziemlich lang, stimmt!
Ja.
Sprechen wir uns einfach mit Vornamen an, okay?
Was?
J... Ja!

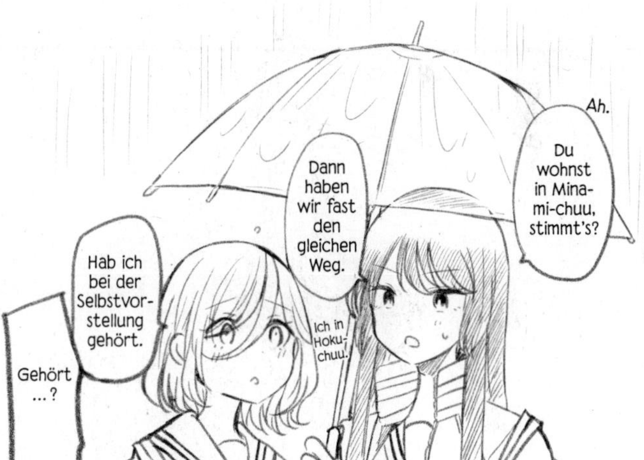
Ah.
Du wohnst in Mina-mi-chuu, stimmt's?
Ich in Hoku-chuu.
Dann haben wir fast den gleichen Weg.
Hab ich bei der Selbstvor-stellung gehört.
Gehört ...?

Der Mond in einer Regennacht

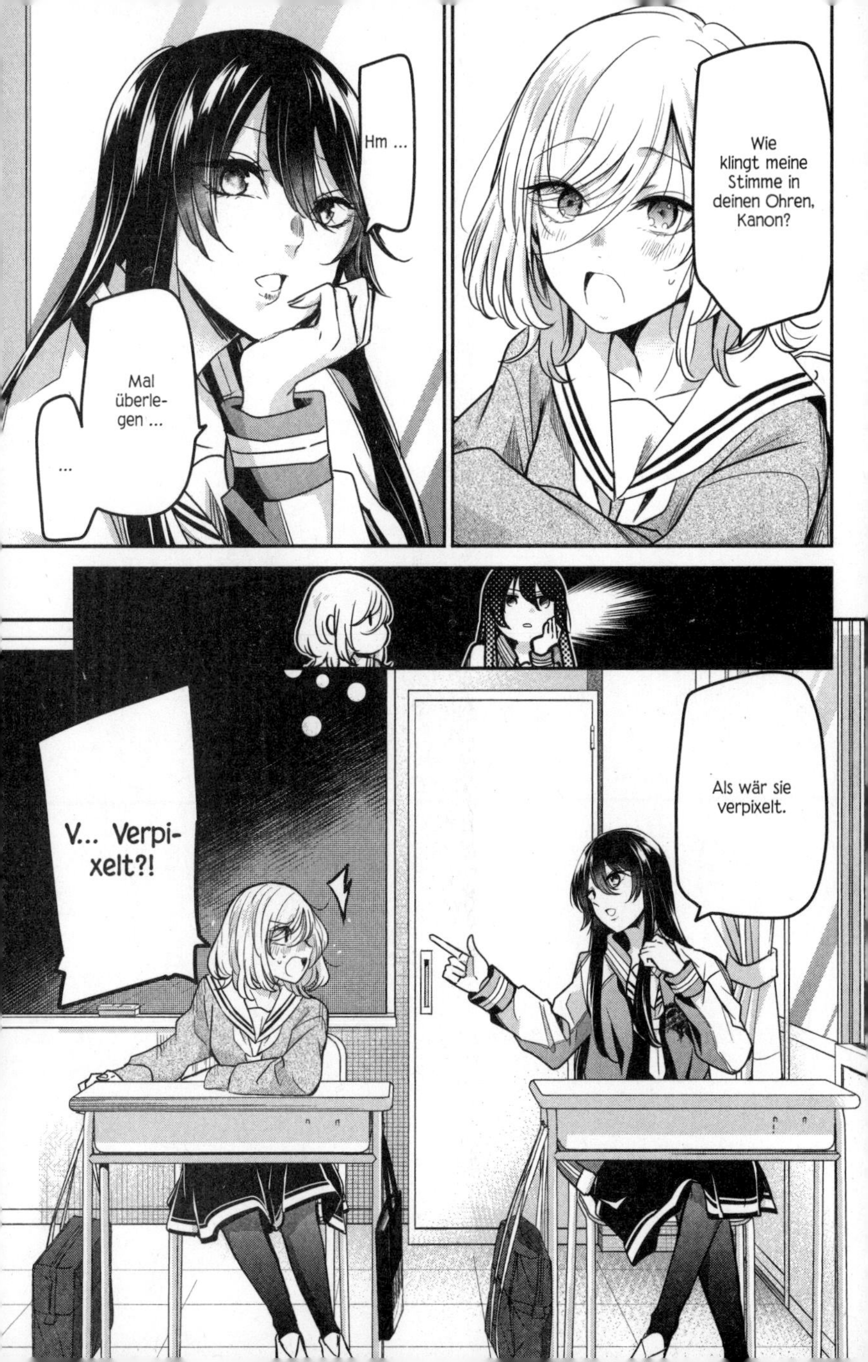
Wie klingt meine Stimme in deinen Ohren, Kanon?
Hm ...
Mal überle-gen ...
...
Als wär sie verpixelt.
V... Verpi-xelt?!

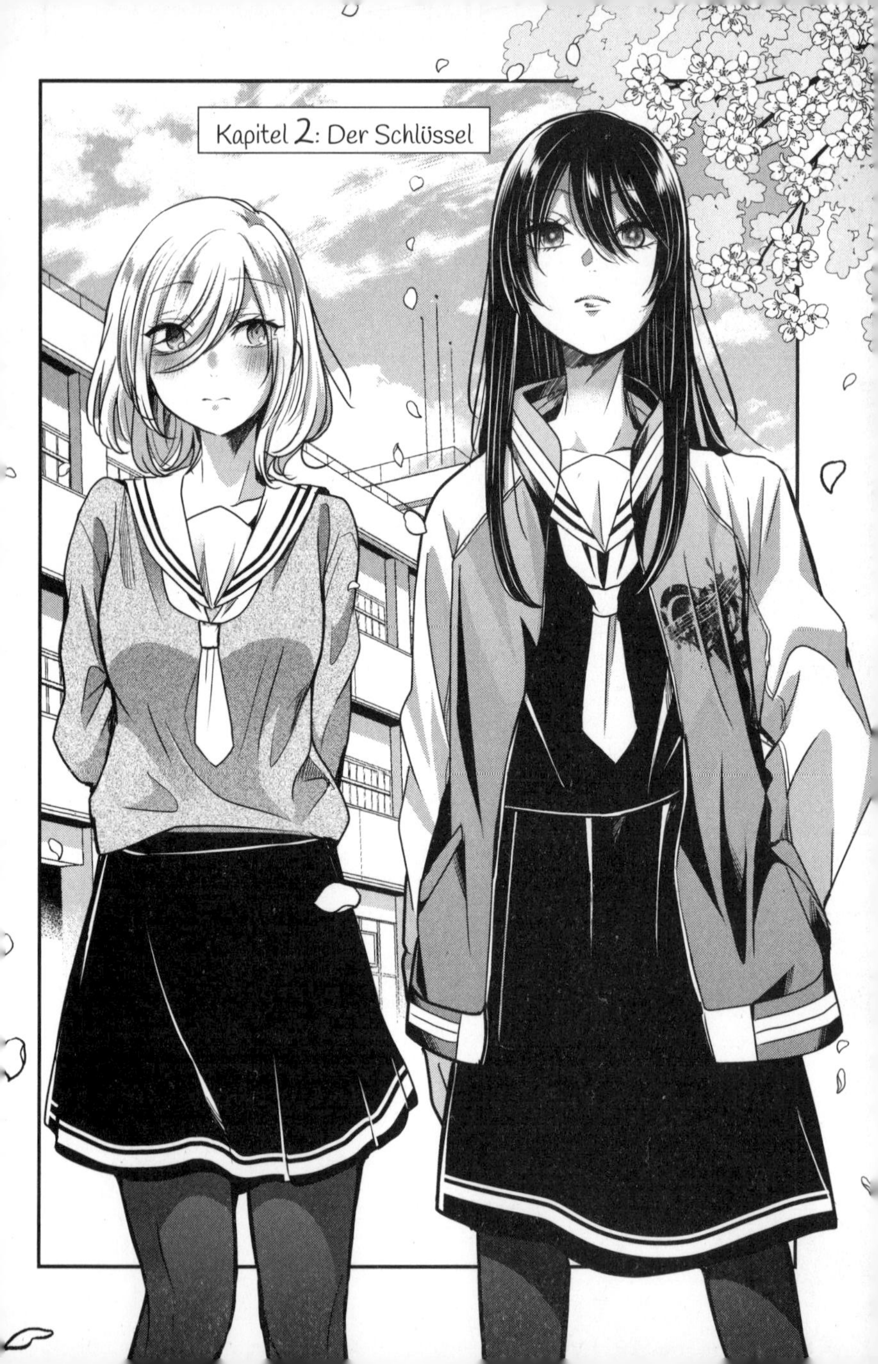
Kapitel 2: Der Schlüssel

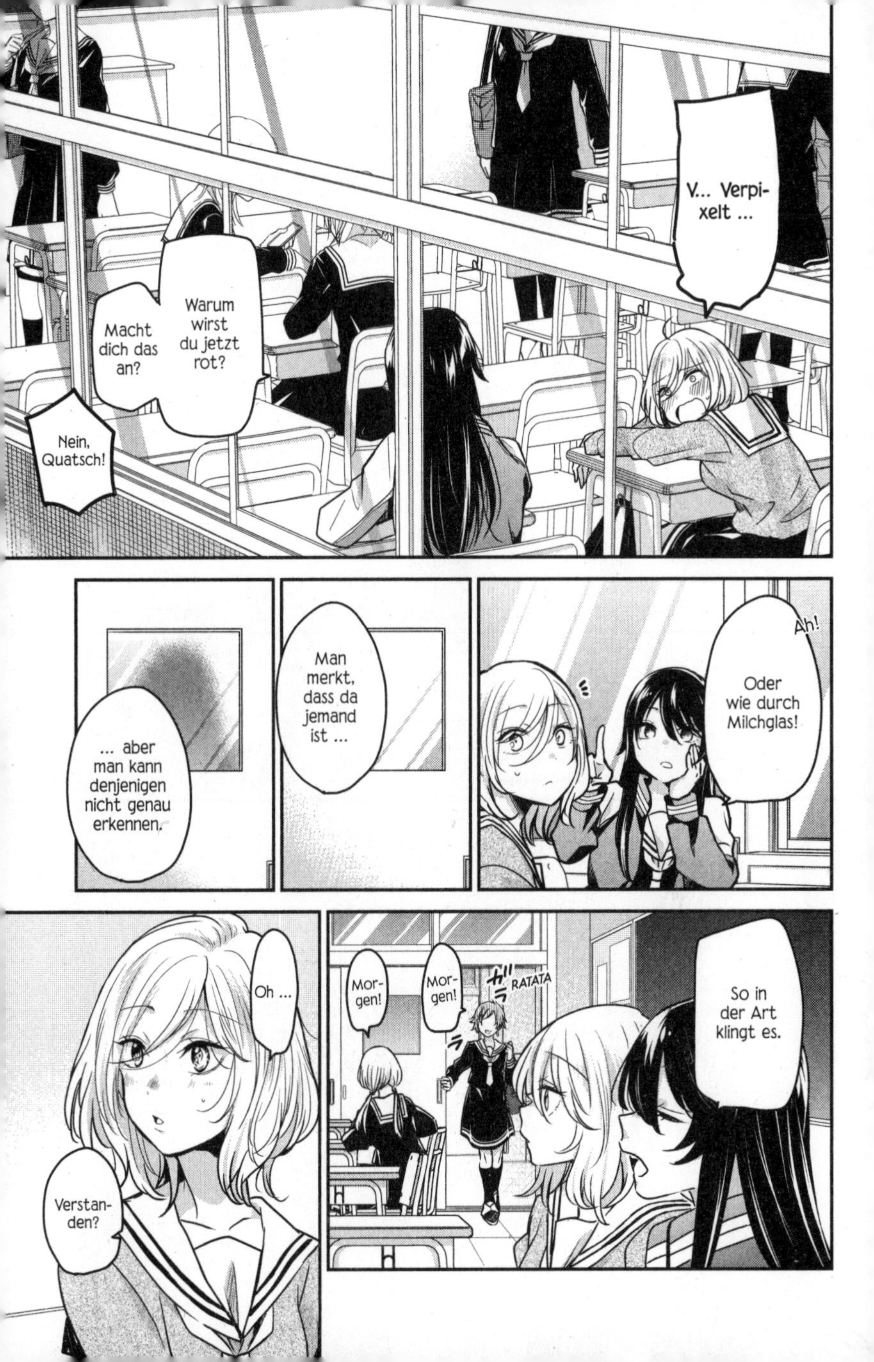
V... Verpi-xelt ...
Warum wirst du jetzt rot?
Macht dich das an?
Nein, Quatsch!
Ah!
Oder wie durch Milchglas!
Man merkt, dass da jemand ist ...
... aber man kann denjenigen nicht genau erkennen.
So in der Art klingt es.
RATATA
Mor-gen!
Mor-gen!
Oh ...
Verstan-den?

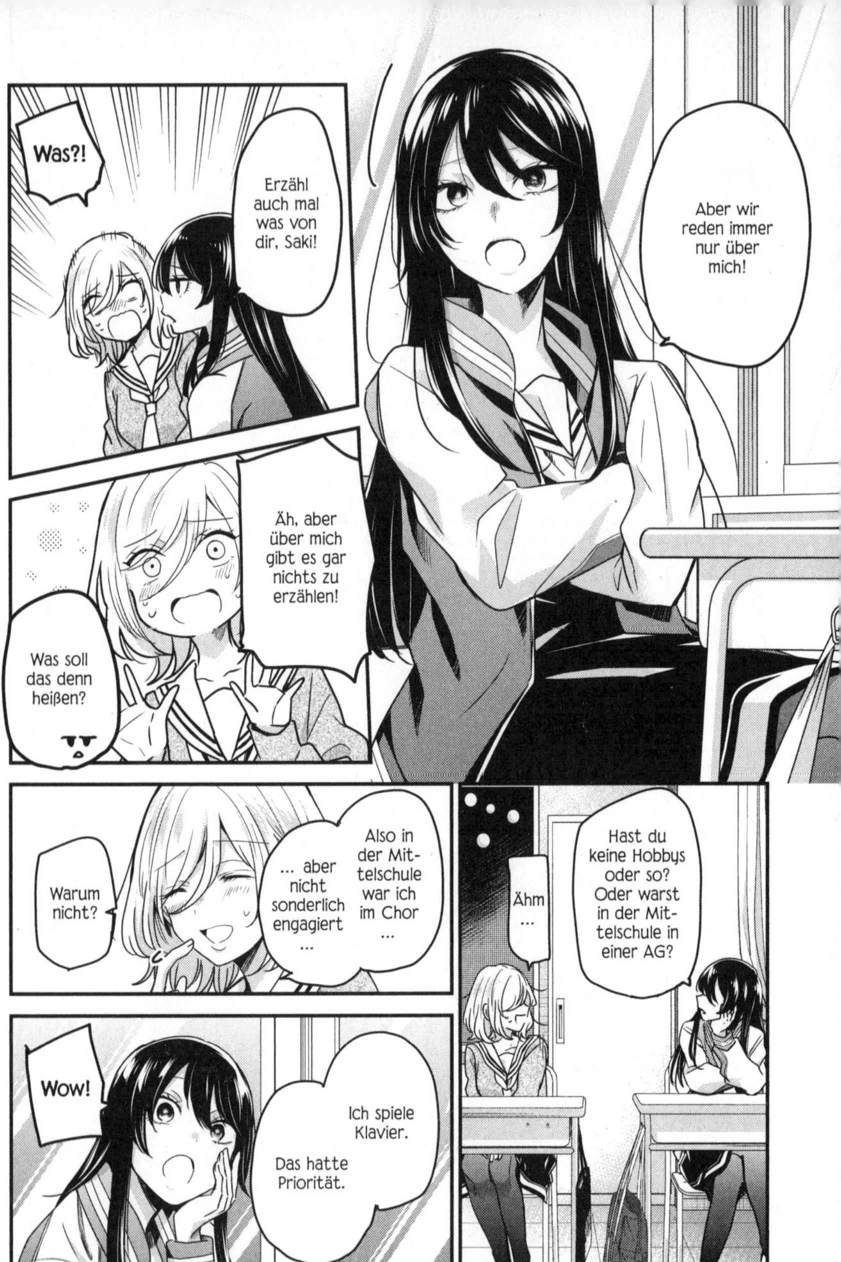
Aber wir reden immer nur über mich!
Erzähl auch mal was von dir, Saki!
Was?!
Äh, aber über mich gibt es gar nichts zu erzählen!
Was soll das denn heißen?
Hast du keine Hobbys oder so? Oder warst in der Mittelschule in einer AG?
Ähm ...
Also in der Mittelschule war ich im Chor ...
... aber nicht sonderlich engagiert ...
Warum nicht?
Ich spiele Klavier.
Das hatte Priorität.
Wow!

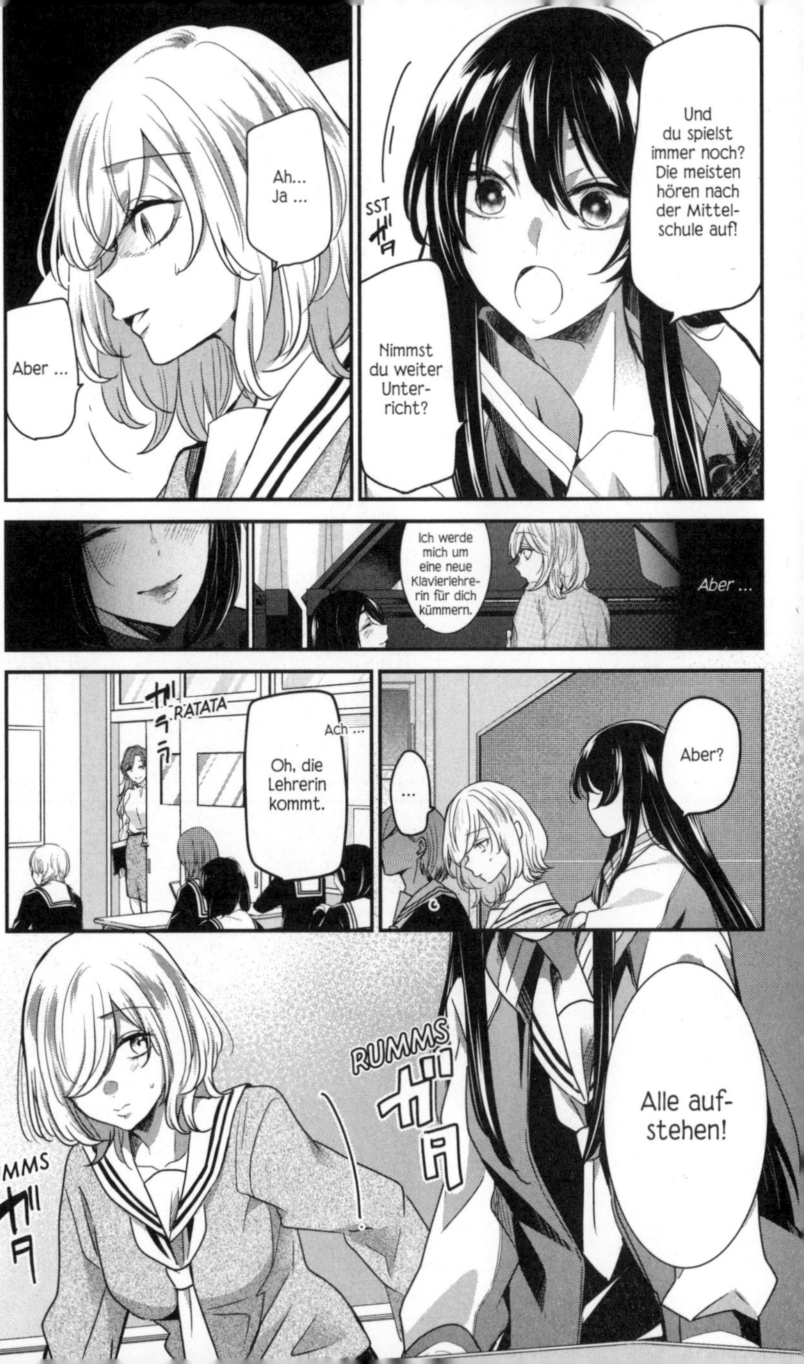
Und du spielst immer noch? Die meisten hören nach der Mittelschule auf!
SST
Nimmst du weiter Unterricht?
Ah... Ja ...
Aber ...
Aber ...
Ich werde mich um eine neue Klavierlehrerin für dich kümmern.
Aber?
...
Ach ...
Oh, die Lehrerin kommt.
RATATA
Alle aufstehen!
RUMMS
RUMMS

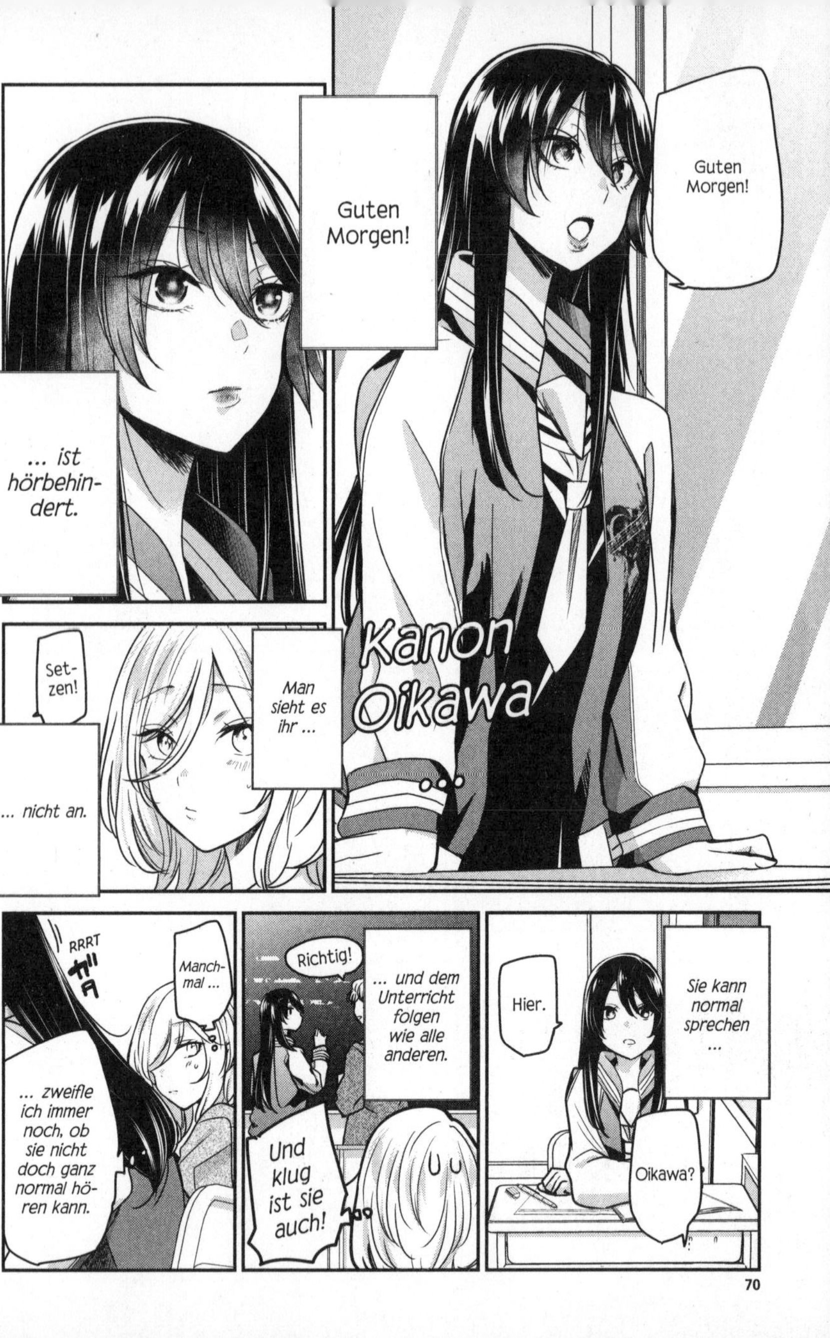
Guten Morgen!
Guten Morgen!
Kanon Oikawa ...
... ist hörbehindert.
Man sieht es ihr ...
Setzen!
... nicht an.
Oikawa?
Hier.
Sie kann normal sprechen ...
Richtig!
... und dem Unterricht folgen wie alle anderen.
Und klug ist sie auch!
RRRT
Manchmal ...
... zweifle ich immer noch, ob sie nicht doch ganz normal hören kann.

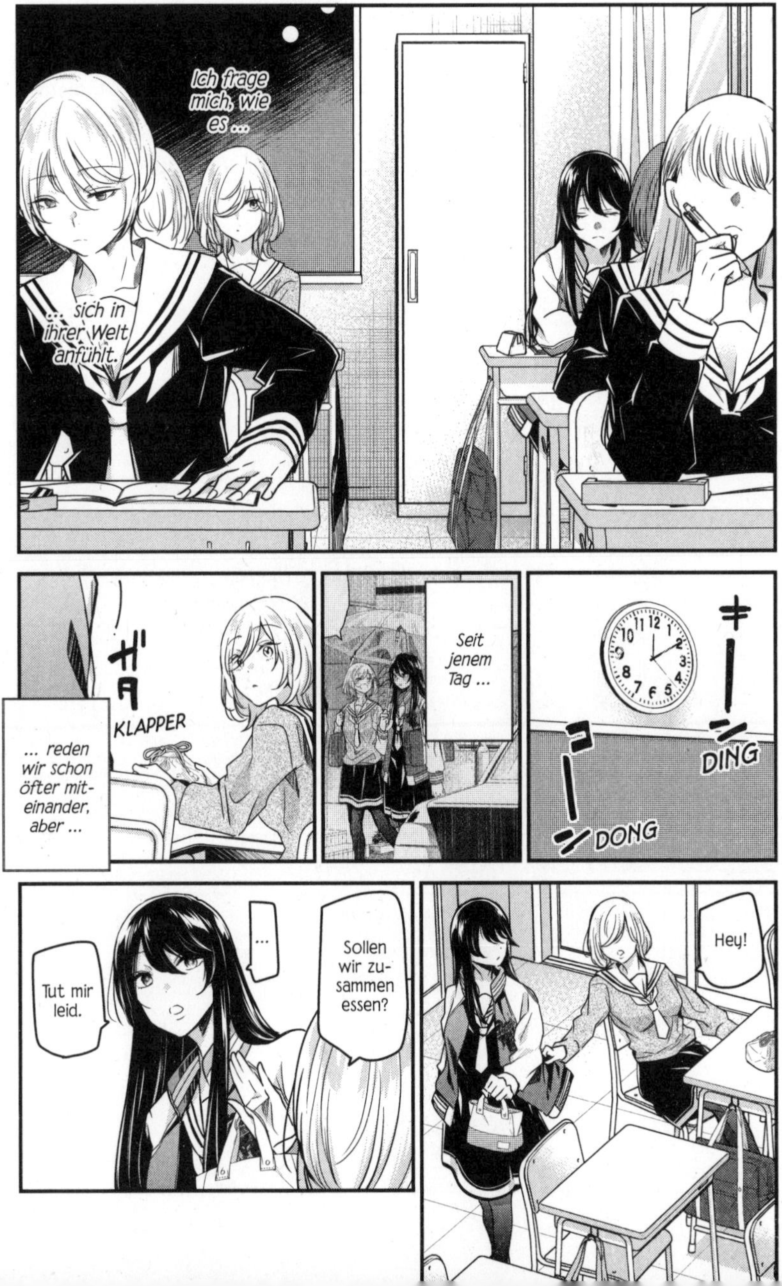

Ich frage mich, wie es ...
... sich in ihrer Welt anfühlt.
キーン
DING
コーン
DONG
Seit jenem Tag ...
ガタ
KLAPPER
... reden wir schon öfter miteinander, aber ...
Hey!
Sollen wir zusammen essen?
...
Tut mir leid.

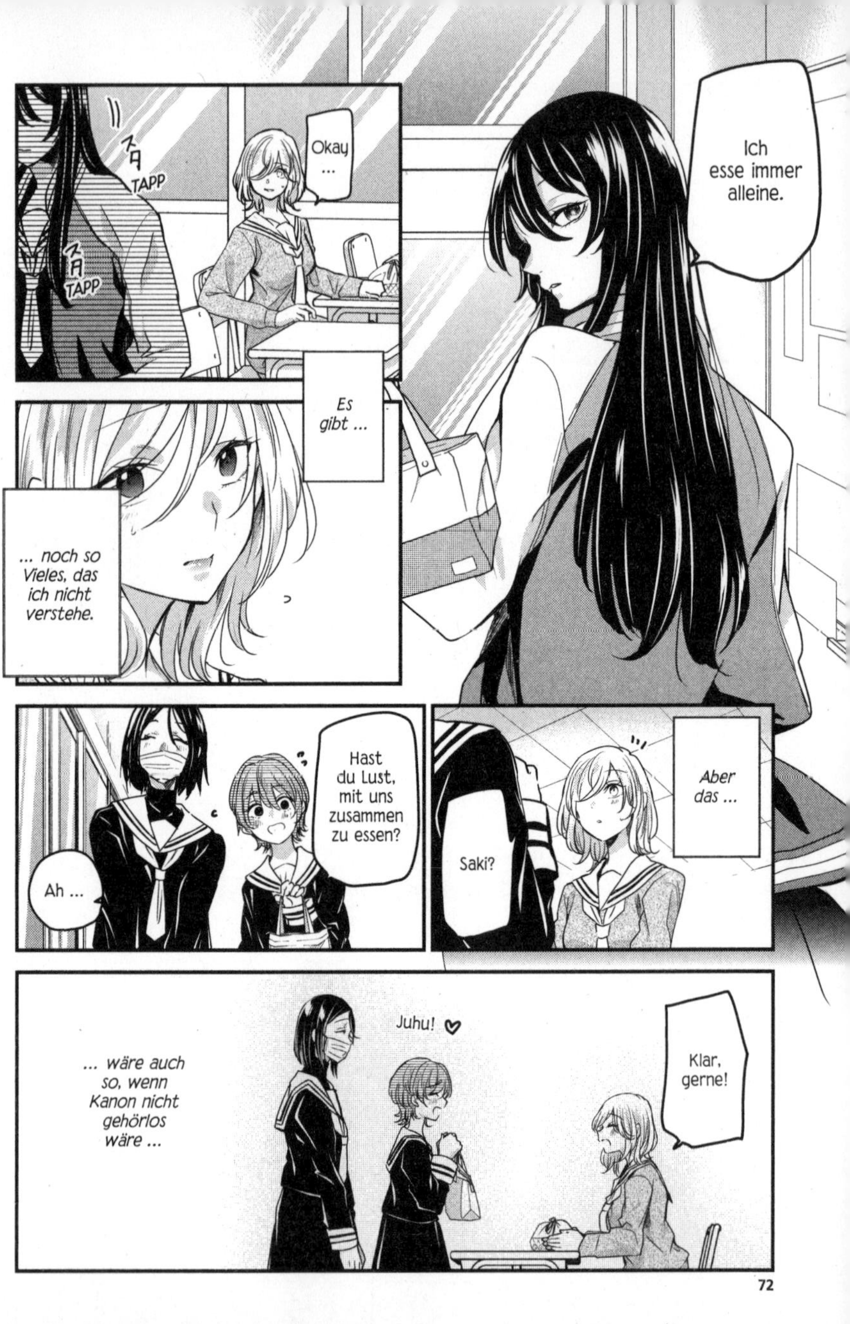
Ich esse immer alleine.
TAPP
TAPP
Okay ...
Es gibt ...
... noch so Vieles, das ich nicht verstehe.
Saki?
Aber das ...
Hast du Lust, mit uns zusammen zu essen?
Ah ...
Klar, gerne!
Juhu!
... wäre auch so, wenn Kanon nicht gehörlos wäre ...

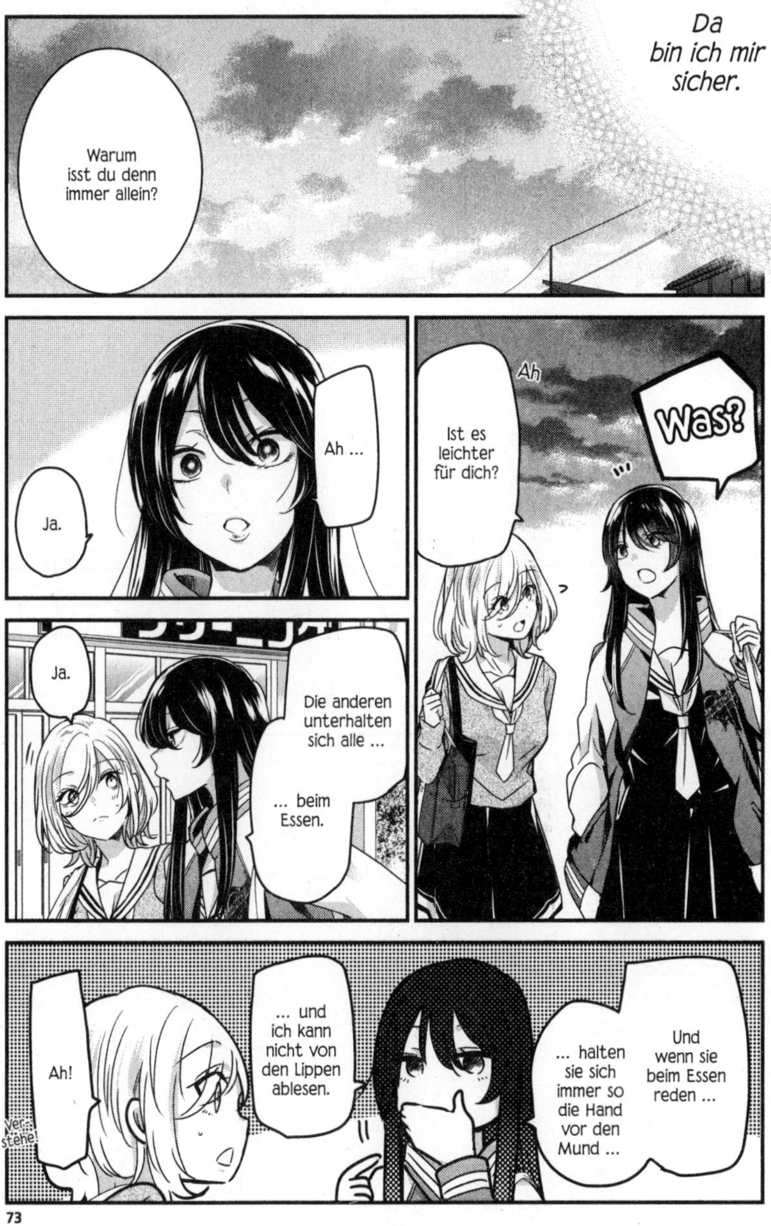
Da bin ich mir sicher.
Warum isst du denn immer allein?
Was?
Ah
Ist es leichter für dich?
Ah ...
Ja.
Die anderen unterhalten sich alle ...
... beim Essen.
Ja.
Und wenn sie beim Essen reden ...
... halten sie sich immer so die Hand vor den Mund ...
... und ich kann nicht von den Lippen ablesen.
Ah!
Verstehe!

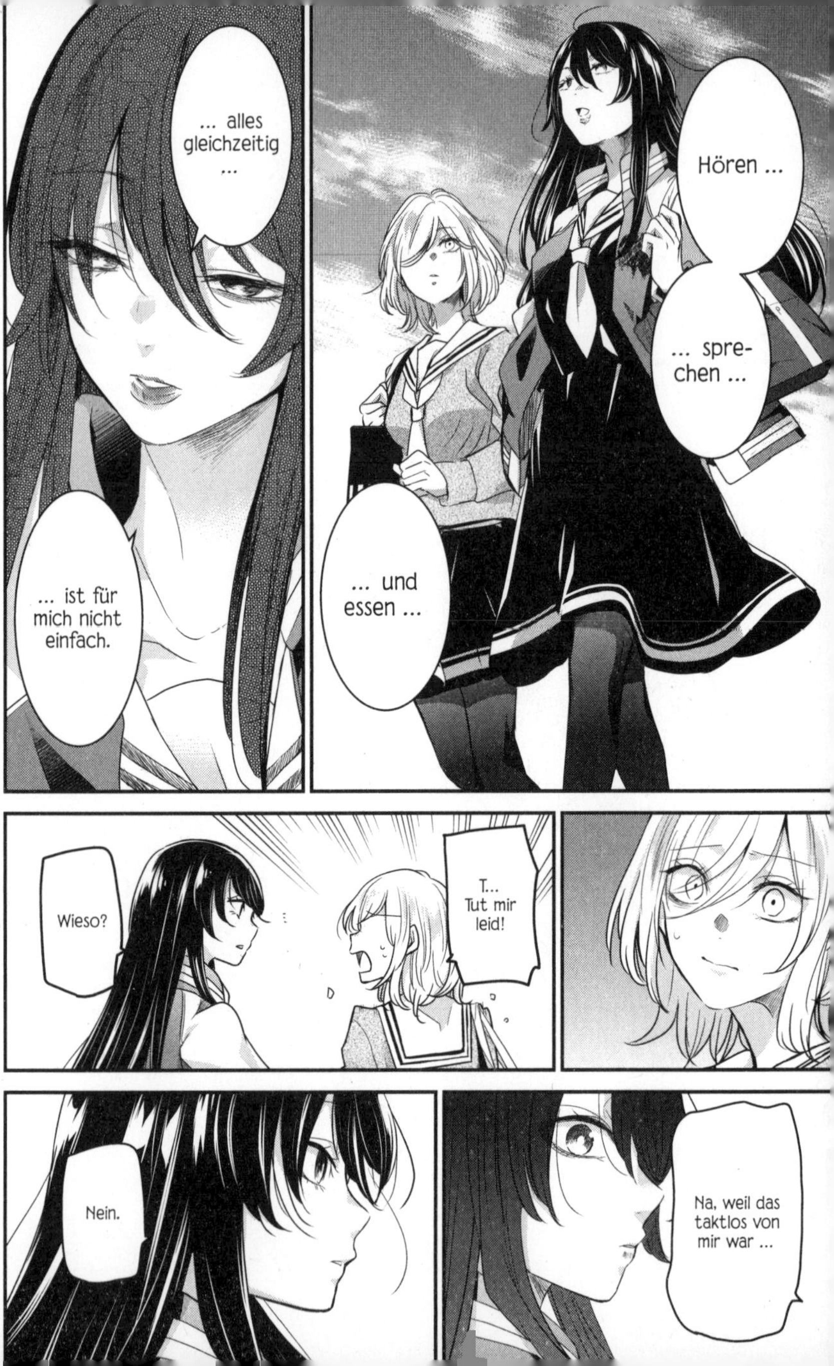
Hören ...
... spre-
chen ...
... und
essen ...
... alles
gleichzeitig
...
... ist für
mich nicht
einfach.
T...
Tut mir
leid!
Wieso?
Na, weil das
taktlos von
mir war ...
Nein.

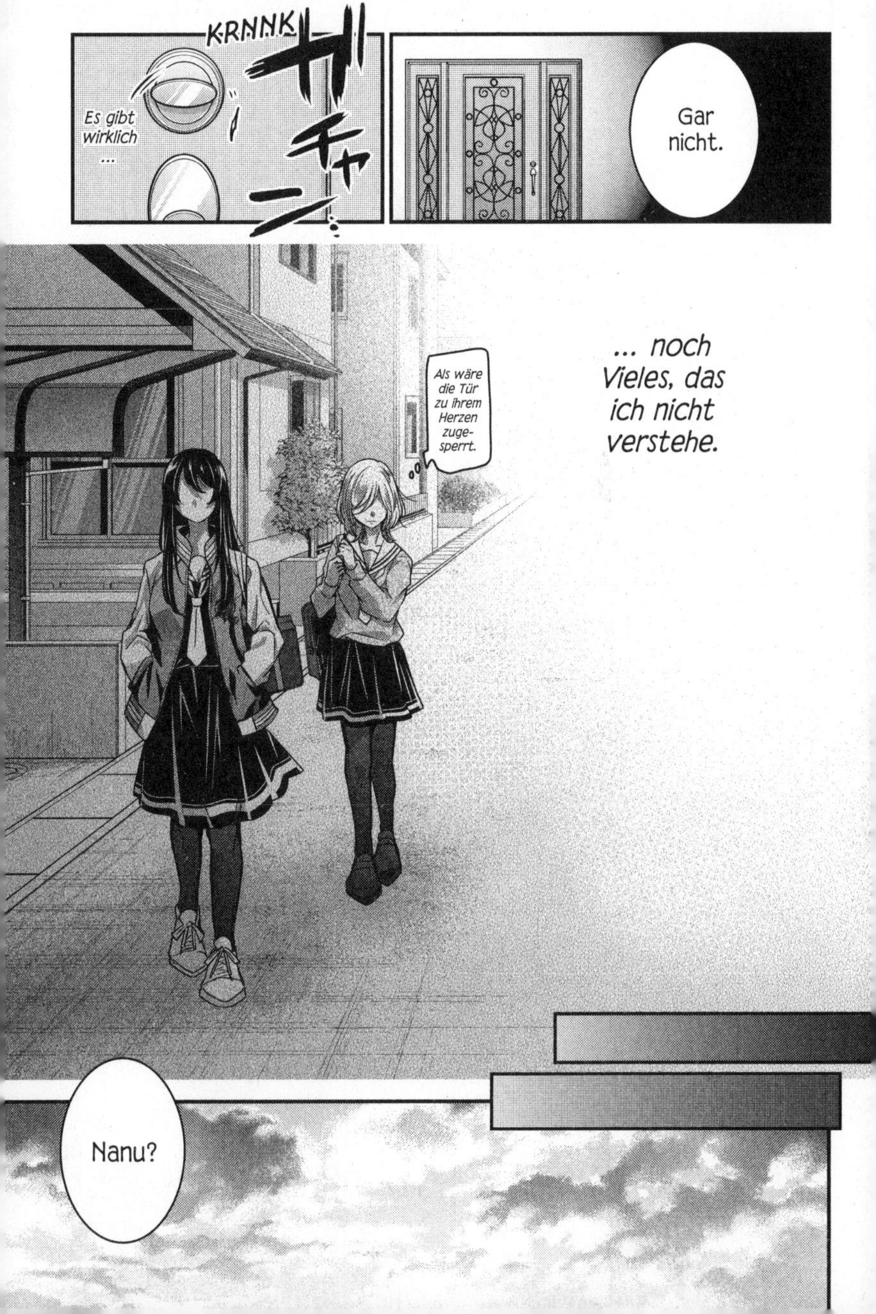

Gar nicht.
KRNNK
Es gibt wirklich ...
... noch Vieles, das ich nicht verstehe.
Als wäre die Tür zu ihrem Herzen zugesperrt.
Nanu?

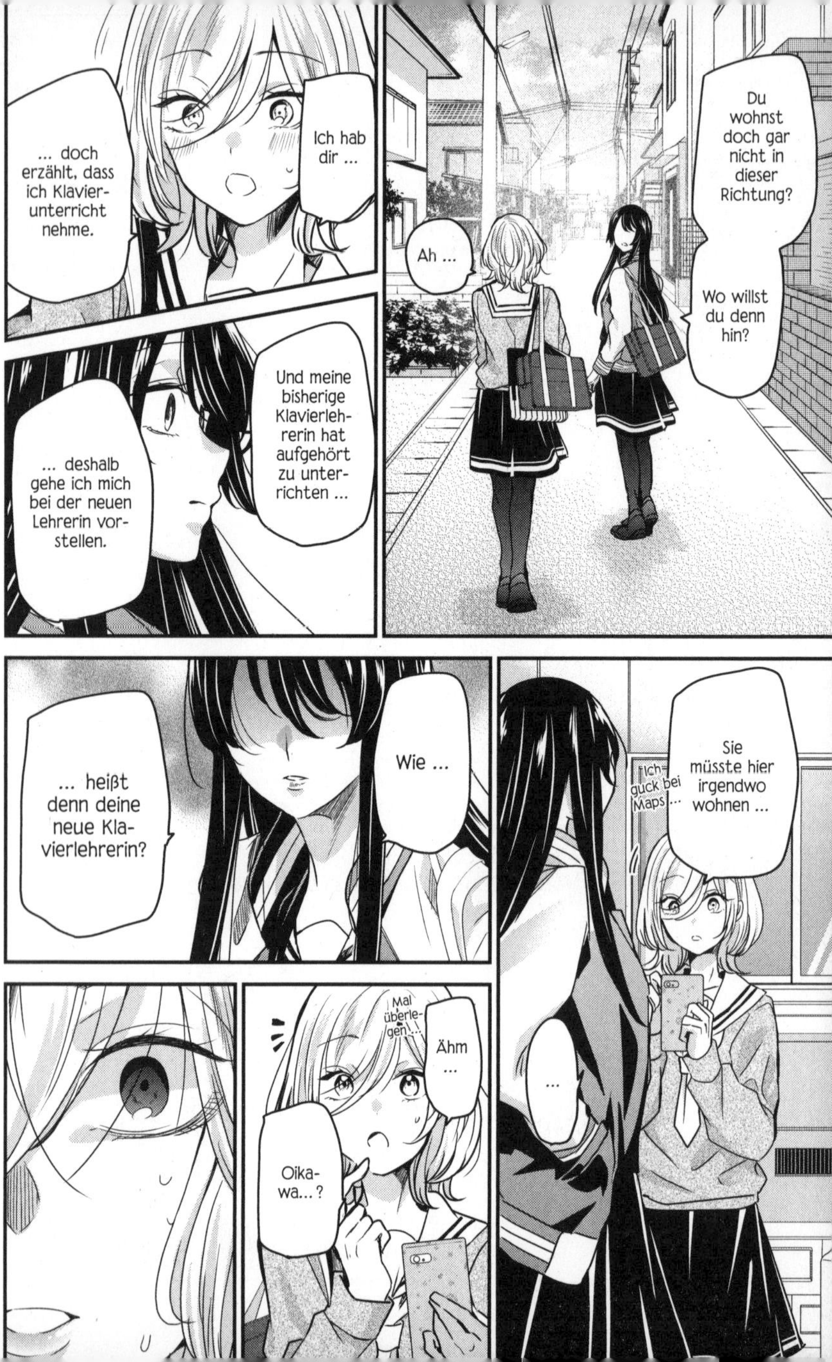
Du wohnst doch gar nicht in dieser Richtung?
Wo willst du denn hin?
Ah ...
Ich hab dir ...
... doch erzählt, dass ich Klavierunterricht nehme.
Und meine bisherige Klavierlehrerin hat aufgehört zu unterrichten ...
... deshalb gehe ich mich bei der neuen Lehrerin vorstellen.
Sie müsste hier irgendwo wohnen ...
Ich guck bei Maps ...
...
Wie ...
... heißt denn deine neue Klavierlehrerin?
Mal überlegen ...
Ähm ...
Oikawa...?

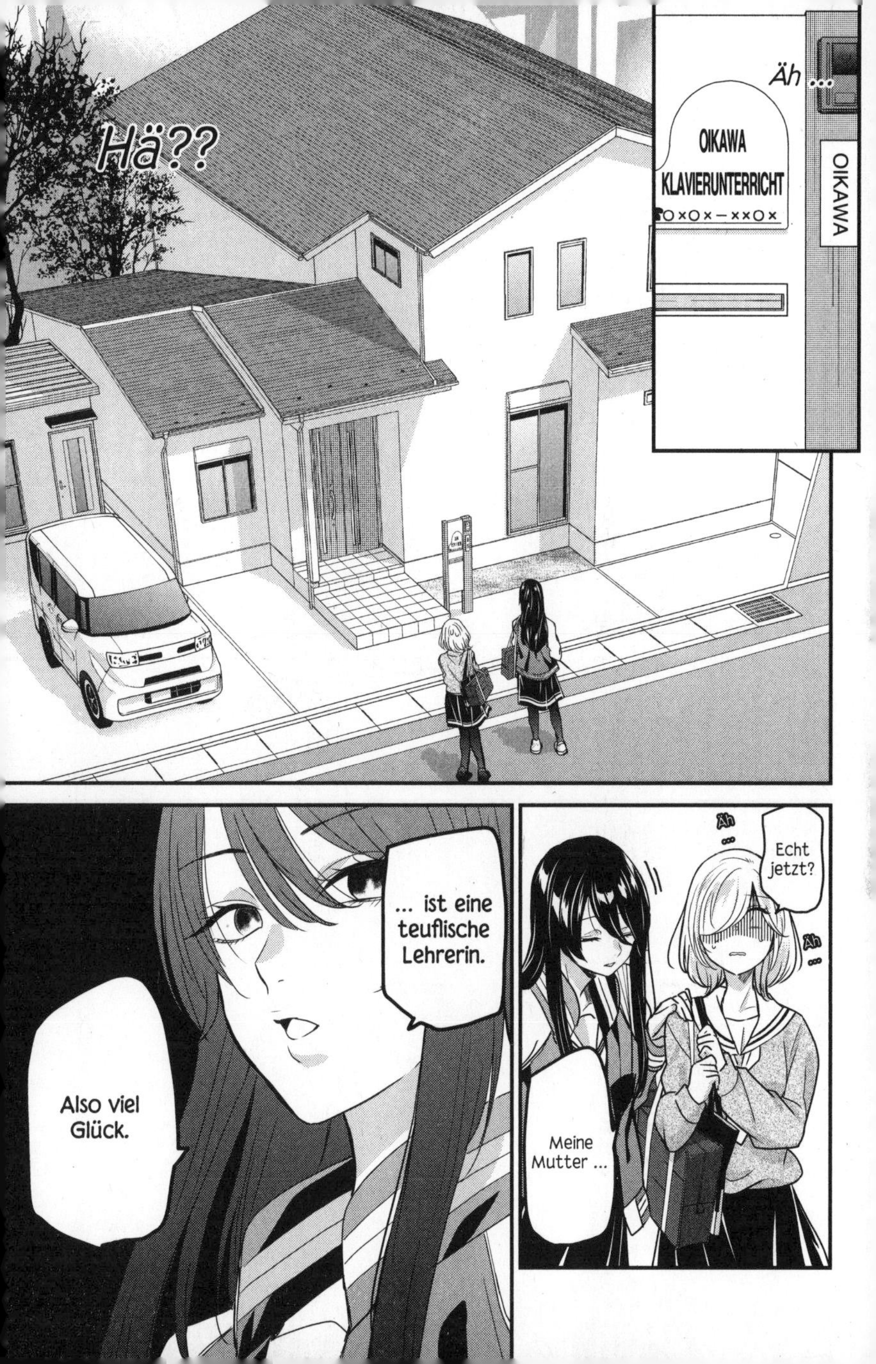

Äh ...
OIKAWA
OIKAWA
KLAVIERUNTERRICHT
Hä??
Echt jetzt?
Äh ...
Äh ...
Meine Mutter ...
... ist eine teuflische Lehrerin.
Also viel Glück.

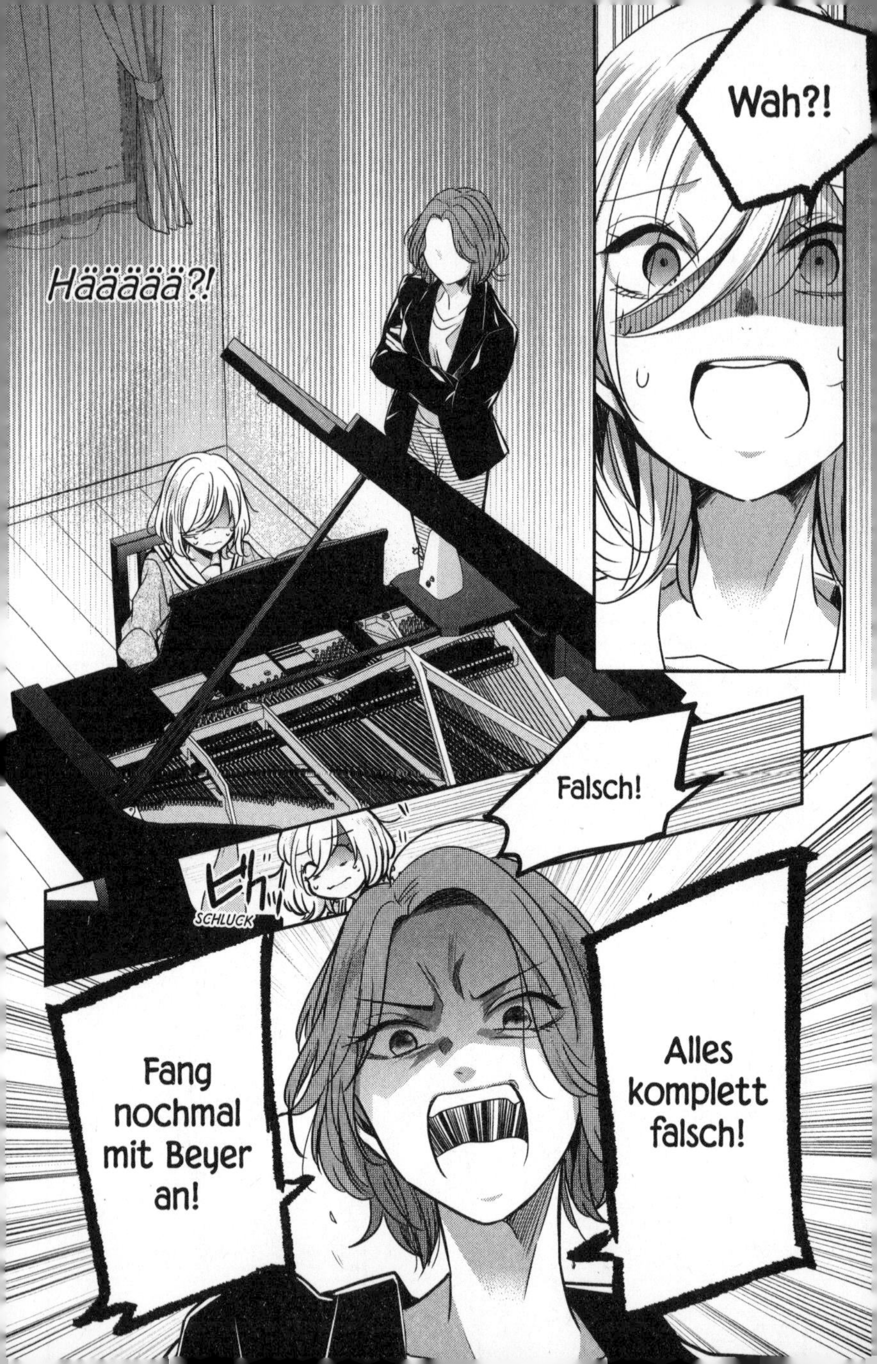

Wah?!
Häääää?!
Falsch!
ビクッ
SCHLUCK
Alles komplett falsch!
Fang nochmal mit Beyer an!

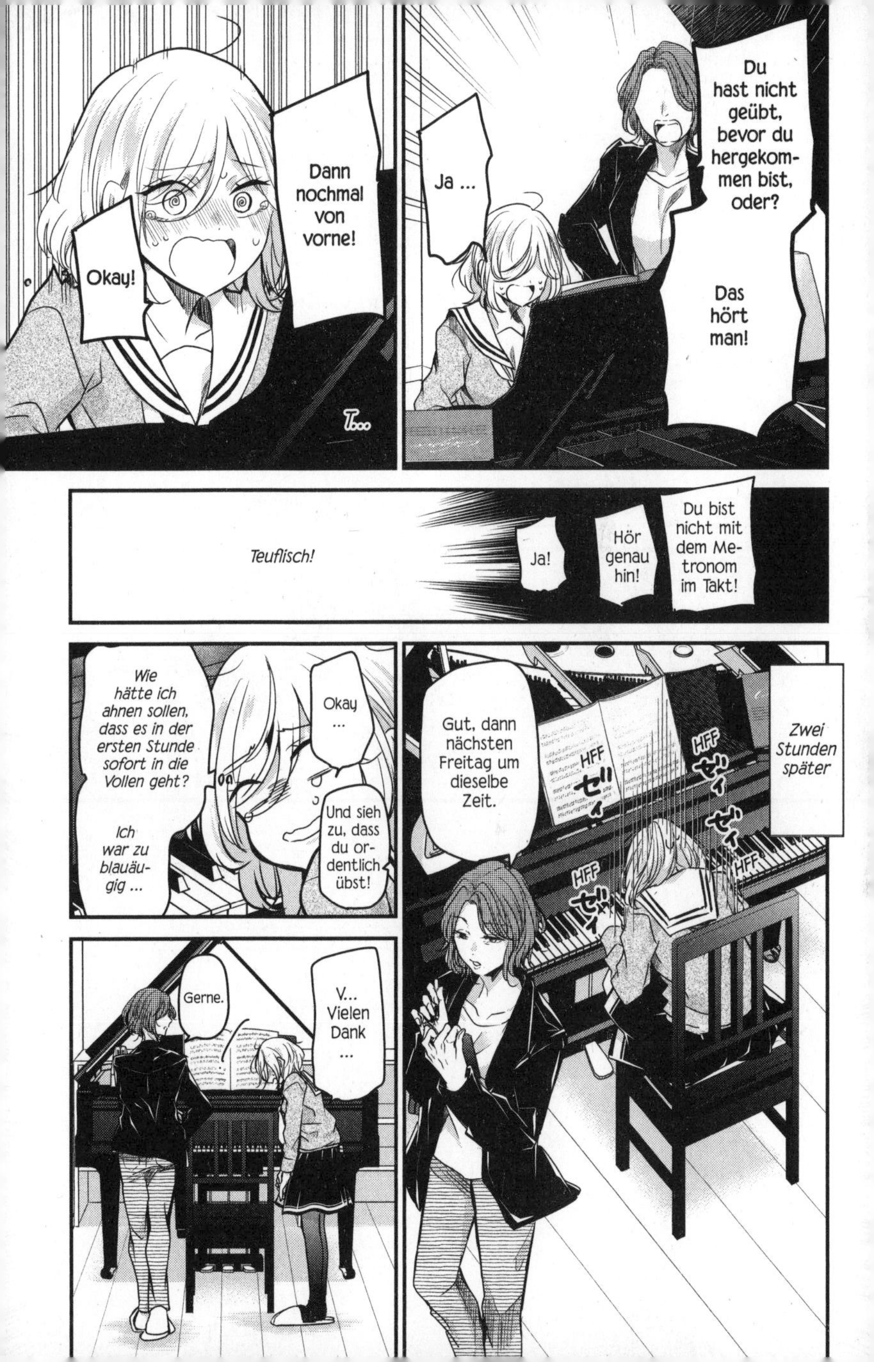
Du hast nicht geübt, bevor du hergekommen bist, oder?
Ja ...
Das hört man!
Dann nochmal von vorne!
Okay!
Du bist nicht mit dem Metronom im Takt!
Hör genau hin!
Ja!
Teuflisch!
Zwei Stunden später
HFF
HFF
HFF
HFF
Gut, dann nächsten Freitag um dieselbe Zeit.
Okay ...
Und sieh zu, dass du ordentlich übst!
Wie hätte ich ahnen sollen, dass es in der ersten Stunde sofort in die Vollen geht?
Ich war zu blauäugig ...
V... Vielen Dank ...
Gerne.

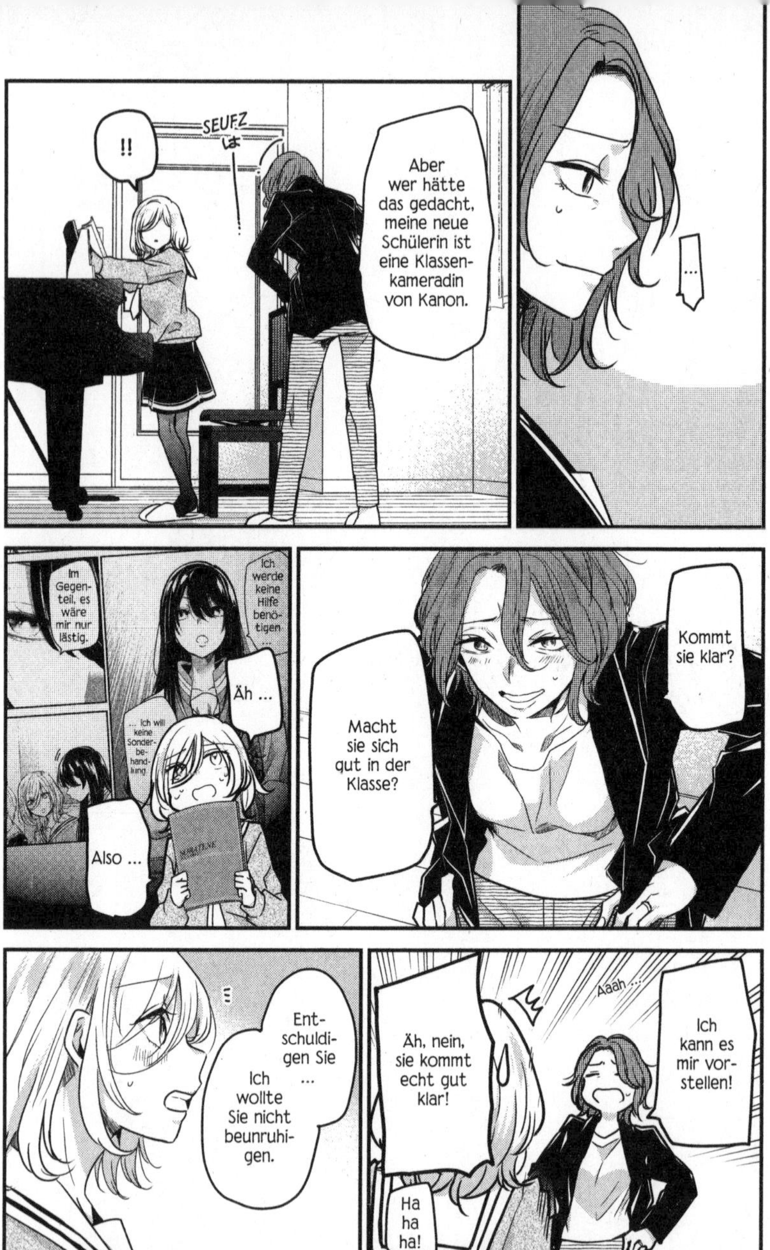
…
SEUFZ
は
!!
Aber wer hätte das gedacht, meine neue Schülerin ist eine Klassenkameradin von Kanon.
Kommt sie klar?
Macht sie sich gut in der Klasse?
Ich werde keine Hilfe benötigen …
Im Gegenteil, es wäre mir nur lästig.
Äh …
… Ich will keine Sonderbehandlung
Also …
Aaah …
Ich kann es mir vorstellen!
Äh, nein, sie kommt echt gut klar!
Ha ha ha!
Entschuldigen Sie …
Ich wollte Sie nicht beunruhigen.

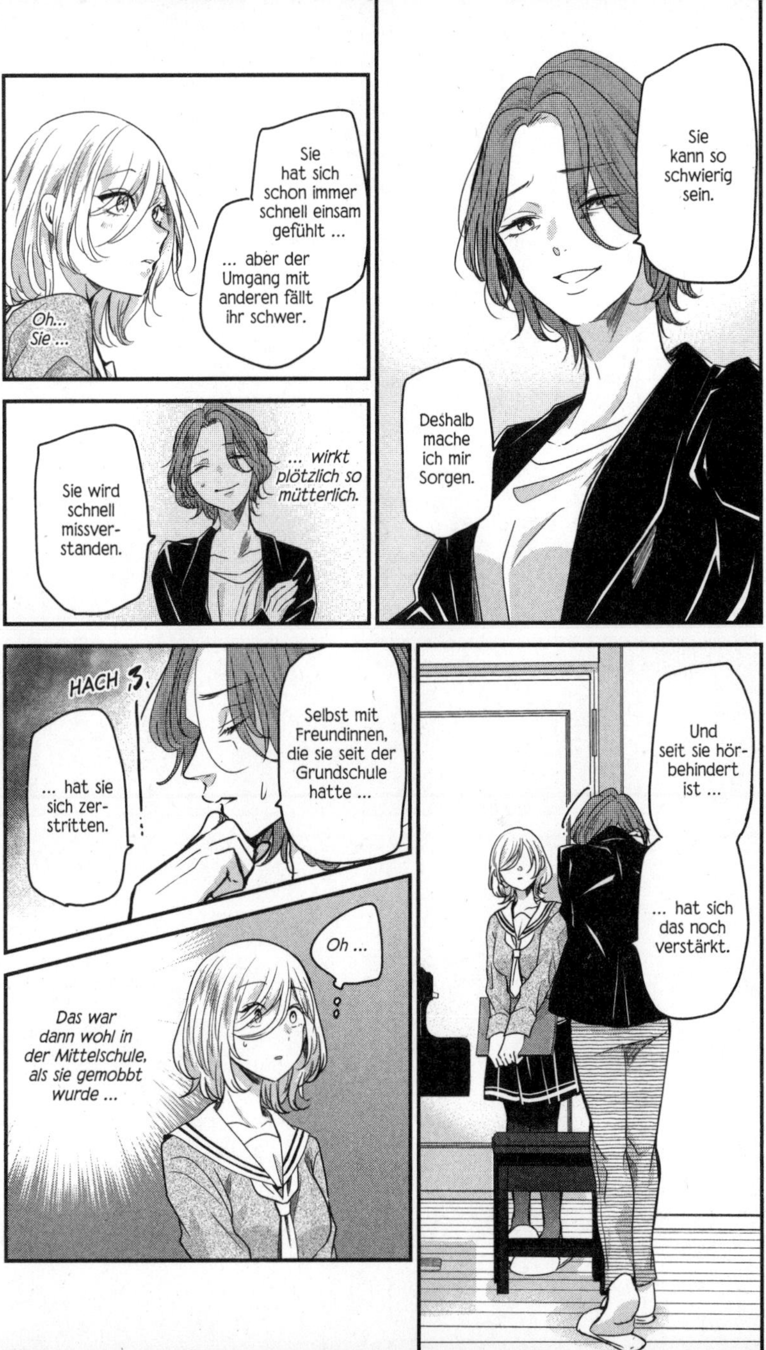
Sie kann so schwierig sein.
Deshalb mache ich mir Sorgen.
Sie hat sich schon immer schnell einsam gefühlt ...
... aber der Umgang mit anderen fällt ihr schwer.
Oh... Sie ...
... wirkt plötzlich so mütterlich.
Sie wird schnell missver-standen.
Und seit sie hör-behindert ist ...
... hat sich das noch verstärkt.
HACH
Selbst mit Freundinnen, die sie seit der Grundschule hatte ...
... hat sie sich zer-stritten.
Oh ...
Das war dann wohl in der Mittelschule, als sie gemobbt wurde ...

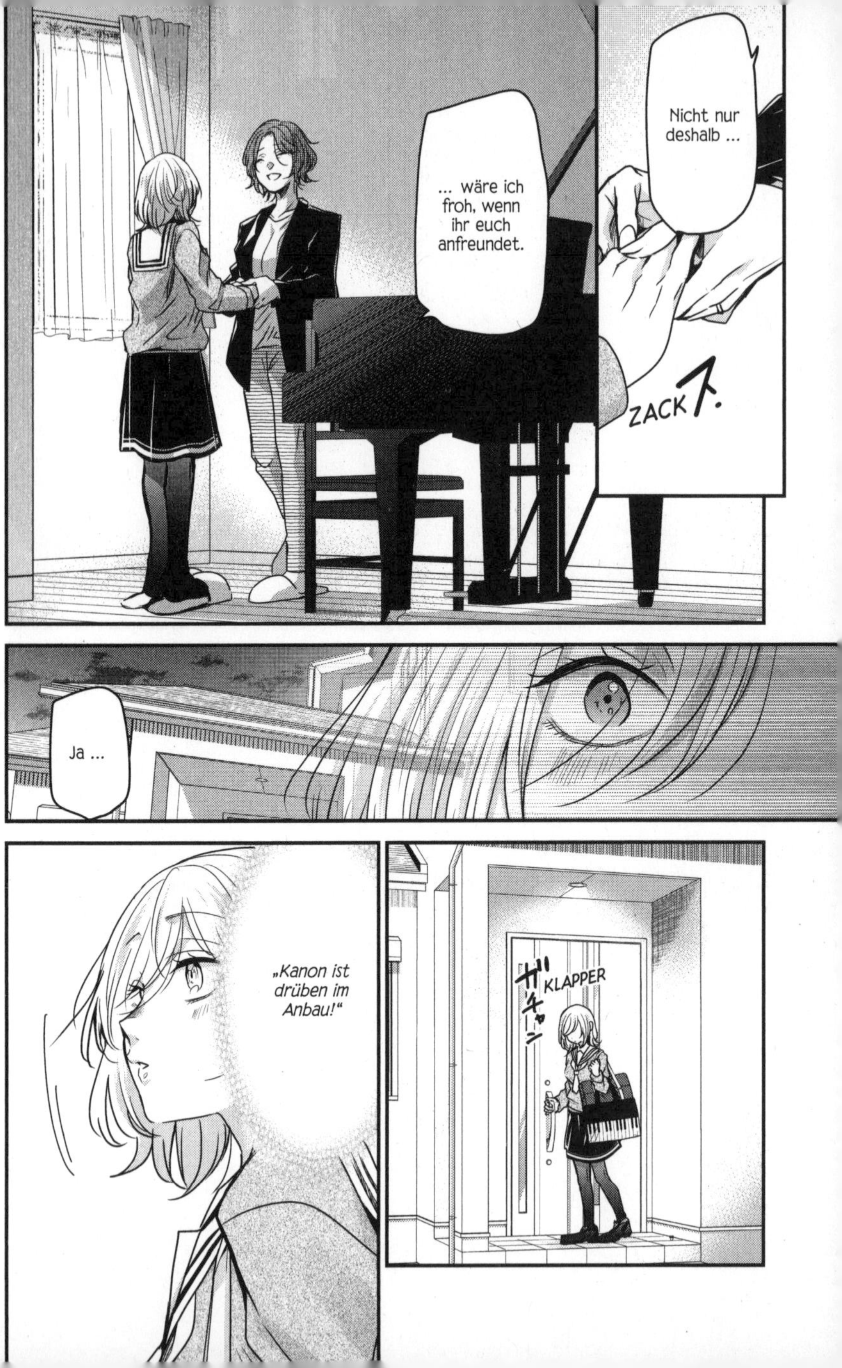
Nicht nur deshalb ...
ZACK
... wäre ich froh, wenn ihr euch anfreundet.
Ja ...
KLAPPER
„Kanon ist drüben im Anbau!“

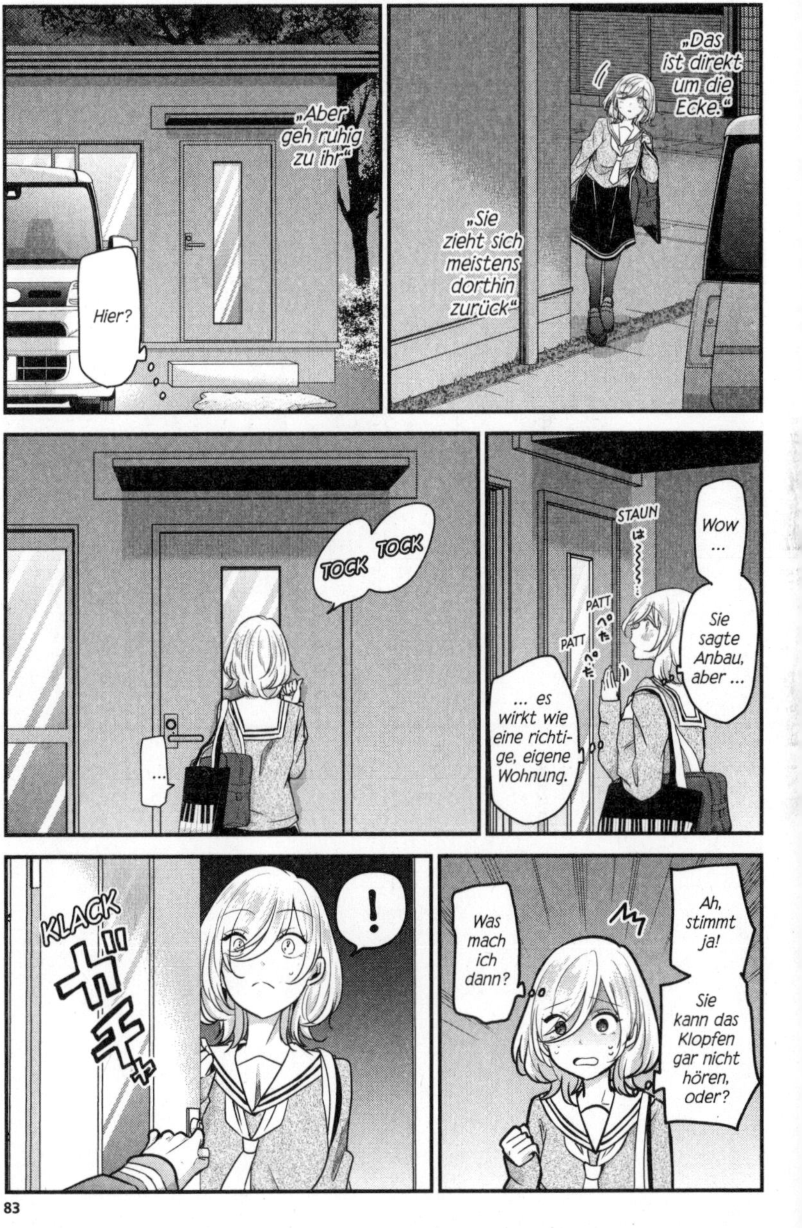
„Das ist direkt um die Ecke.“
„Sie zieht sich meistens dorthin zurück“
„Aber geh ruhig zu ihr“
Hier?
STAUN
Wow ...
Sie sagte Anbau, aber ...
PATT PATT
... es wirkt wie eine richtige, eigene Wohnung.
TOCK TOCK
...
Ah, stimmt ja!
Sie kann das Klopfen gar nicht hören, oder?
Was mach ich dann?
!
KLACK

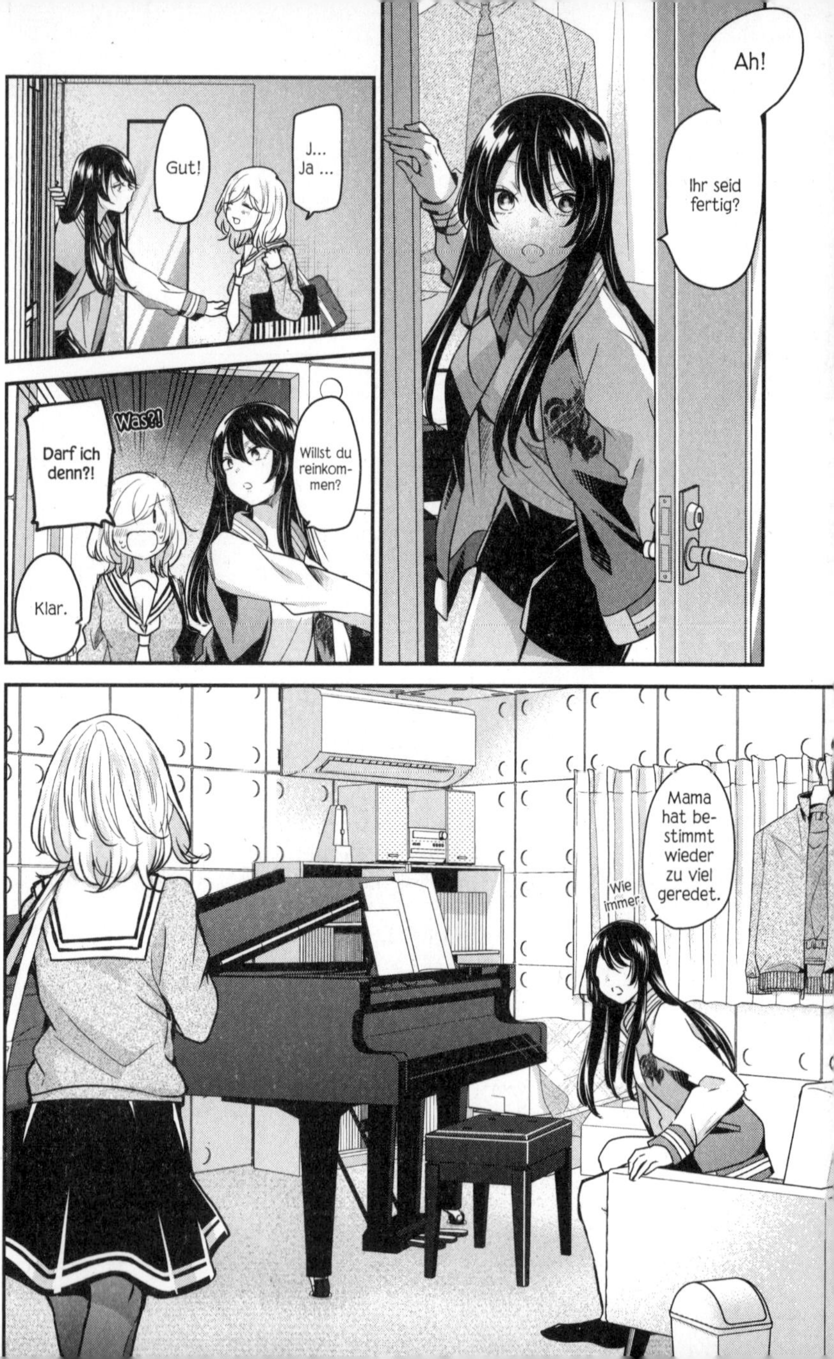

Ah!
Ihr seid fertig?
J... Ja ...
Gut!
Willst du reinkommen?
Was?!
Darf ich denn?!
Klar.
Mama hat bestimmt wieder zu viel geredet.
Wie immer.

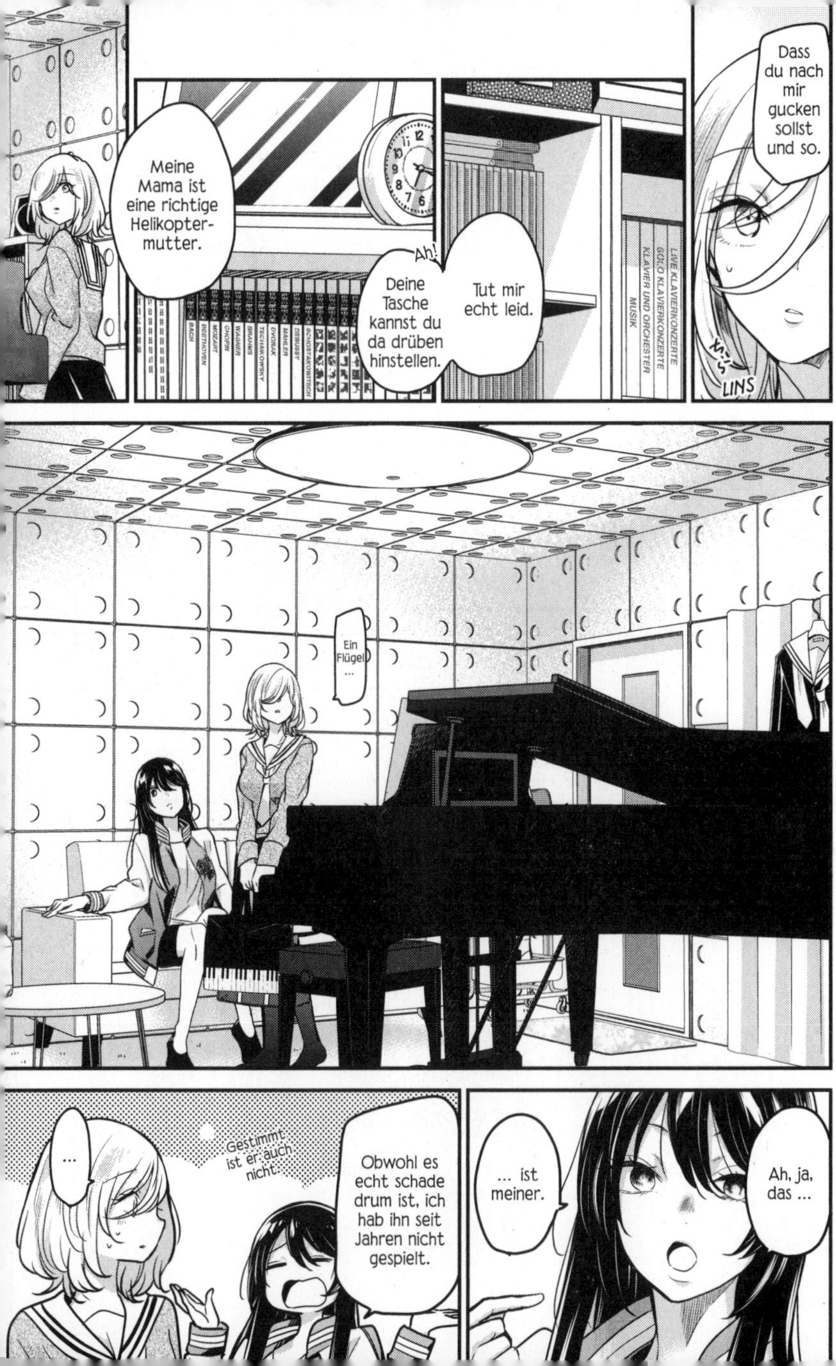

Meine Mama ist eine richtige Helikoptermutter.
Dass du nach mir gucken sollst und so.
LINS
Tut mir echt leid.
Ah!
Deine Tasche kannst du da drüben hinstellen.
BACH BEETHOVEN MOZART CHOPIN WAGNER BRAHMS TSCHAIKOWSKY DVORAK MAHLER DEBUSSY SCHOSTAKOWITSCH
LIVE KLAVIERKONZERTE
SOLO KLAVIERKONZERTE
KLAVIER UND ORCHESTER
MUSIK
Ein Flügel ...
Ah, ja, das ...
... ist meiner.
Obwohl es echt schade drum ist, ich hab ihn seit Jahren nicht gespielt.
Gestimmt ist er auch nicht.
...

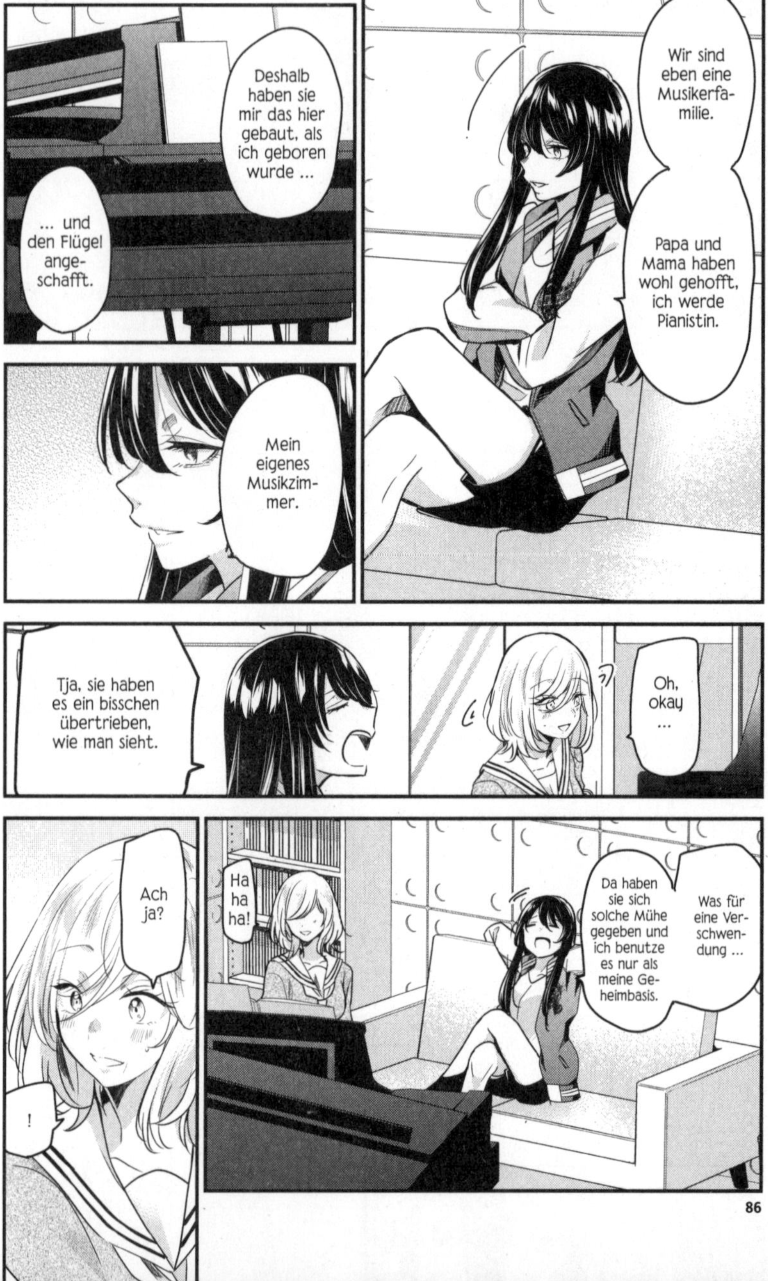
Wir sind eben eine Musikerfamilie.
Papa und Mama haben wohl gehofft, ich werde Pianistin.
Deshalb haben sie mir das hier gebaut, als ich geboren wurde ...
... und den Flügel angeschafft.
Mein eigenes Musikzimmer.
Oh, okay ...
Tja, sie haben es ein bisschen übertrieben, wie man sieht.
Was für eine Verschwendung ...
Da haben sie sich solche Mühe gegeben und ich benutze es nur als meine Geheimbasis.
Ha ha ha!
Ach ja?
!

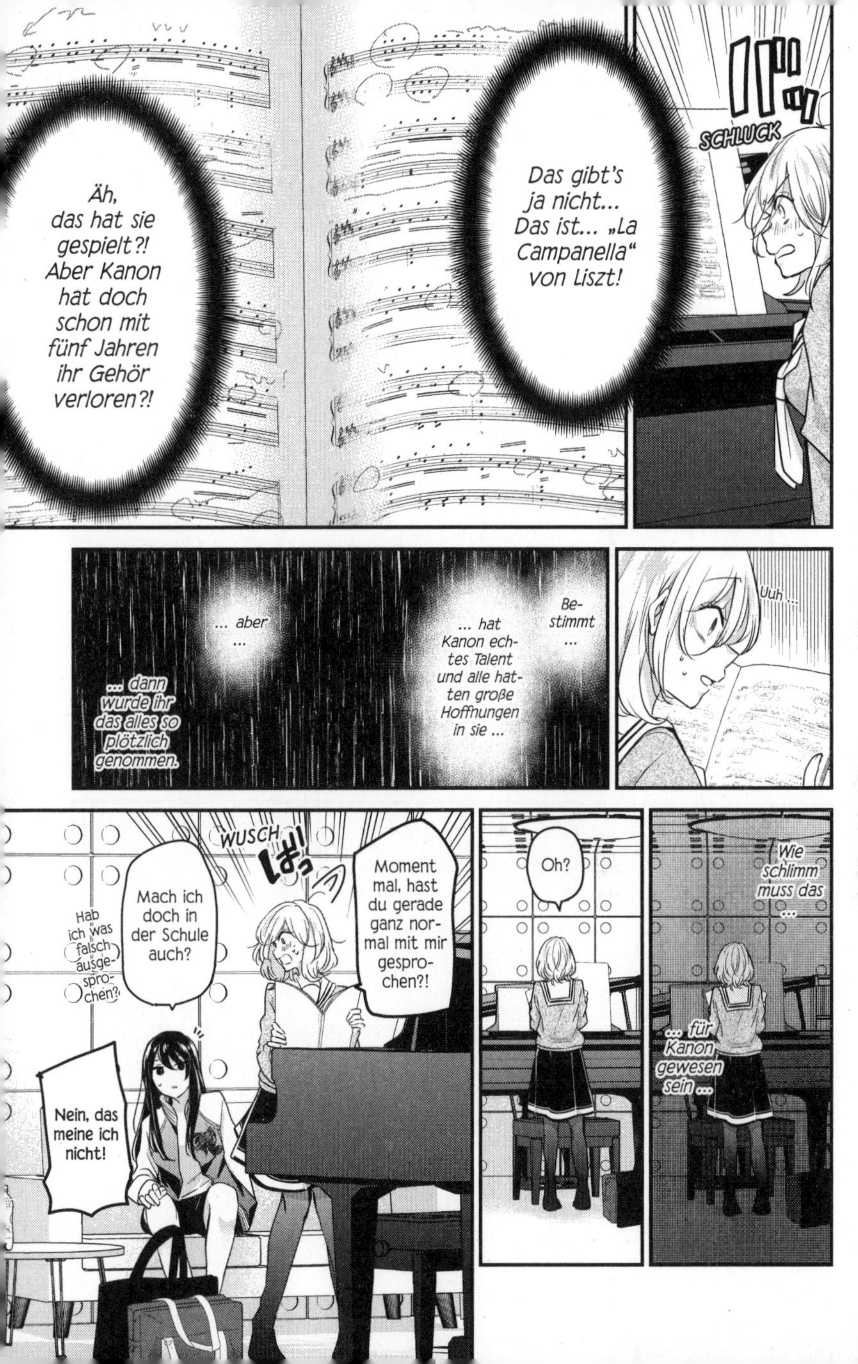
SCHLUCK
Das gibt's ja nicht... Das ist... „La Campanella“ von Liszt!
Äh, das hat sie gespielt?! Aber Kanon hat doch schon mit fünf Jahren ihr Gehör verloren?!
Uuh ...
Bestimmt ...
... hat Kanon echtes Talent und alle hatten große Hoffnungen in sie ...
... aber ...
... dann wurde ihr das alles so plötzlich genommen.
Wie schlimm muss das ...
... für Kanon gewesen sein ...
Oh?
WUSCH
Moment mal, hast du gerade ganz normal mit mir gesprochen?!
Mach ich doch in der Schule auch?
Hab ich was falsch ausgesprochen?
Nein, das meine ich nicht!

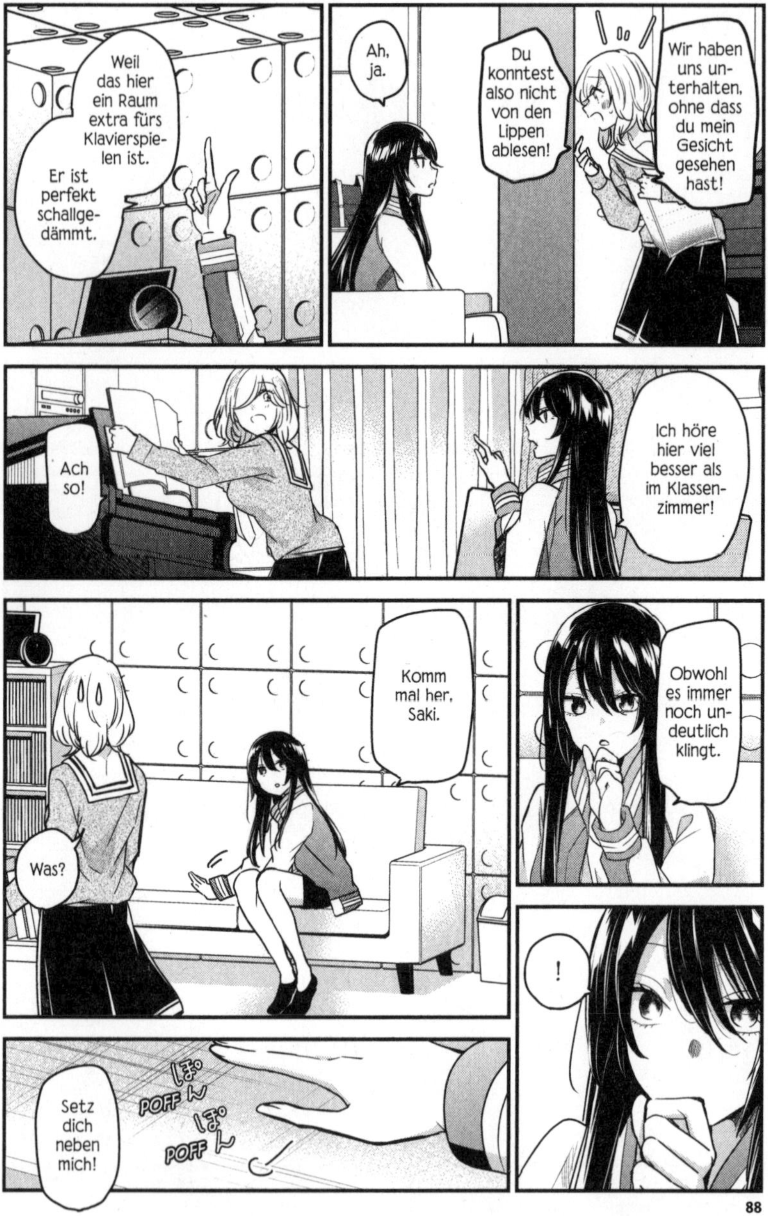
Wir haben uns unterhalten, ohne dass du mein Gesicht gesehen hast!
Du konntest also nicht von den Lippen ablesen!
Ah, ja.
Weil das hier ein Raum extra fürs Klavierspielen ist.
Er ist perfekt schallgedämmt.
Ich höre hier viel besser als im Klassenzimmer!
Ach so!
Obwohl es immer noch undeutlich klingt.
Komm mal her, Saki.
Was?
!
ぽん POFF
ぽん POFF
Setz dich neben mich!

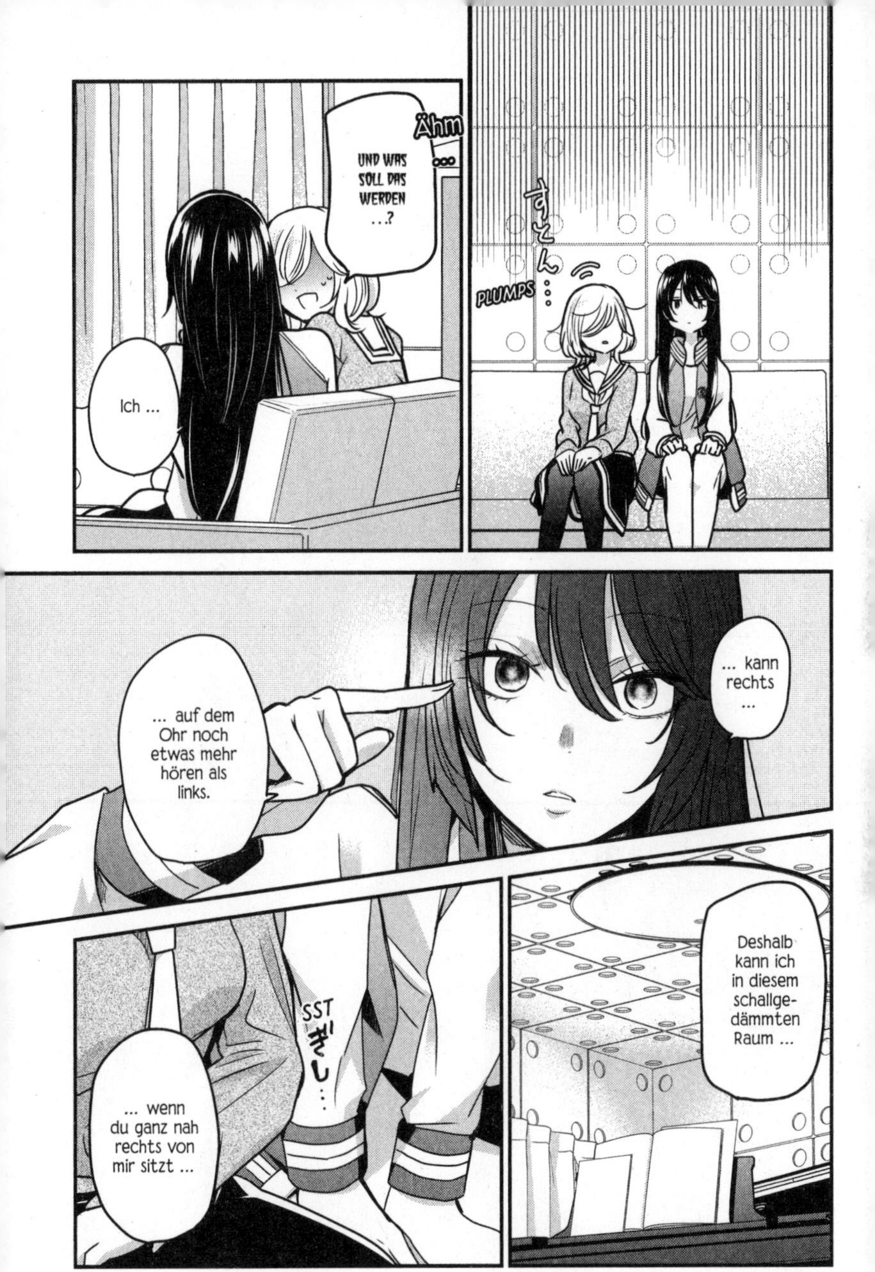
すとん…
PLUMPS
Ähm …
Und was soll das werden …?
Ich …
... kann rechts ...
... auf dem Ohr noch etwas mehr hören als links.
Deshalb kann ich in diesem schallgedämmten Raum ...
ぎし…
SST
... wenn du ganz nah rechts von mir sitzt ...

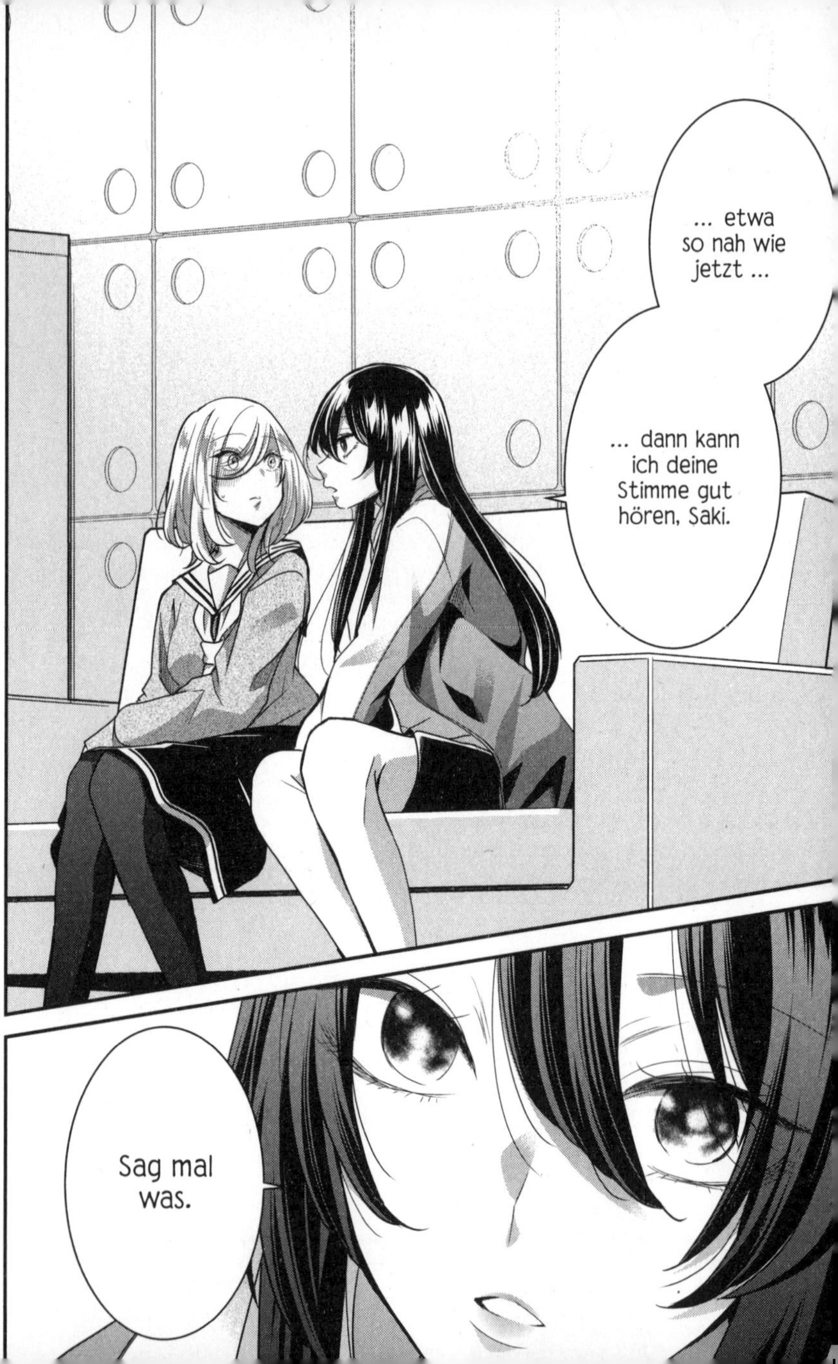
... etwa so nah wie jetzt ...
... dann kann ich deine Stimme gut hören, Saki.
Sag mal was.

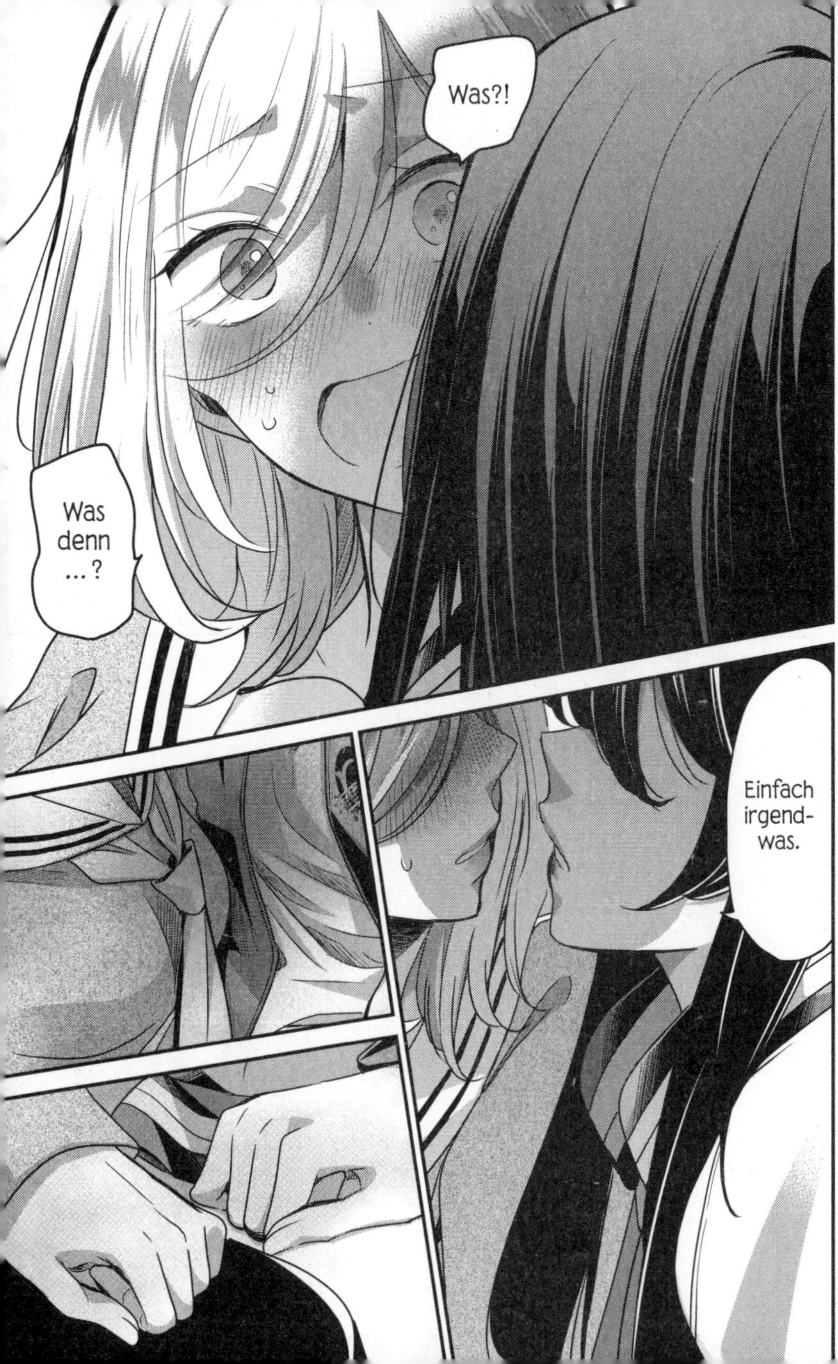

Was?!
Was denn …?
Einfach irgend-was.

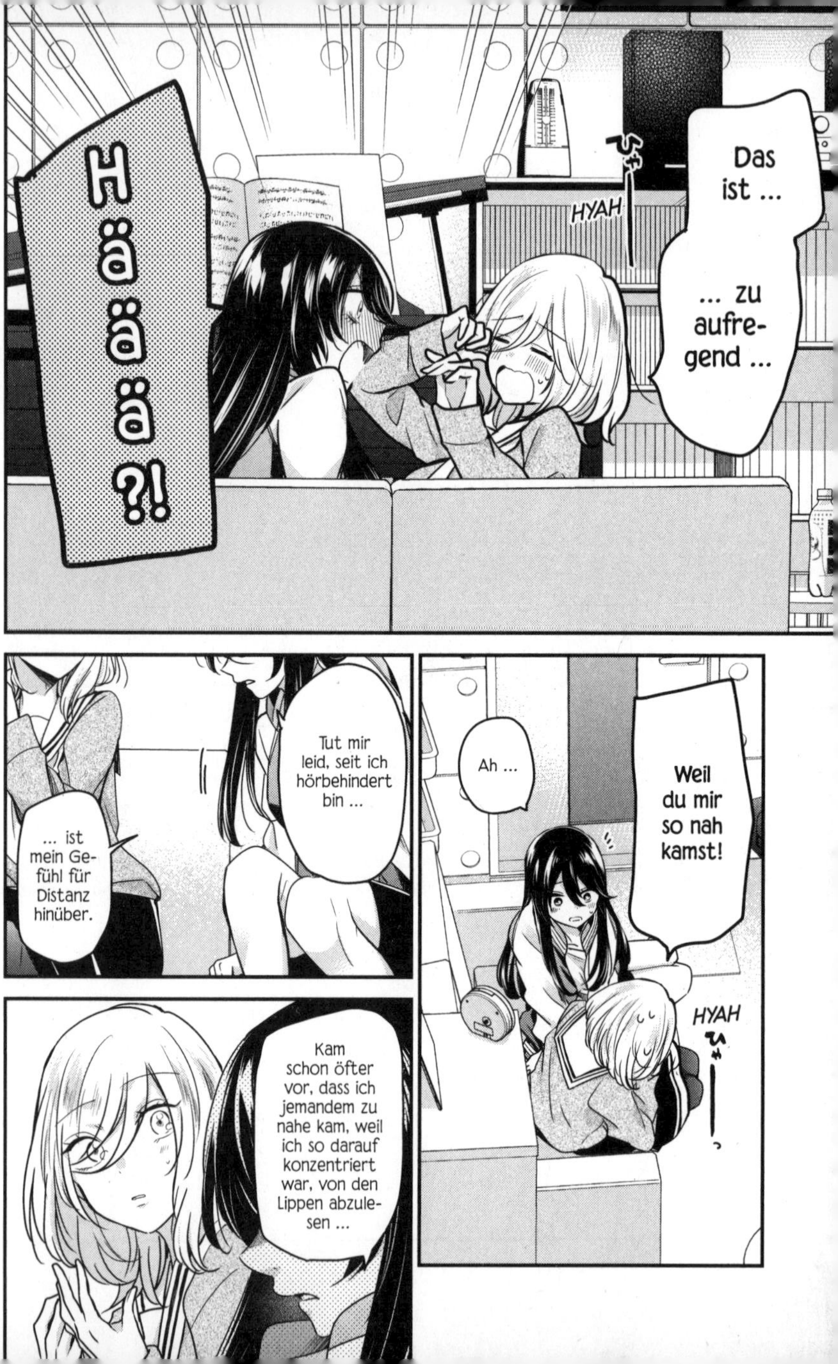
Das ist ...
... zu aufre- gend ...
HYAH
Hääää?!
Weil du mir so nah kamst!
Ah ...
HYAH
Tut mir leid, seit ich hörbehindert bin ...
... ist mein Ge- fühl für Distanz hinüber.
Kam schon öfter vor, dass ich jemandem zu nahe kam, weil ich so darauf konzentriert war, von den Lippen abzule- sen ...

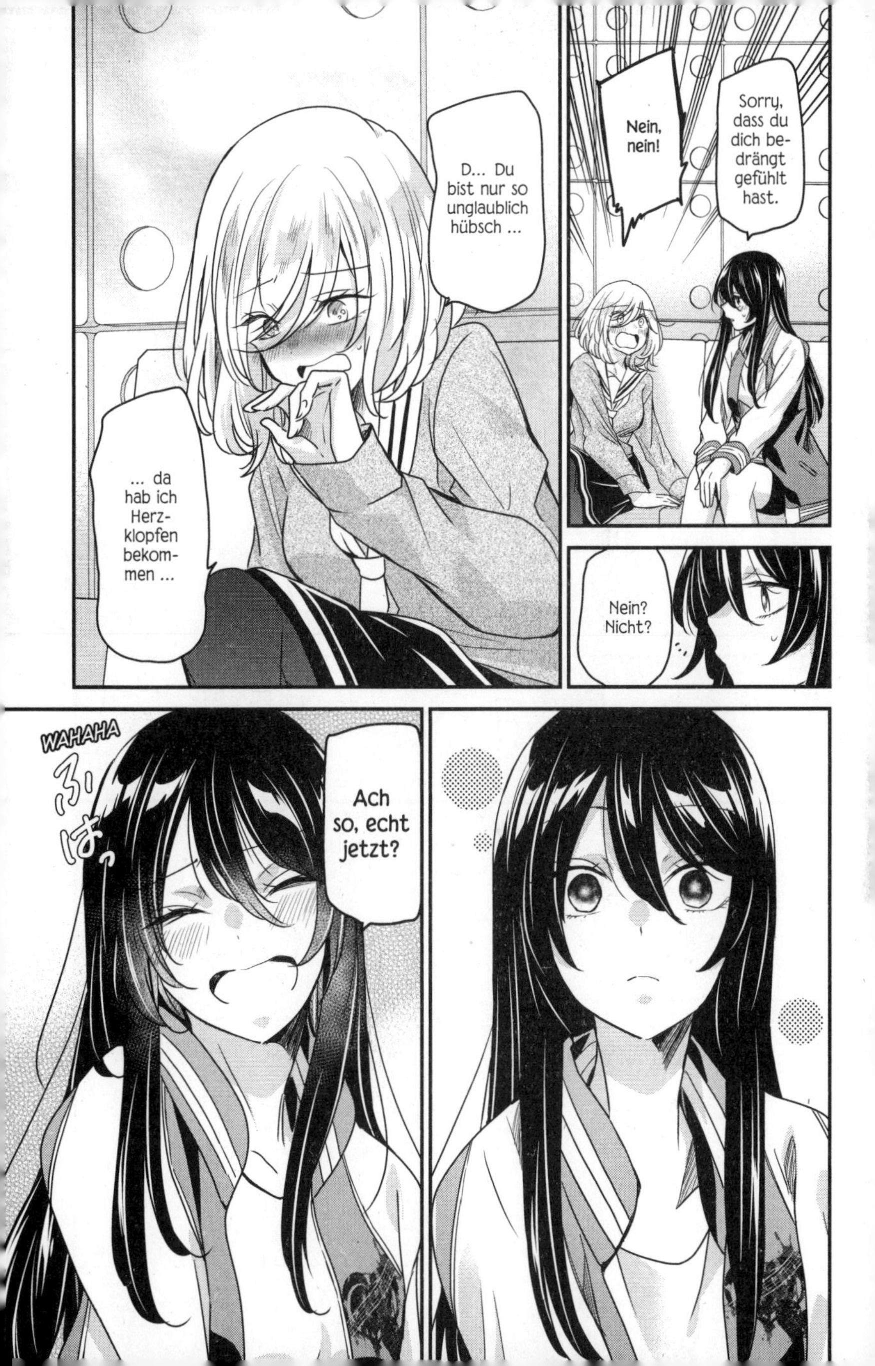

Sorry, dass du dich bedrängt gefühlt hast.
Nein, nein!
Nein? Nicht?
D... Du bist nur so unglaublich hübsch ...
... da hab ich Herzklopfen bekommen ...
WAHAHA
ふはっ
Ach so, echt jetzt?

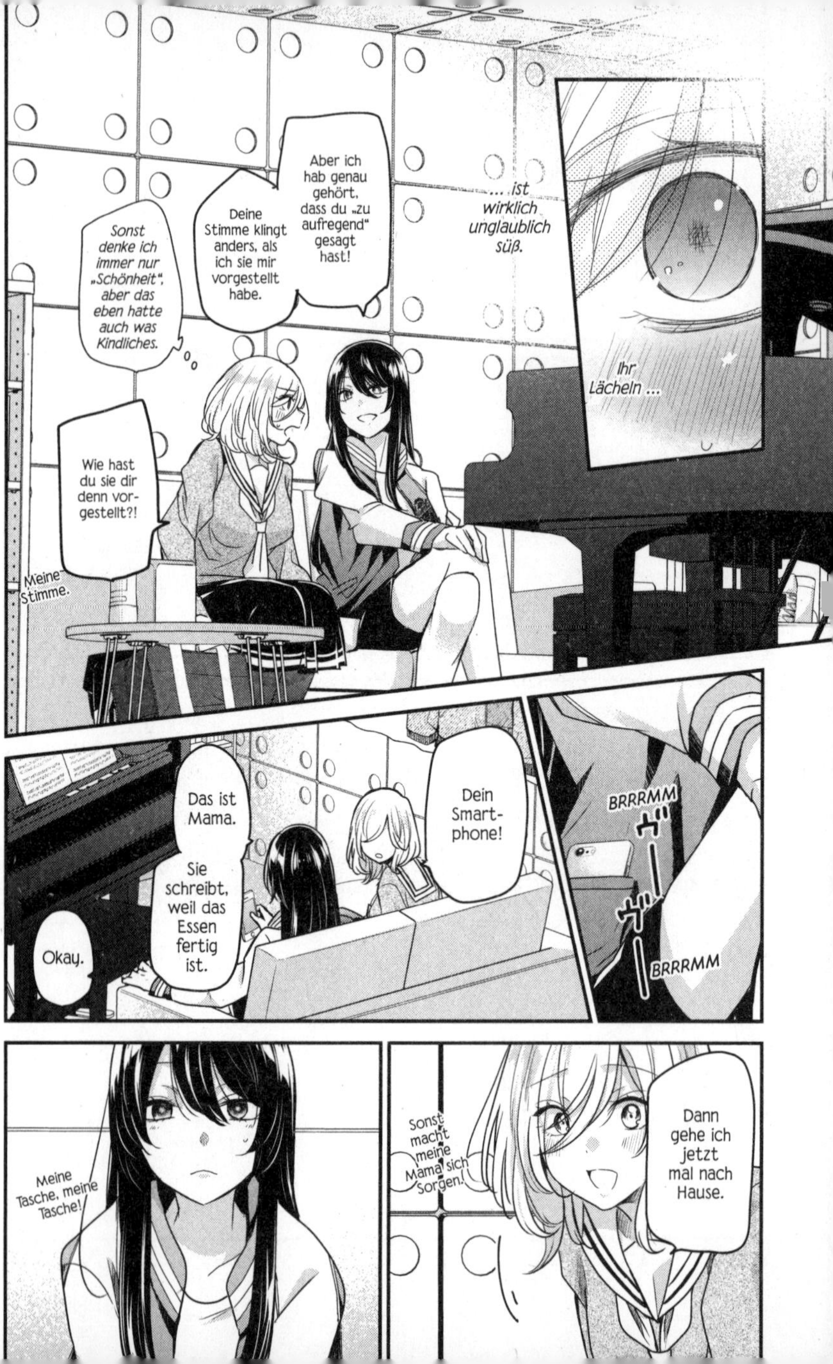
Ihr Lächeln ...
... ist wirklich unglaublich süß.
Aber ich hab genau gehört, dass du „zu aufregend" gesagt hast!
Deine Stimme klingt anders, als ich sie mir vorgestellt habe.
Sonst denke ich immer nur „Schönheit", aber das eben hatte auch was Kindliches.
Wie hast du sie dir denn vorgestellt?!
Meine Stimme.
BRRRMM
ヴー
ヴー
BRRRMM
Dein Smartphone!
Das ist Mama.
Sie schreibt, weil das Essen fertig ist.
Okay.
Dann gehe ich jetzt mal nach Hause.
Sonst macht meine Mama sich Sorgen!
Meine Tasche, meine Tasche!

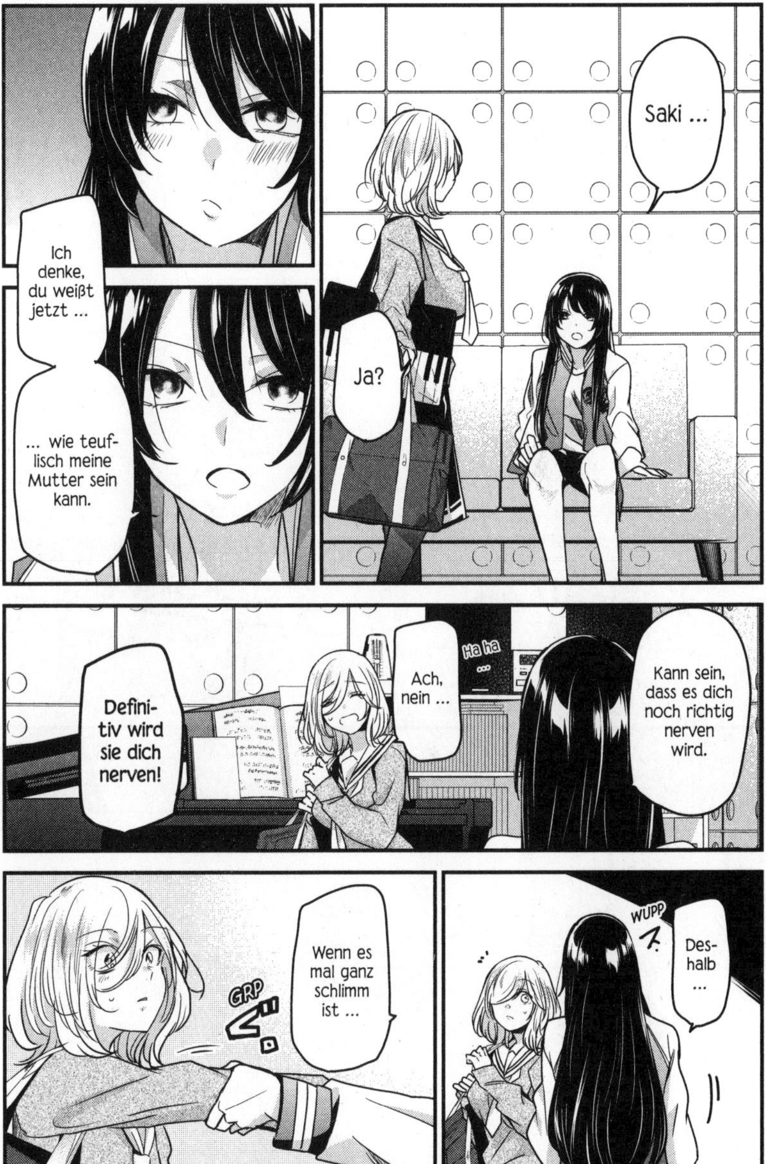
Saki ...
Ja?
Ich denke, du weißt jetzt ...
... wie teuflisch meine Mutter sein kann.
Kann sein, dass es dich noch richtig nerven wird.
Ha ha ...
Ach, nein ...
Definitiv wird sie dich nerven!
WUPP
Deshalb ...
Wenn es mal ganz schlimm ist ...
GRP

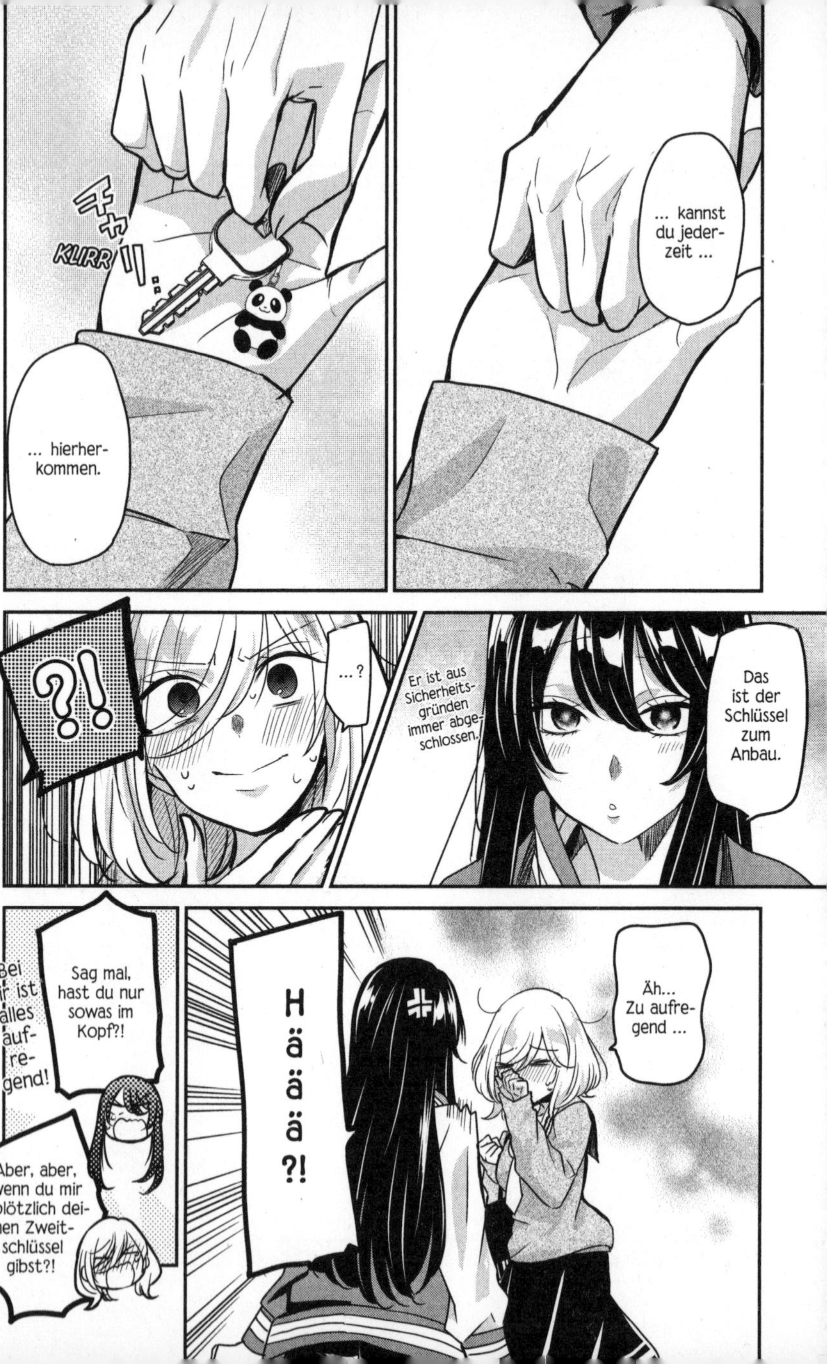

... kannst du jederzeit ...
KLIRR
... hierherkommen.
Das ist der Schlüssel zum Anbau.
Er ist aus Sicherheitsgründen immer abgeschlossen.
...?
?!
Äh... Zu aufregend ...
Häää?!
Sag mal, hast du nur sowas im Kopf?!
Bei dir ist alles aufregend!
Aber, aber, wenn du mir plötzlich deinen Zweitschlüssel gibst?!

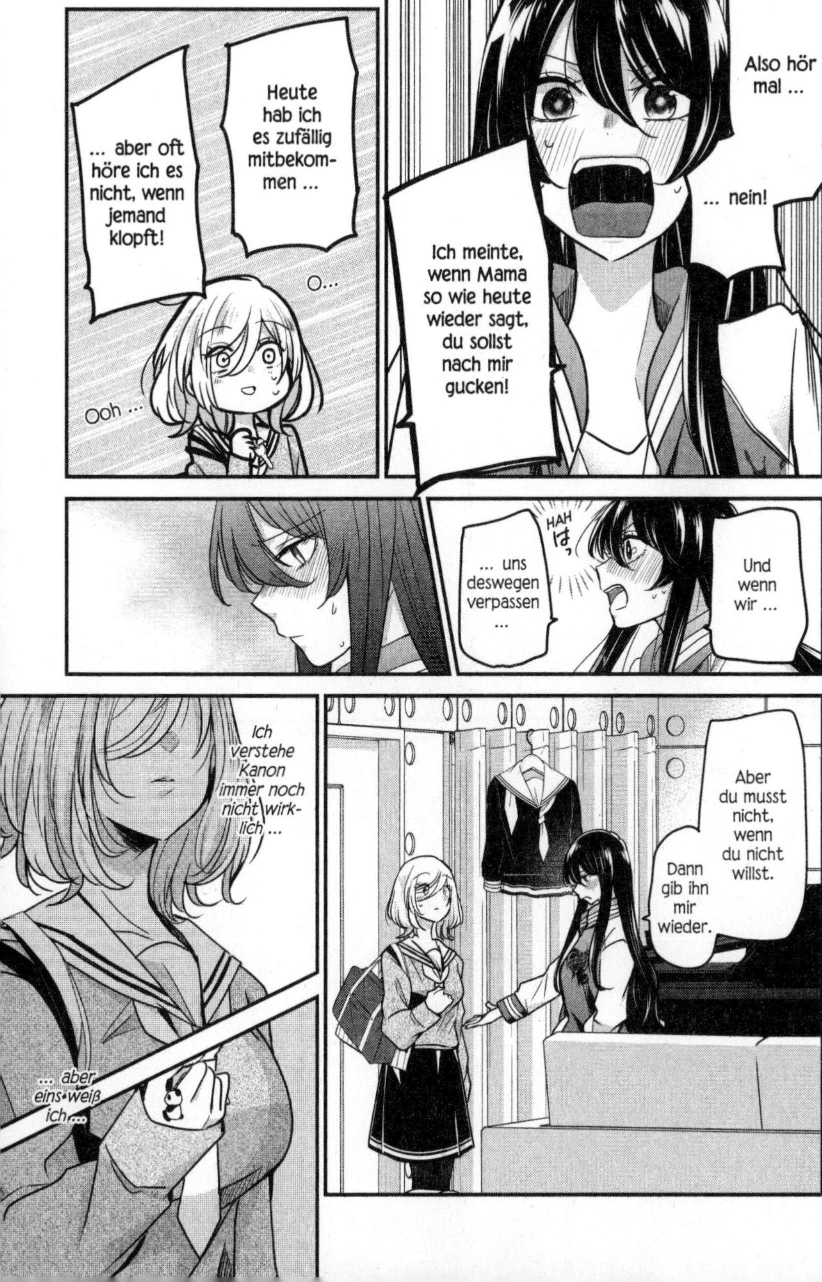
Also hör mal ...
... nein!
Ich meinte, wenn Mama so wie heute wieder sagt, du sollst nach mir gucken!
Heute hab ich es zufällig mitbekommen ...
... aber oft höre ich es nicht, wenn jemand klopft!
O...
Ooh ...
Und wenn wir ...
HAH は,
... uns deswegen verpassen ...
Aber du musst nicht, wenn du nicht willst.
Dann gib ihn mir wieder.
Ich verstehe Kanon immer noch nicht wirklich ...
... aber eins weiß ich ...

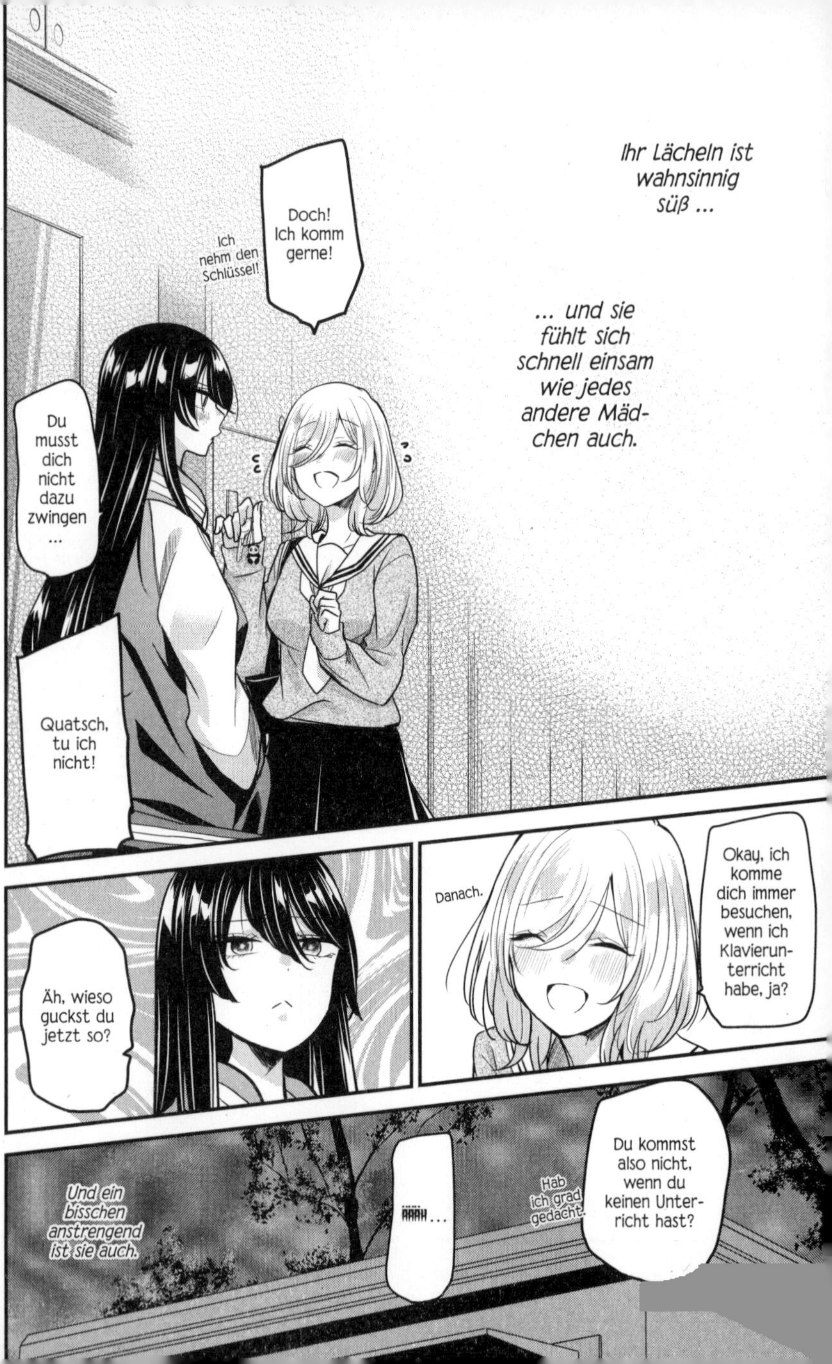
Ihr Lächeln ist wahnsinnig süß ...
... und sie fühlt sich schnell einsam wie jedes andere Mädchen auch.
Doch! Ich komm gerne!
Ich nehm den Schlüssel!
Du musst dich nicht dazu zwingen ...
Quatsch, tu ich nicht!
Okay, ich komme dich immer besuchen, wenn ich Klavierunterricht habe, ja?
Danach.
Äh, wieso guckst du jetzt so?
Du kommst also nicht, wenn du keinen Unterricht hast?
Hab ich grad gedacht!
Äääh ...
Und ein bisschen anstrengend ist sie auch.

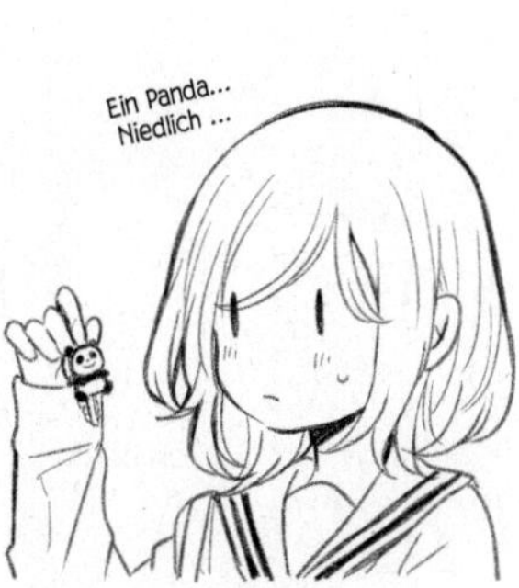
Ein Panda...
Niedlich ...

Der Mond in einer Regennacht

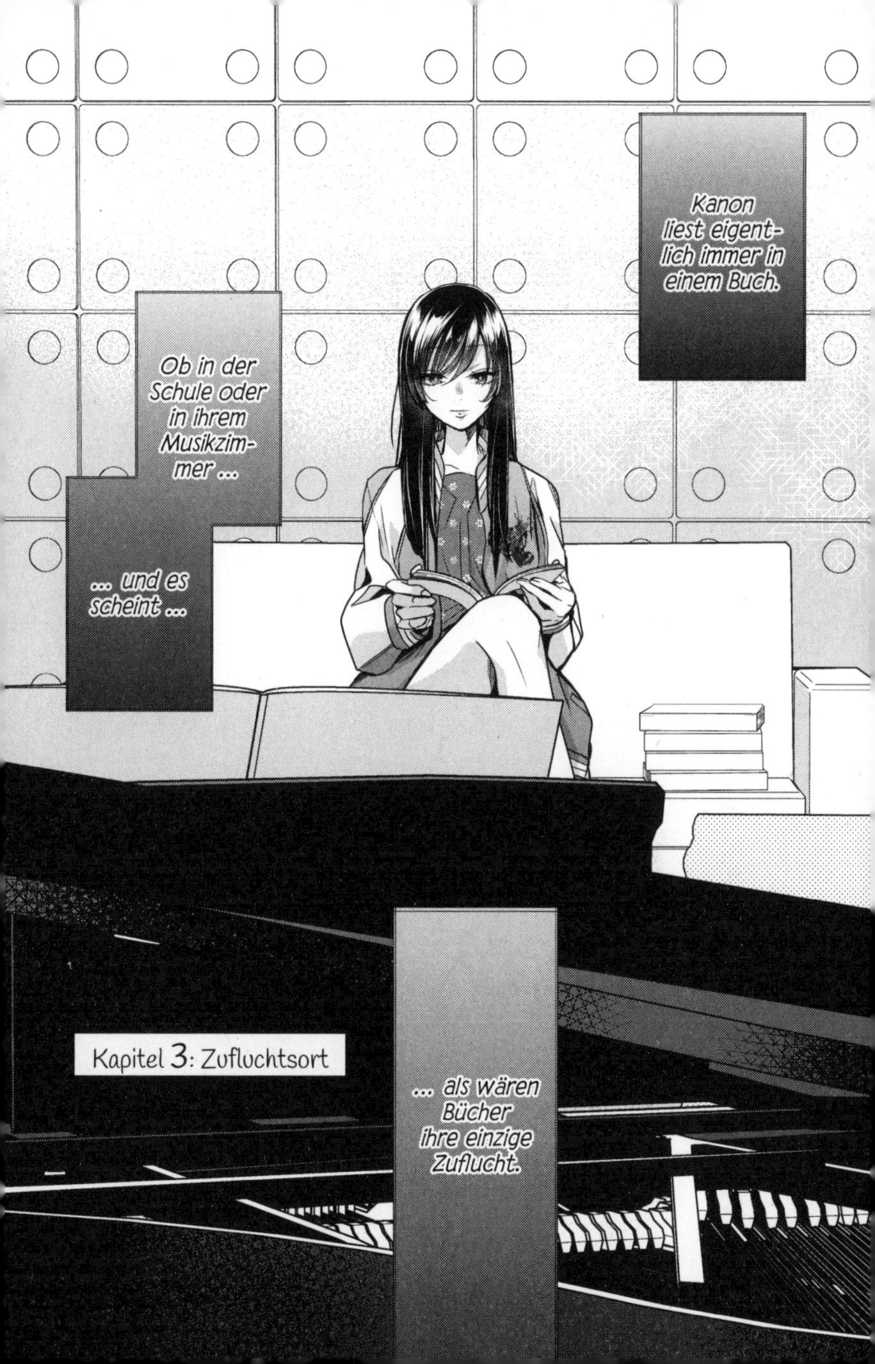
Kanon liest eigentlich immer in einem Buch.
Ob in der Schule oder in ihrem Musikzimmer ...
... und es scheint ...
... als wären Bücher ihre einzige Zuflucht.
Kapitel 3: Zufluchtsort

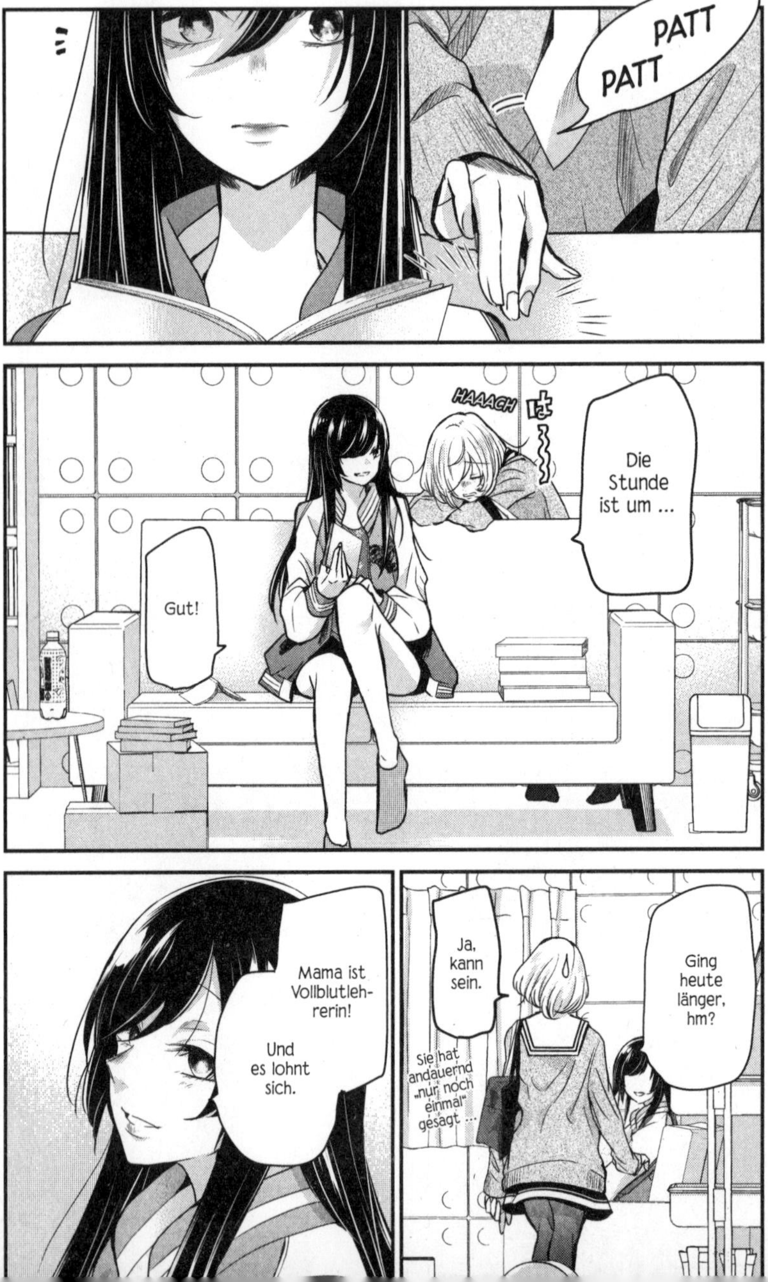
PATT
PATT
Die Stunde ist um ...
HAAACH は~~
Gut!
Ging heute länger, hm?
Ja, kann sein.
Sie hat andauernd „nur noch einmal" gesagt ...
Mama ist Vollblutlehrerin!
Und es lohnt sich.

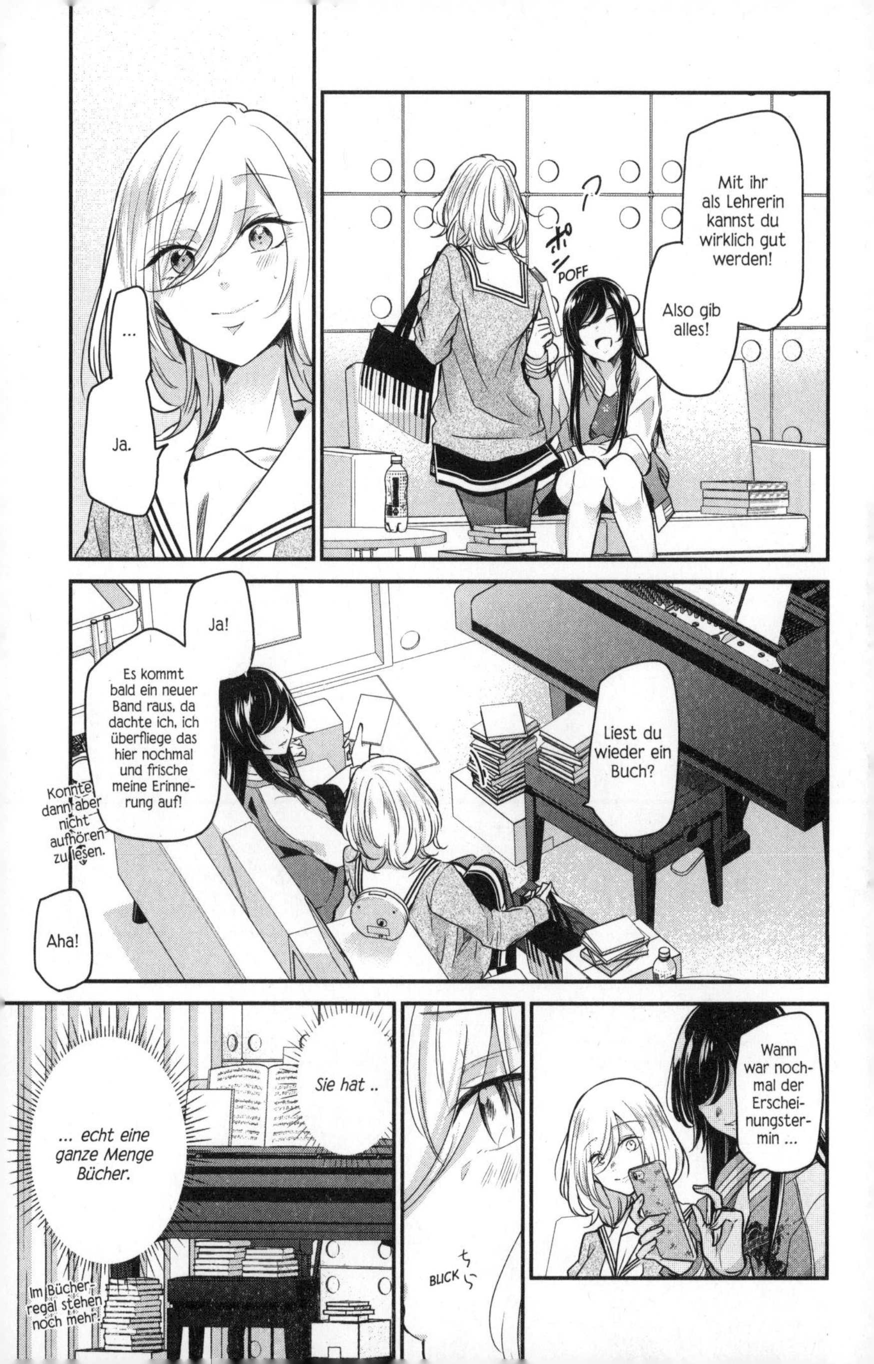
Mit ihr als Lehrerin kannst du wirklich gut werden!
Also gib alles!
POFF
...
Ja.
Liest du wieder ein Buch?
Ja!
Es kommt bald ein neuer Band raus, da dachte ich, ich überfliege das hier nochmal und frische meine Erinnerung auf!
Konnte dann aber nicht aufhören zu lesen.
Aha!
Wann war nochmal der Erscheinungstermin ...
BLICK
Sie hat ..
... echt eine ganze Menge Bücher.
Im Bücherregal stehen noch mehr!

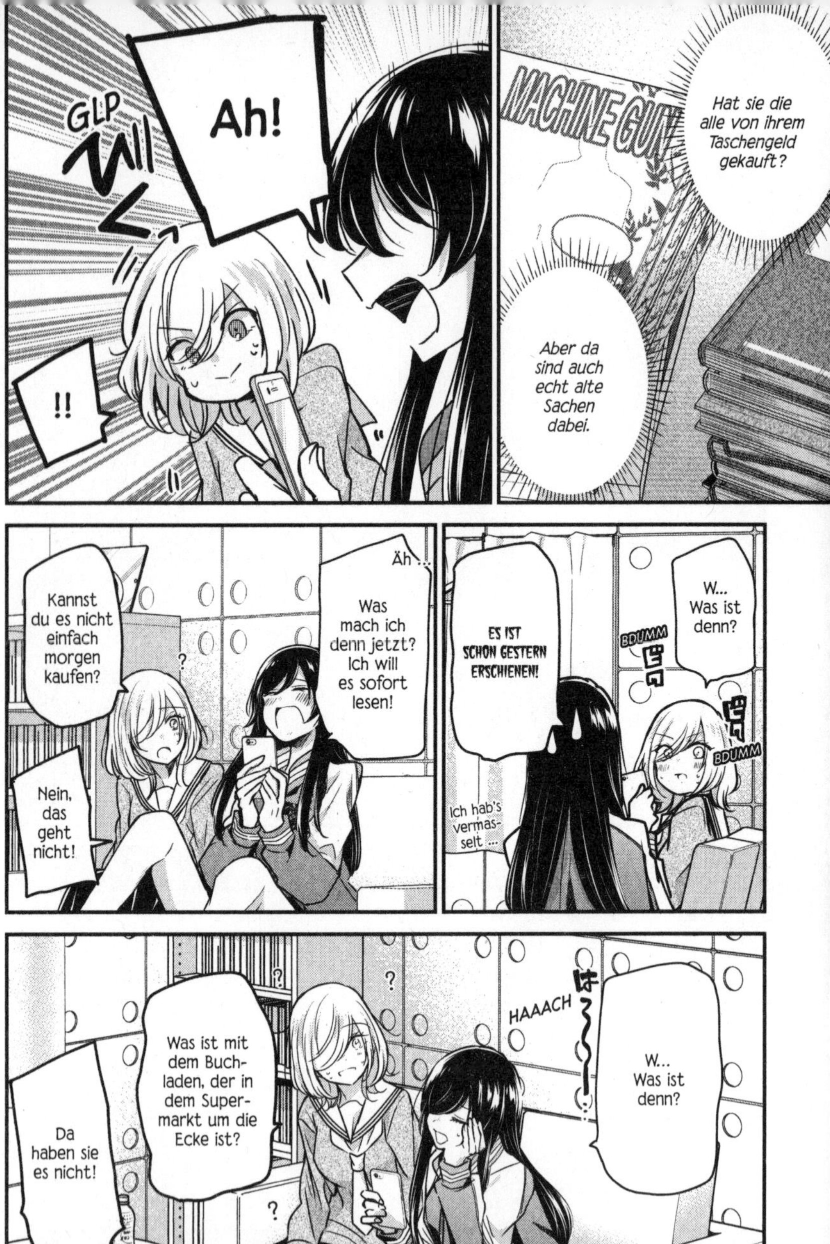

MACHINE GUN
Hat sie die alle von ihrem Taschengeld gekauft?
Aber da sind auch echt alte Sachen dabei.
Ah!
GLP
!!
W... Was ist denn?
BDUMM
ES IST SCHON GESTERN ERSCHIENEN!
BDUMM
Ich hab's vermasselt ...
Äh ...
Was mach ich denn jetzt? Ich will es sofort lesen!
Kannst du es nicht einfach morgen kaufen?
Nein, das geht nicht!
HAAACH
W... Was ist denn?
Was ist mit dem Buchladen, der in dem Supermarkt um die Ecke ist?
Da haben sie es nicht!

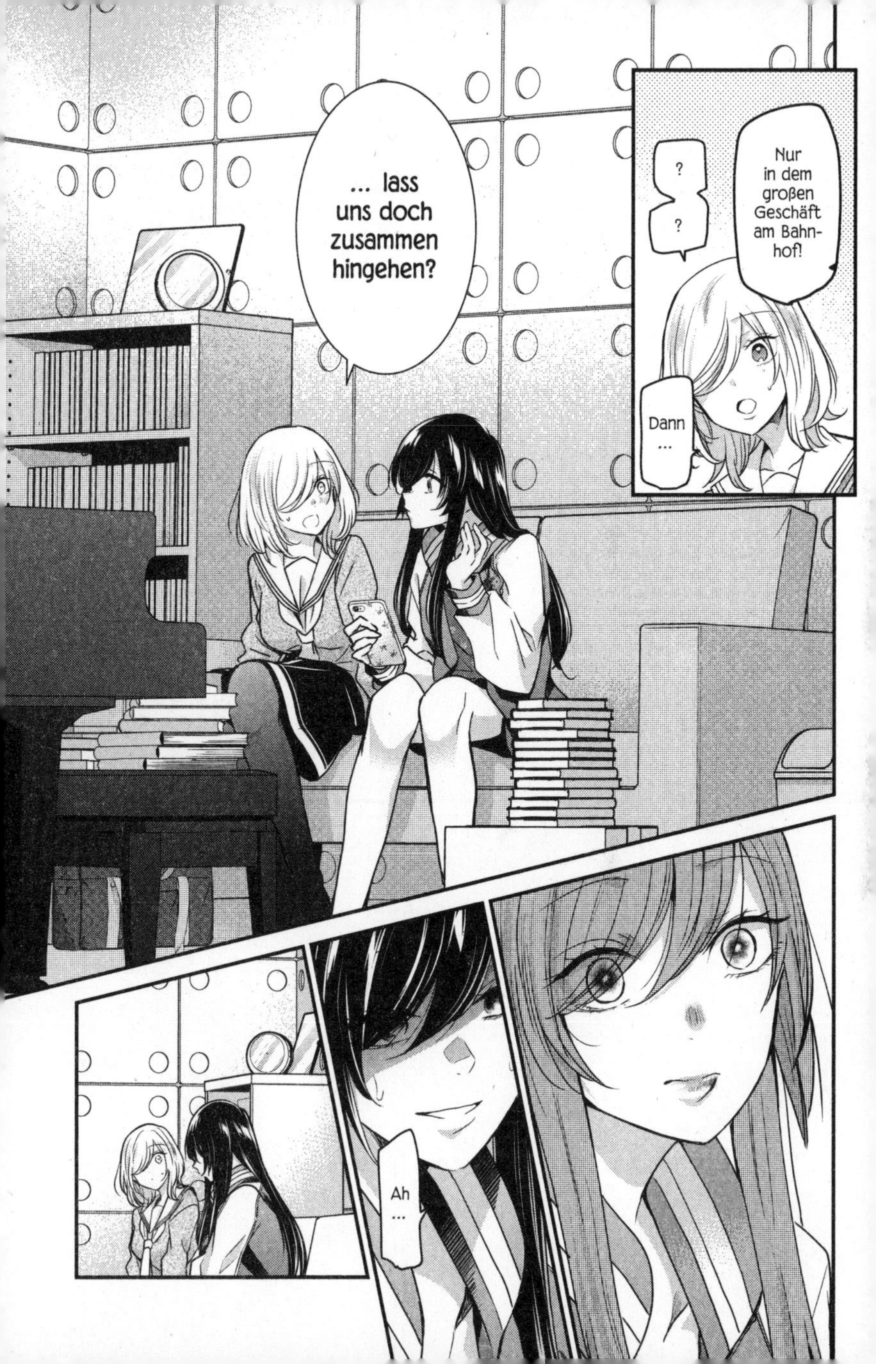

Nur in dem großen Geschäft am Bahnhof!
? ?
Dann ...
... lass uns doch zusammen hingehen?
Ah ...

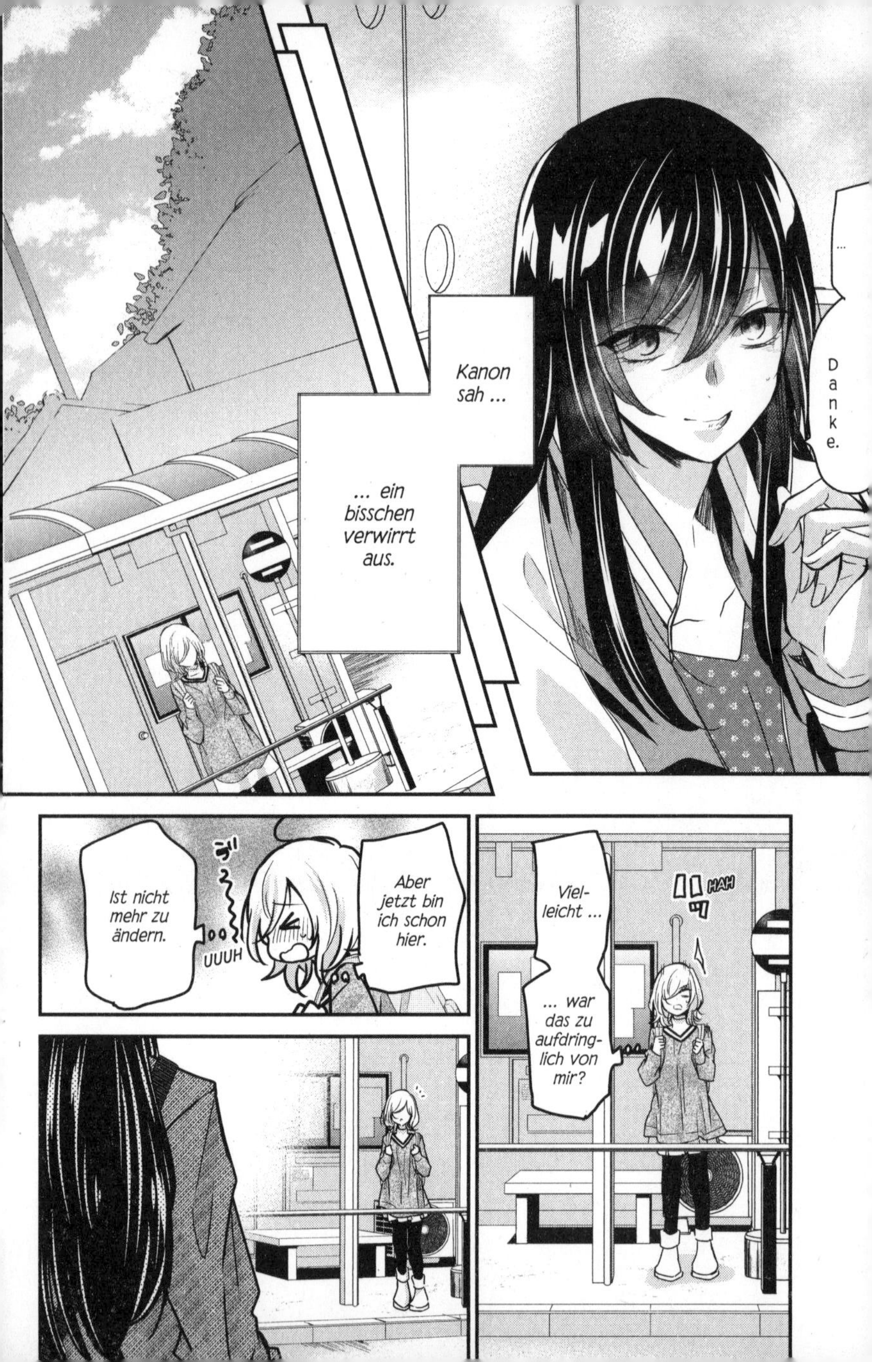
...
Danke.
Kanon sah ...
... ein bisschen verwirrt aus.
Vielleicht ...
HAH
... war das zu aufdringlich von mir?
Aber jetzt bin ich schon hier.
UUUH
Ist nicht mehr zu ändern.

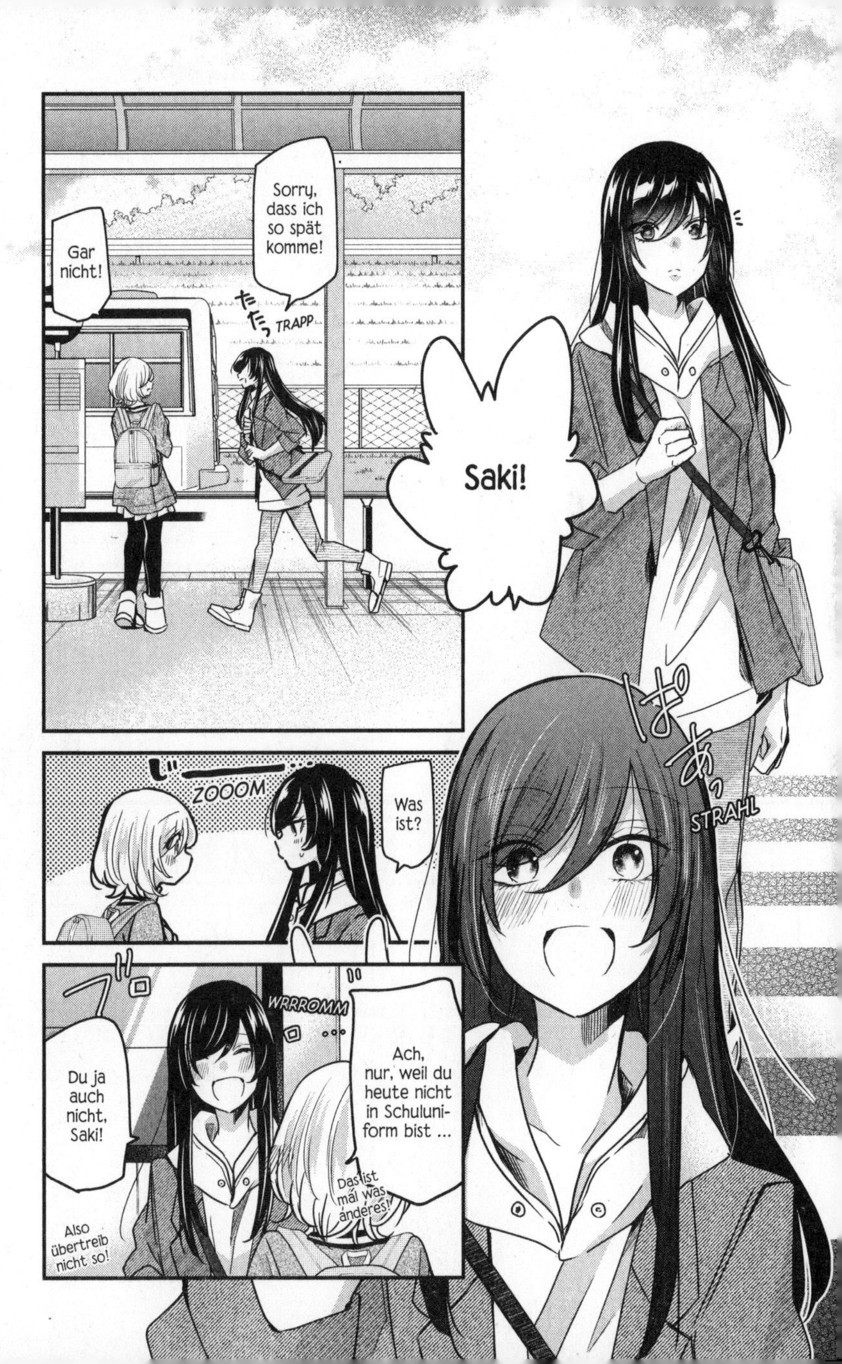
Saki!
Sorry, dass ich so spät komme!
TRAPP
Gar nicht!
ZOOOM
Was ist?
STRAHL
WRRROMM
Ach, nur, weil du heute nicht in Schuluniform bist ...
Das ist mal was anderes!
Du ja auch nicht, Saki!
Also übertreib nicht so!

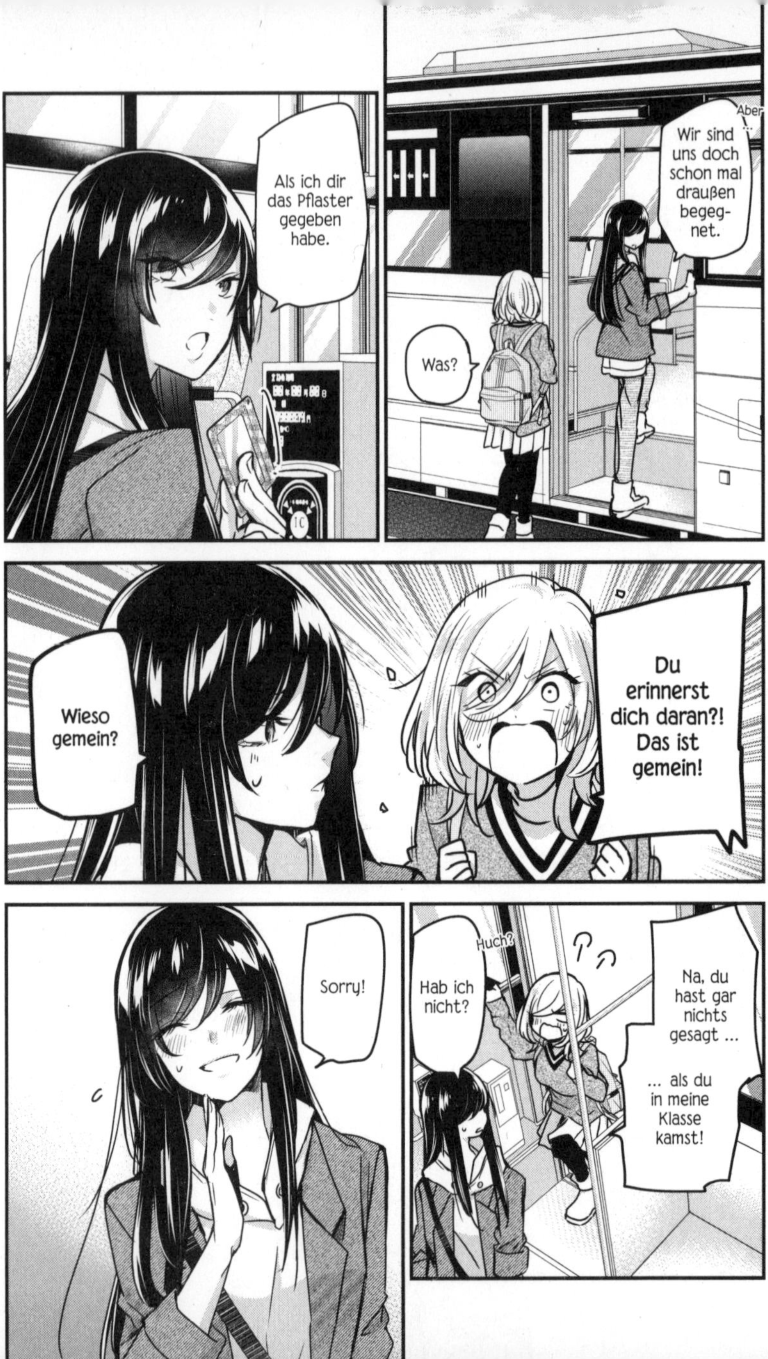
Aber ...
Wir sind uns doch schon mal draußen begegnet.
Was?
Als ich dir das Pflaster gegeben habe.
Du erinnerst dich daran?! Das ist gemein!
Wieso gemein?
Na, du hast gar nichts gesagt ...
... als du in meine Klasse kamst!
Huch?
Hab ich nicht?
Sorry!

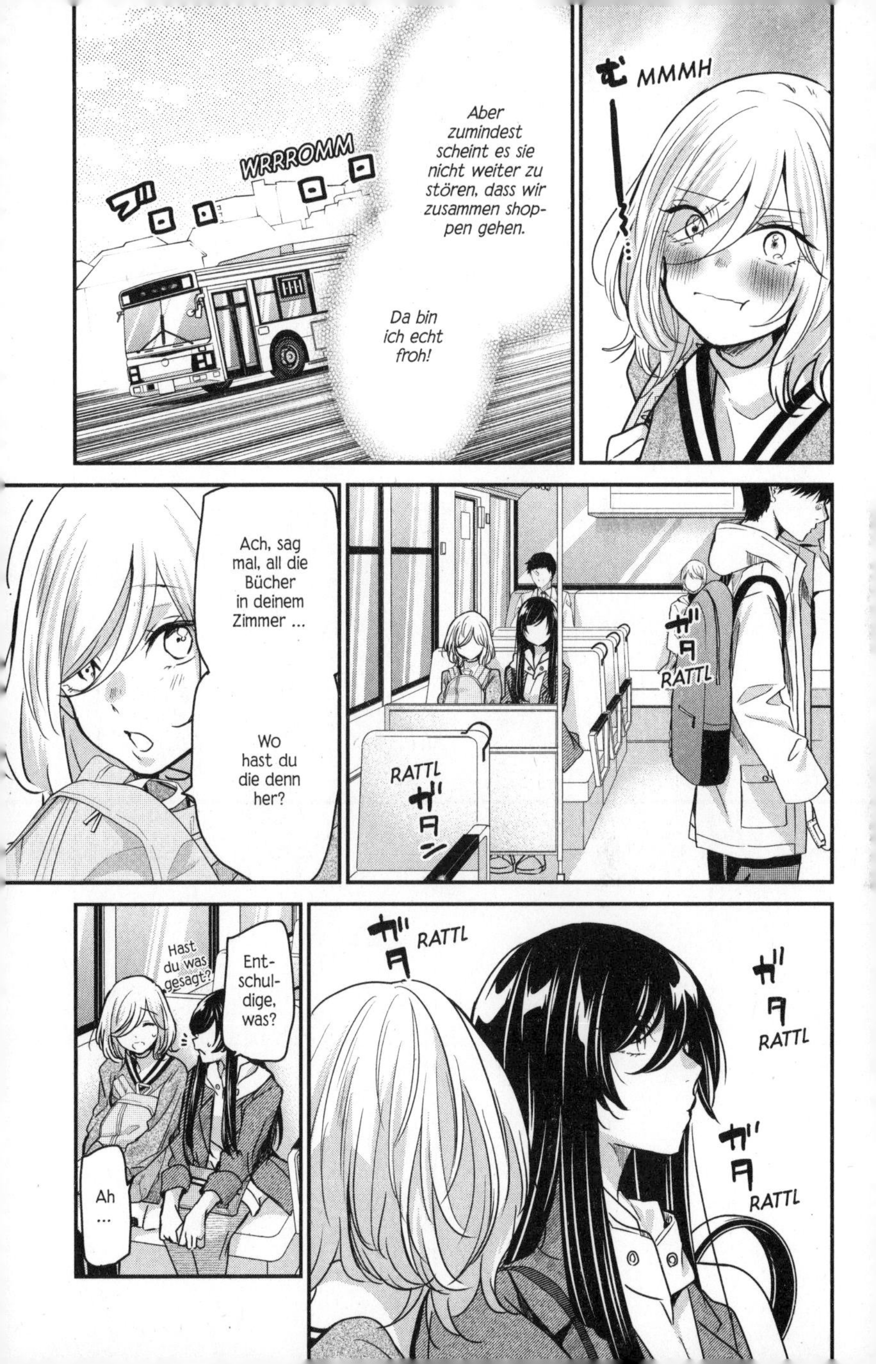
むー
MMMH
ブロロロロ
WRRROMM
Aber zumindest scheint es sie nicht weiter zu stören, dass wir zusammen shoppen gehen.
Da bin ich echt froh!
ガタ
RATTL
RATTL
ガタン
Ach, sag mal, all die Bücher in deinem Zimmer …
Wo hast du die denn her?
ガタ
RATTL
ガタ
RATTL
ガタ
RATTL
Ent-schul-dige, was?
Hast du was gesagt?
Ah …

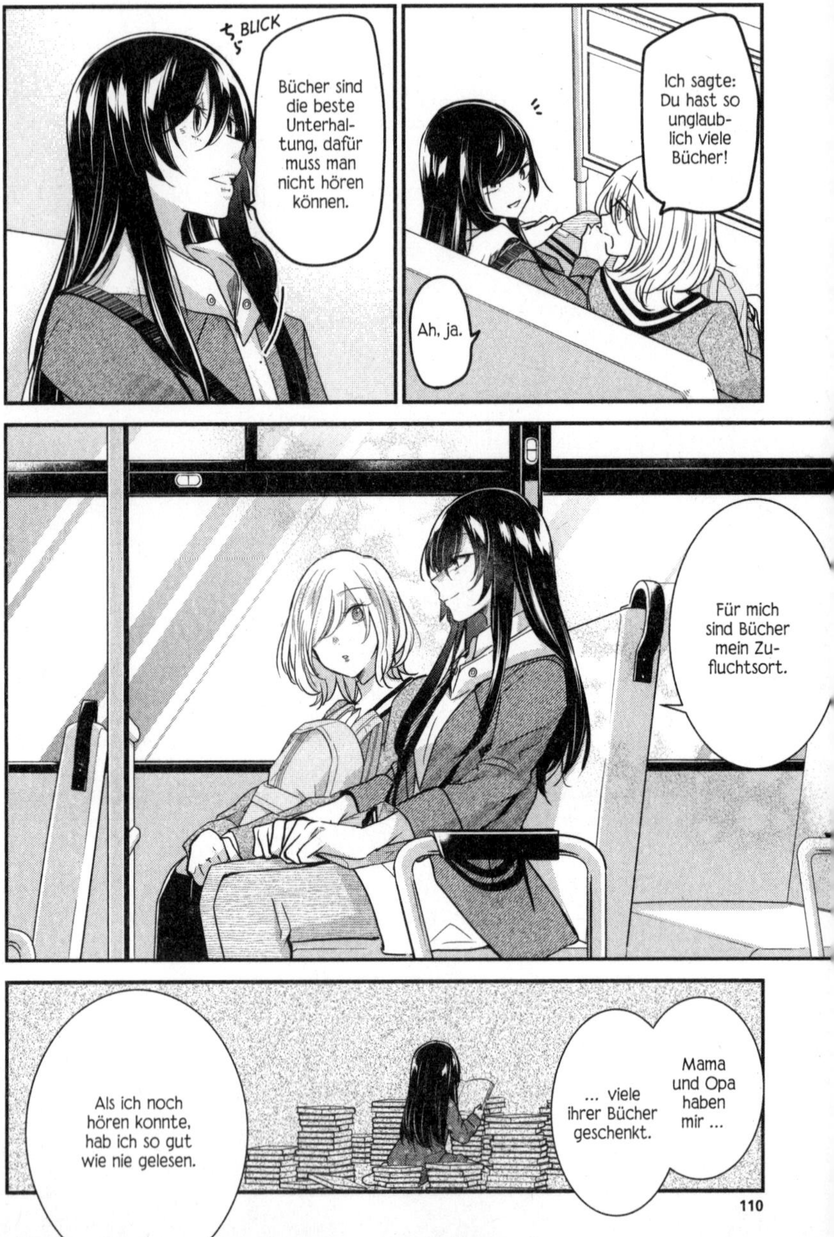
Ich sagte: Du hast so unglaublich viele Bücher!
Ah, ja.
BLICK
Bücher sind die beste Unterhaltung, dafür muss man nicht hören können.
Für mich sind Bücher mein Zufluchtsort.
Mama und Opa haben mir ...
... viele ihrer Bücher geschenkt.
Als ich noch hören konnte, hab ich so gut wie nie gelesen.

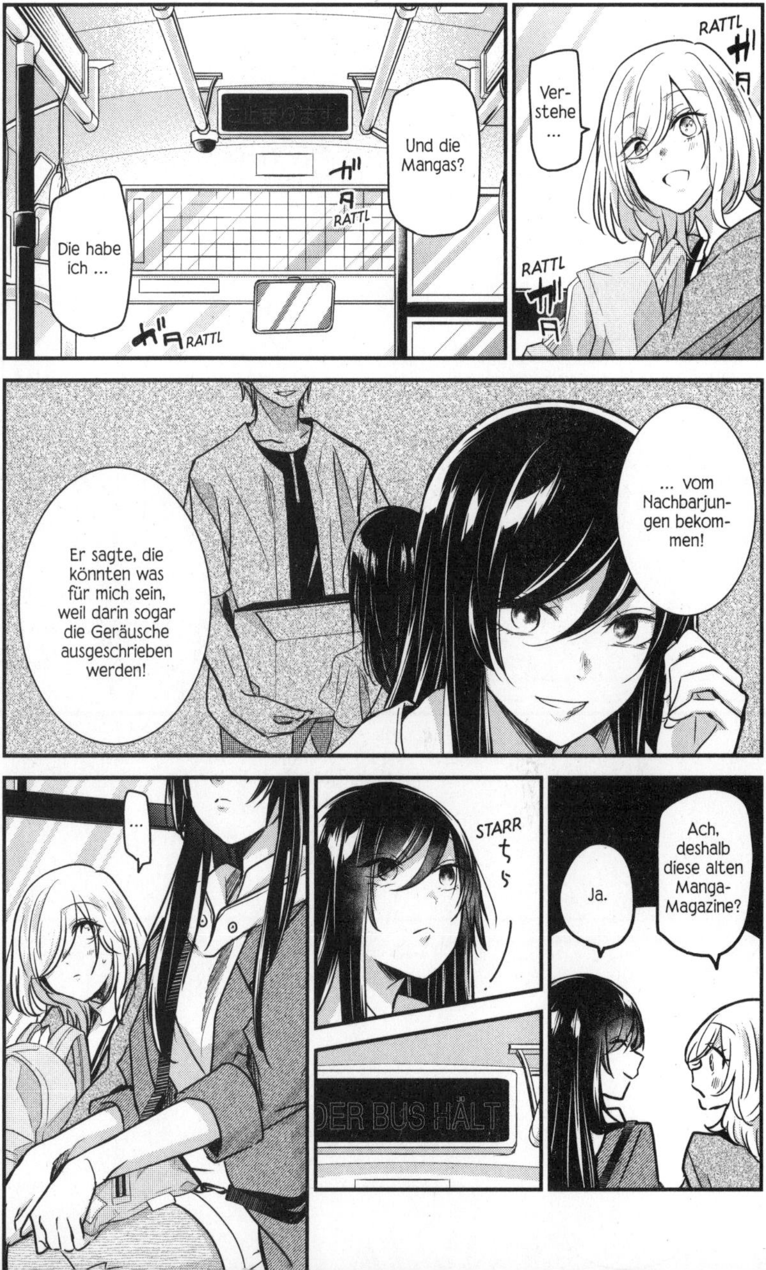
RATTL
Verstehe ...
RATTL
Und die Mangas?
RATTL
Die habe ich ...
RATTL
... vom Nachbarjungen bekommen!
Er sagte, die könnten was für mich sein, weil darin sogar die Geräusche ausgeschrieben werden!
Ach, deshalb diese alten Manga-Magazine?
Ja.
DER BUS HÄLT
STARR
...

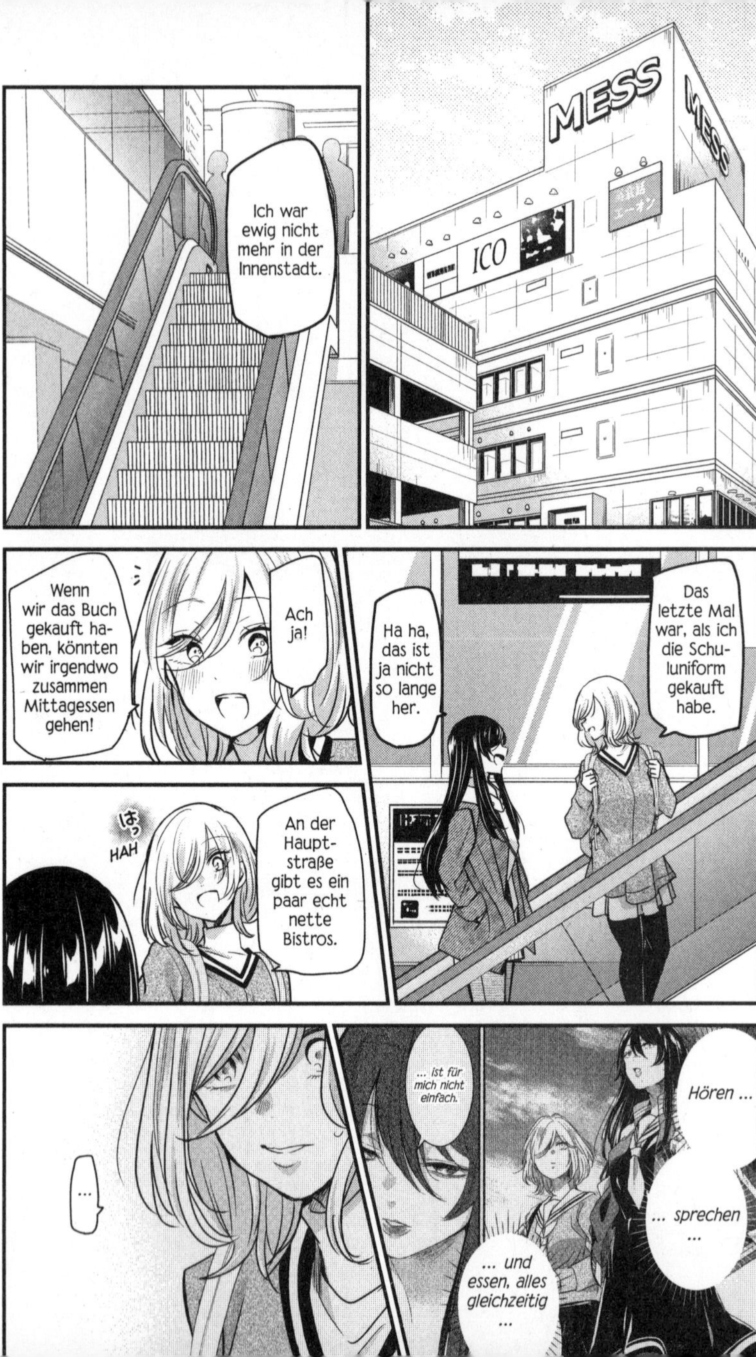
MESS
MESS
ICO
Ich war ewig nicht mehr in der Innenstadt.
Das letzte Mal war, als ich die Schuluniform gekauft habe.
Ha ha, das ist ja nicht so lange her.
Ach ja!
Wenn wir das Buch gekauft haben, könnten wir irgendwo zusammen Mittagessen gehen!
はっ HAH
An der Hauptstraße gibt es ein paar echt nette Bistros.
Hören ...
... sprechen ...
... und essen, alles gleichzeitig ...
... ist für mich nicht einfach.
...

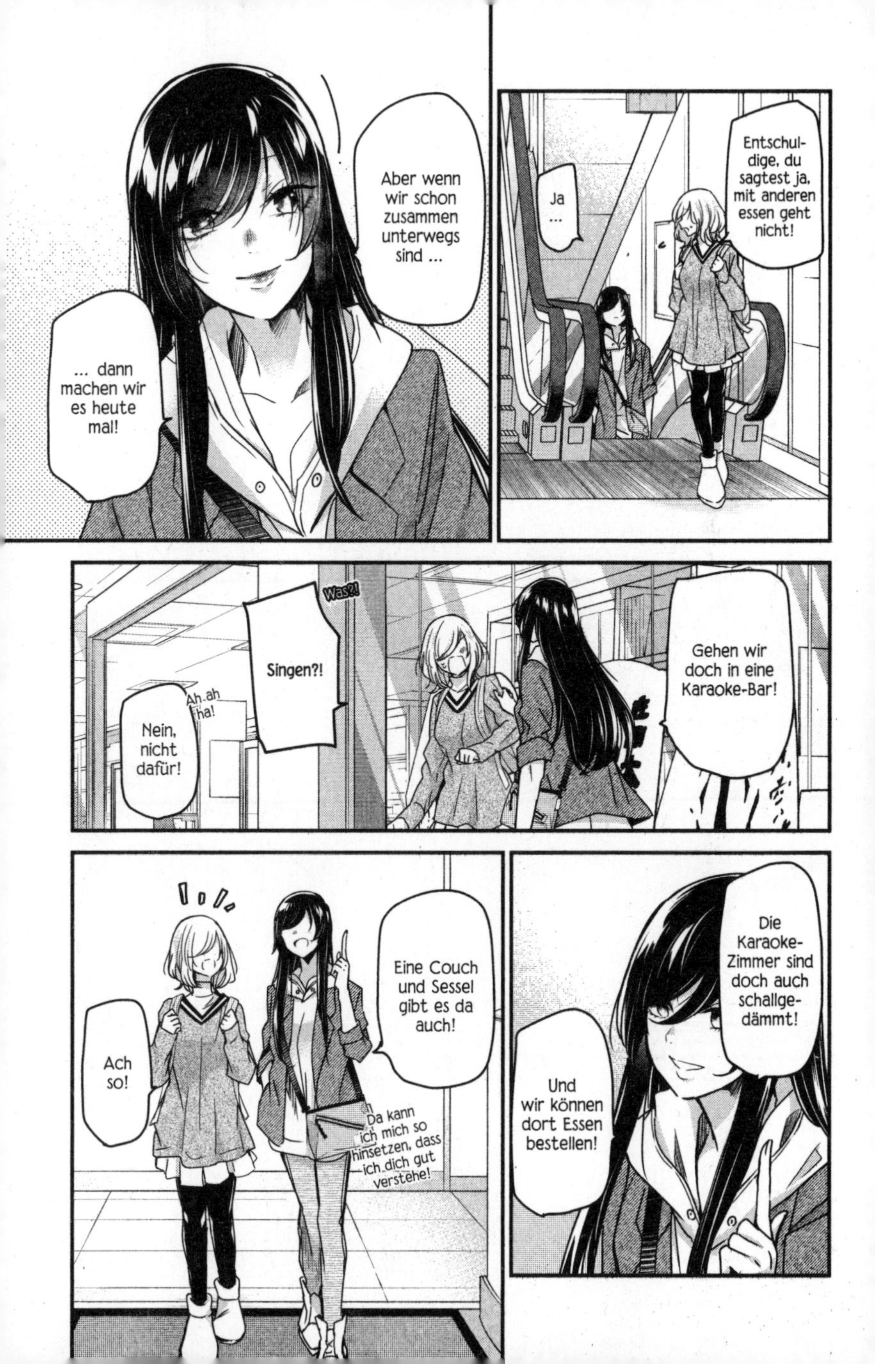
Entschul-
dige, du
sagtest ja,
mit anderen
essen geht
nicht!
Ja
...
Aber wenn
wir schon
zusammen
unterwegs
sind ...
... dann
machen wir
es heute
mal!
Gehen wir
doch in eine
Karaoke-Bar!
Was?!
Singen?!
Ah,ah
ha!
Nein,
nicht
dafür!
Die
Karaoke-
Zimmer sind
doch auch
schallge-
dämmt!
Und
wir können
dort Essen
bestellen!
Eine Couch
und Sessel
gibt es da
auch!
Da kann
ich mich so
hinsetzen, dass
ich dich gut
verstehe!
Ach
so!

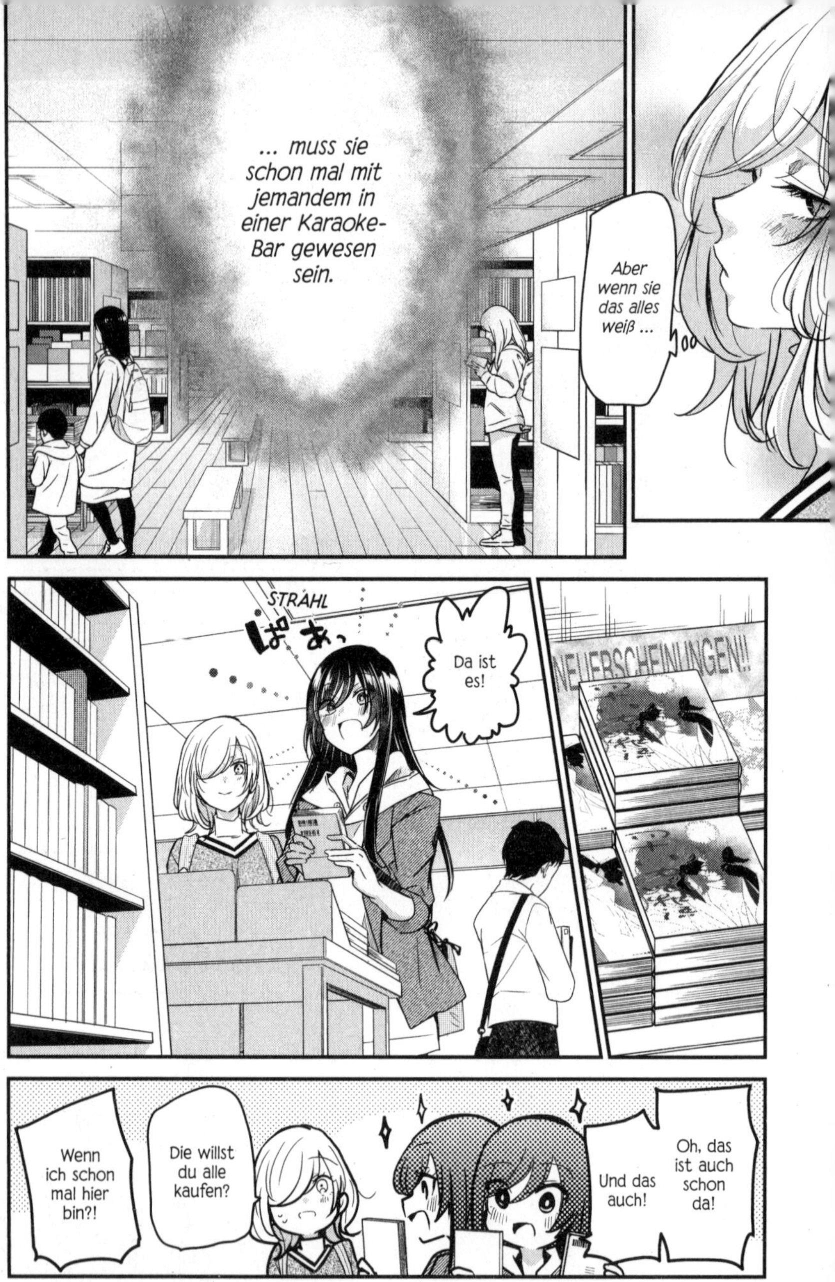
Aber wenn sie das alles weiß ...
... muss sie schon mal mit jemandem in einer Karaoke-Bar gewesen sein.
NEUERSCHEINUNGEN!!
STRAHL
ぱあっ
Da ist es!
Oh, das ist auch schon da!
Und das auch!
Die willst du alle kaufen?
Wenn ich schon mal hier bin?!

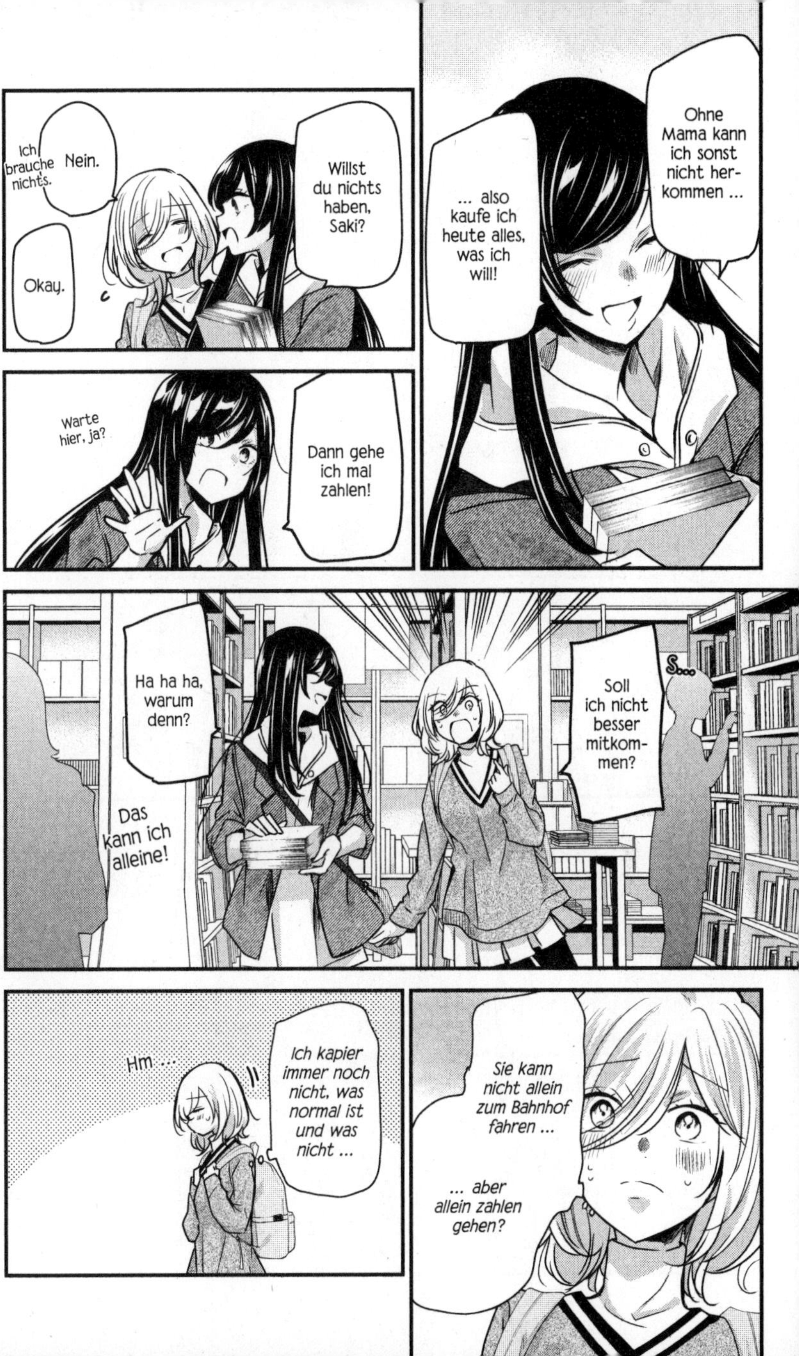
Ohne Mama kann ich sonst nicht her-kommen ...
... also kaufe ich heute alles, was ich will!
Willst du nichts haben, Saki?
Nein.
Ich brauche nichts.
Okay.
Dann gehe ich mal zahlen!
Warte hier, ja?
S...
Soll ich nicht besser mitkom-men?
Ha ha ha, warum denn?
Das kann ich alleine!
Sie kann nicht allein zum Bahnhof fahren ...
... aber allein zahlen gehen?
Hm ...
Ich kapier immer noch nicht, was normal ist und was nicht ...

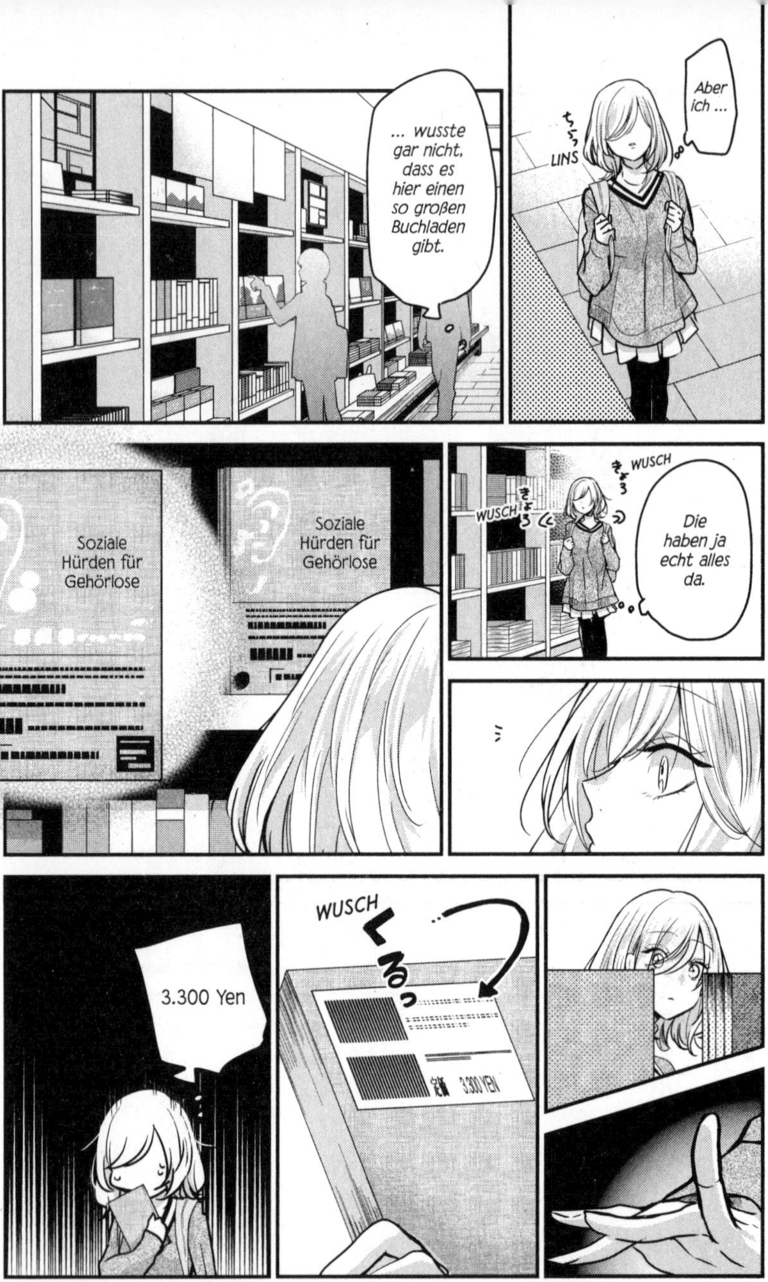
Aber ich ...
LINS
... wusste gar nicht, dass es hier einen so großen Buchladen gibt.
WUSCH
WUSCH
Die haben ja echt alles da.
Soziale Hürden für Gehörlose
Soziale Hürden für Gehörlose
WUSCH
3.300 YEN
3.300 Yen

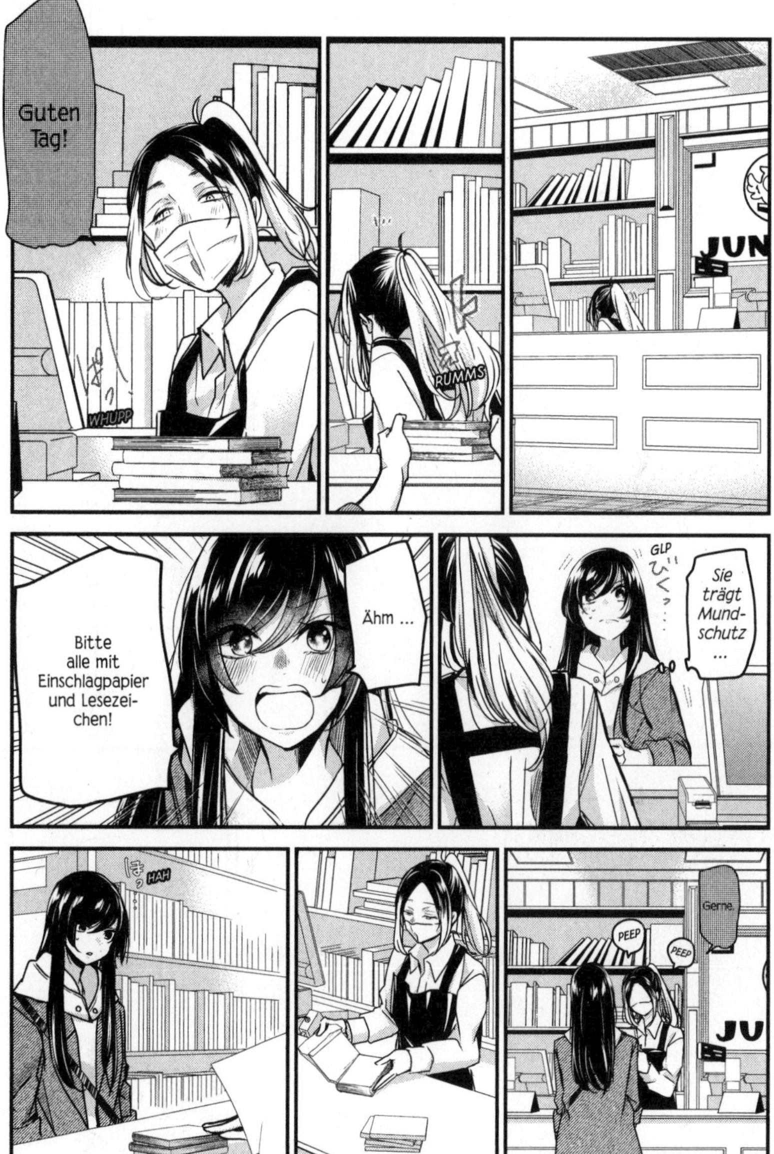
RUMMS
Guten Tag!
WHUPP
GLP
Sie trägt Mundschutz ...
Ähm ...
Bitte alle mit Einschlagpapier und Lesezeichen!
Gerne.
PEEP
PEEP
HAH

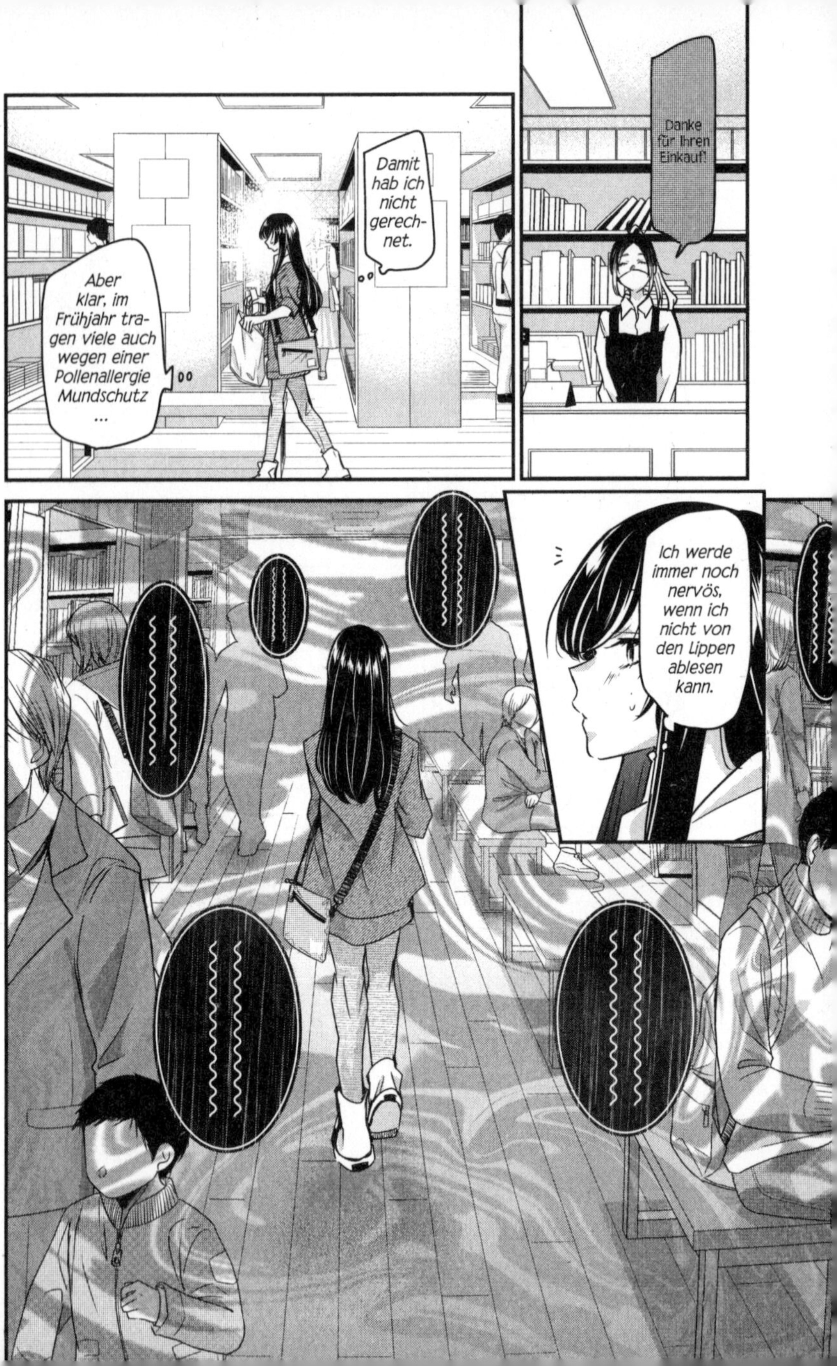
Danke für Ihren Einkauf!
Damit hab ich nicht gerechnet.
Aber klar, im Frühjahr tragen viele auch wegen einer Pollenallergie Mundschutz ...
Ich werde immer noch nervös, wenn ich nicht von den Lippen ablesen kann.

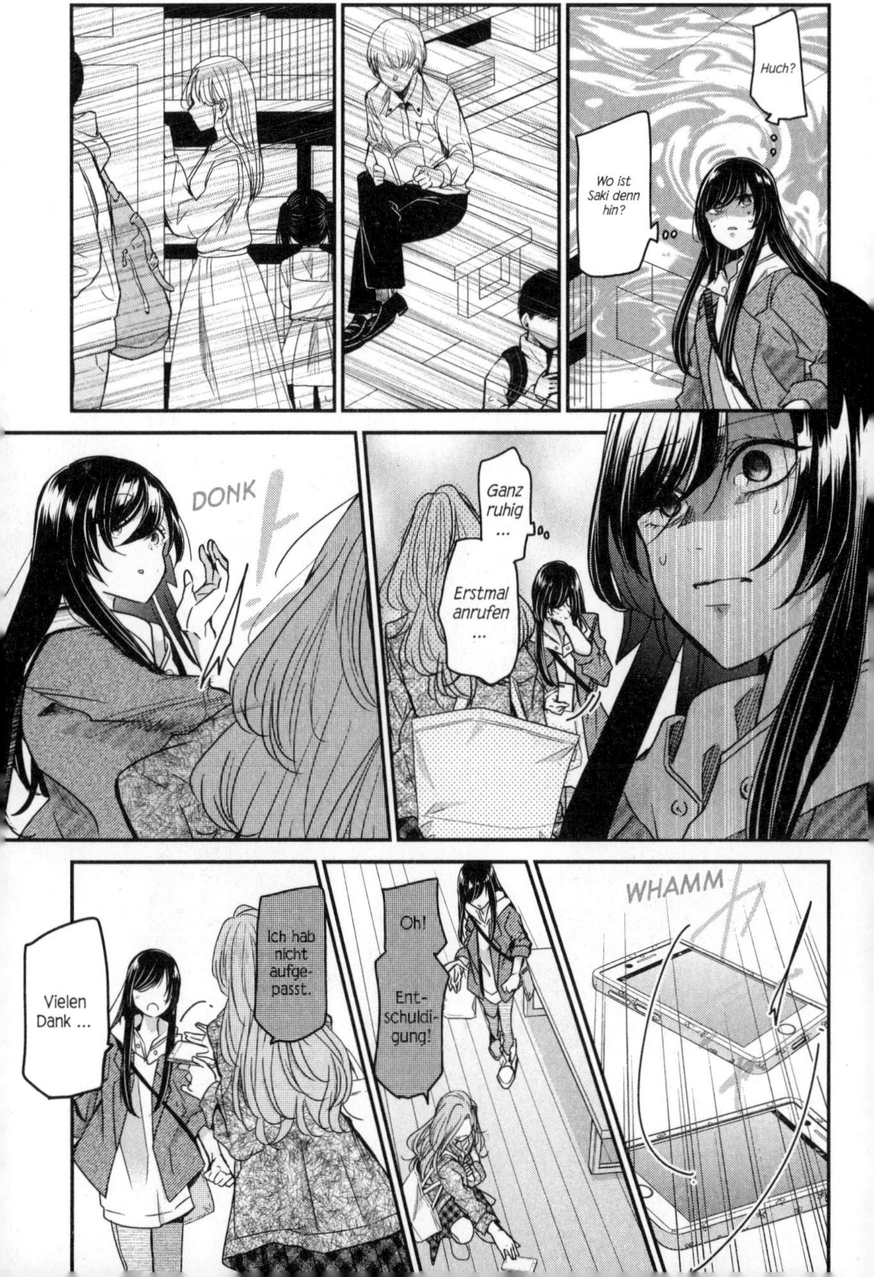

Huch?
Wo ist Saki denn hin?
Ganz ruhig ...
Erstmal anrufen ...
DONK
WHAMM
Oh!
Ent-schuldi-gung!
Ich hab nicht aufge-passt.
Vielen Dank ...

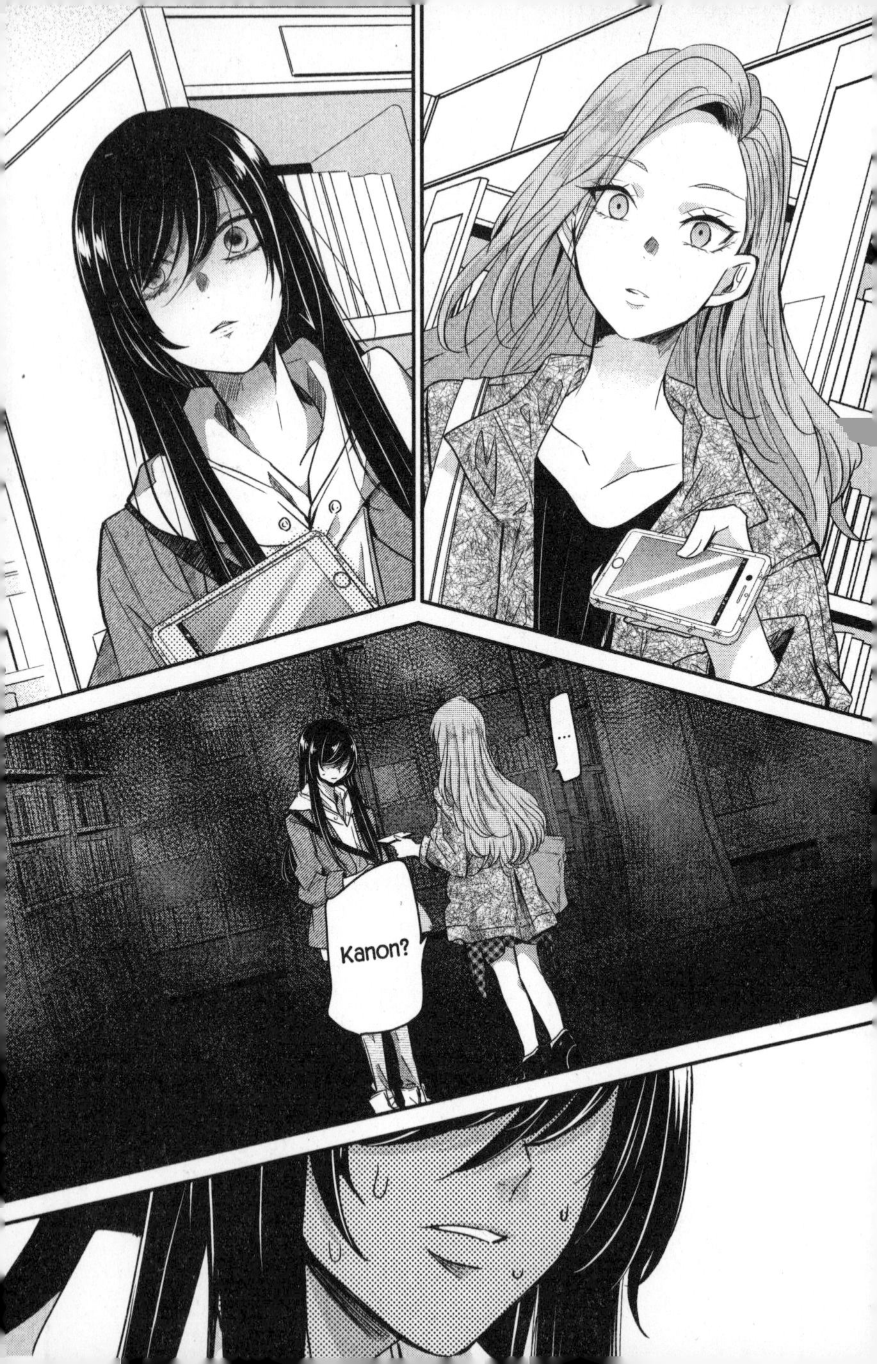
...
Kanon?

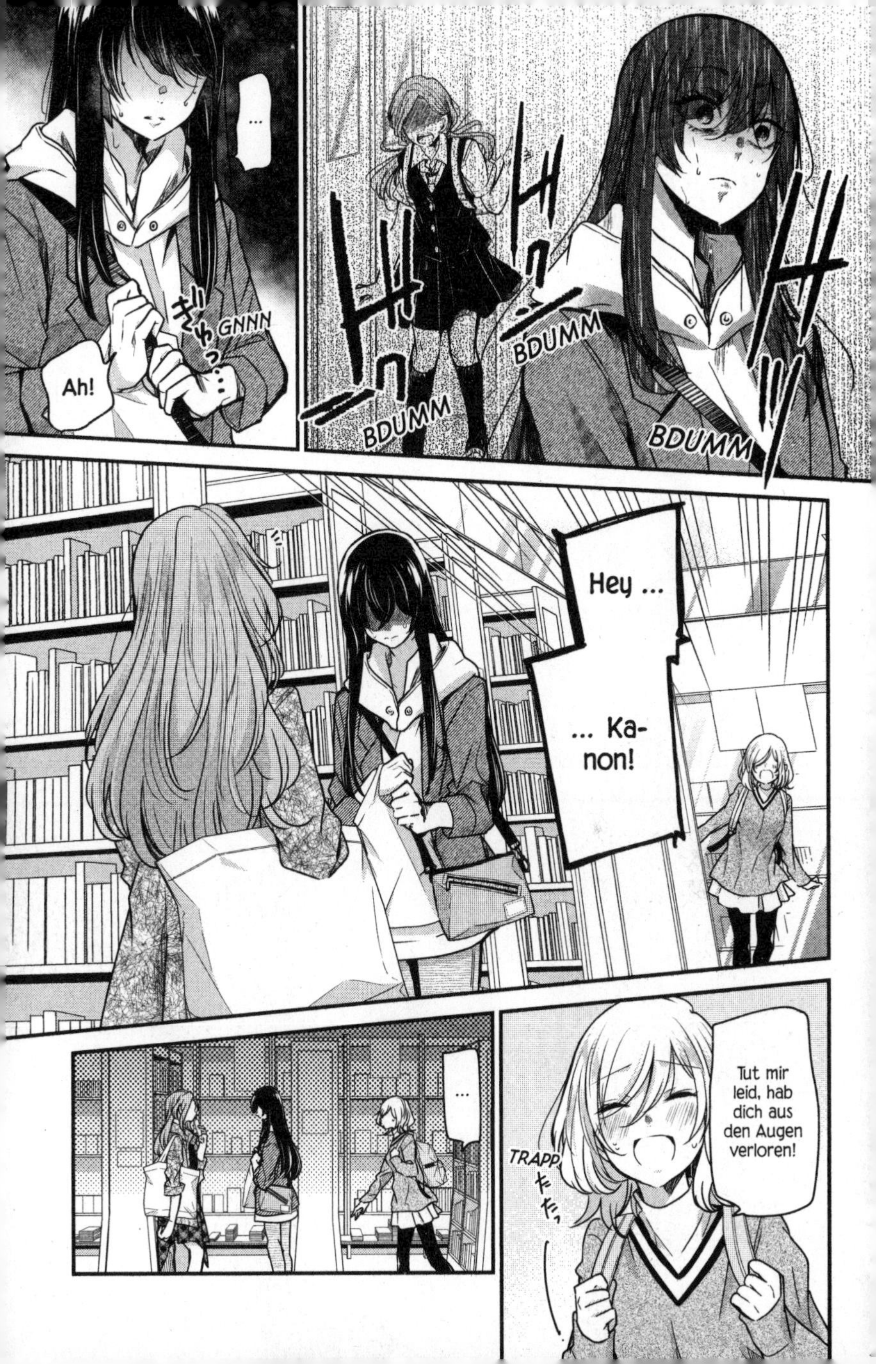
BDUMM
BDUMM
BDUMM
...
Ah!
GNNN
ぎゅっ…
Hey ...
... Ka-
non!
Tut mir leid, hab dich aus den Augen verloren!
TRAPP
たたっ
...

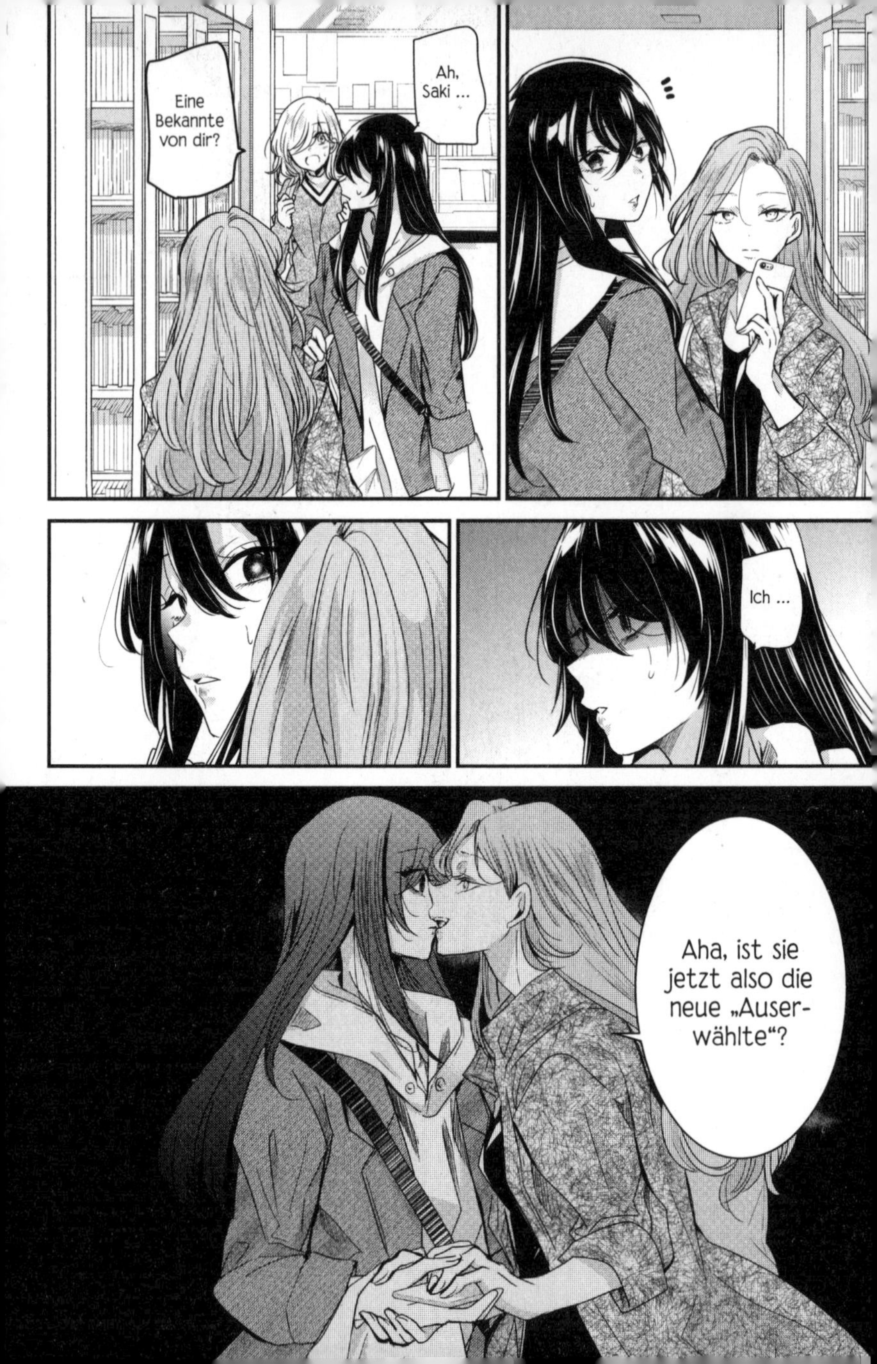
Ah, Saki ...
Eine Bekannte von dir?
Ich ...
Aha, ist sie jetzt also die neue „Auser-wählte“?

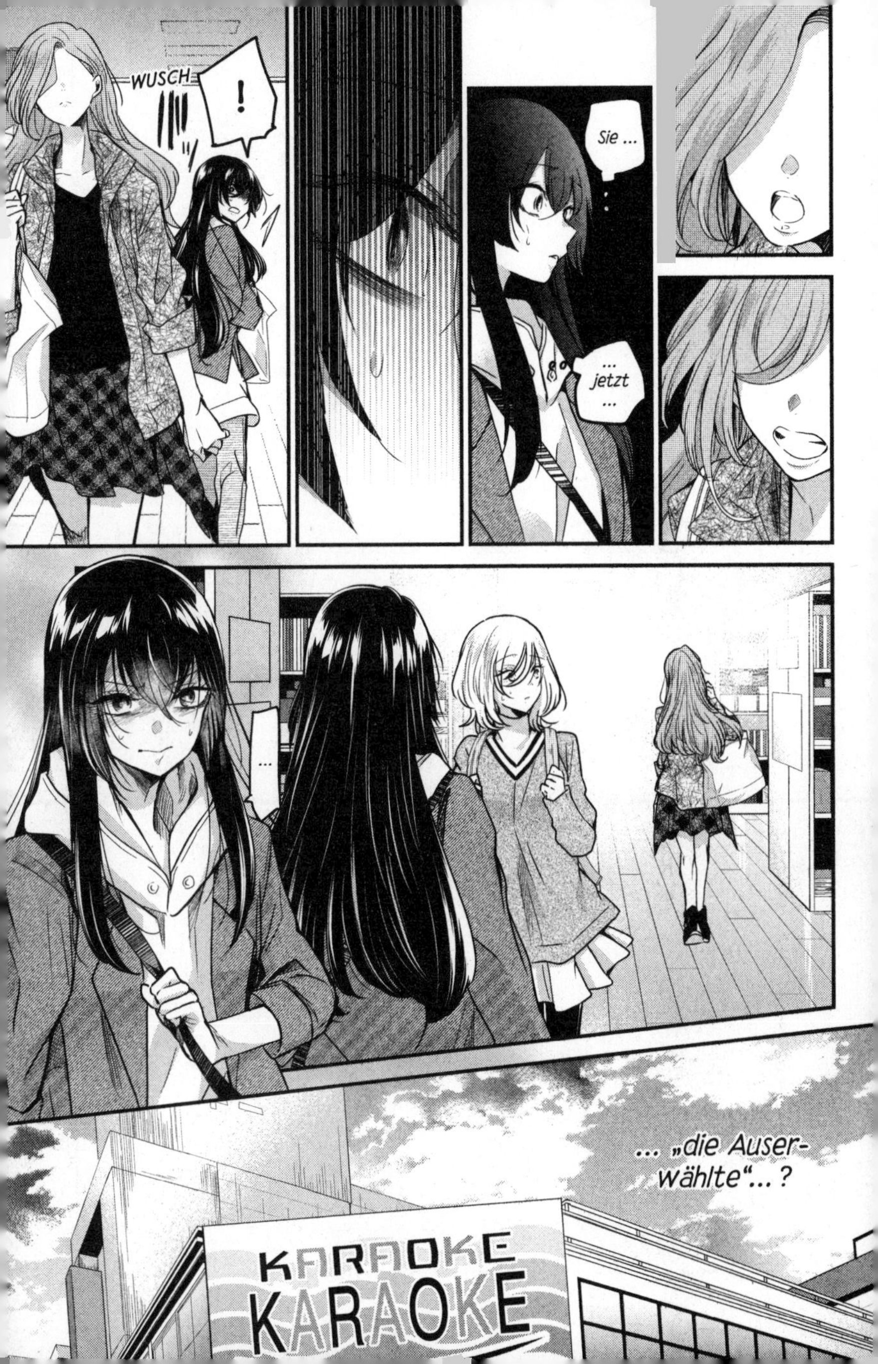
WUSCH
!
Sie ...
... jetzt ...
...
... „die Auser-wählte“ ... ?
KARAOKE
KARAOKE

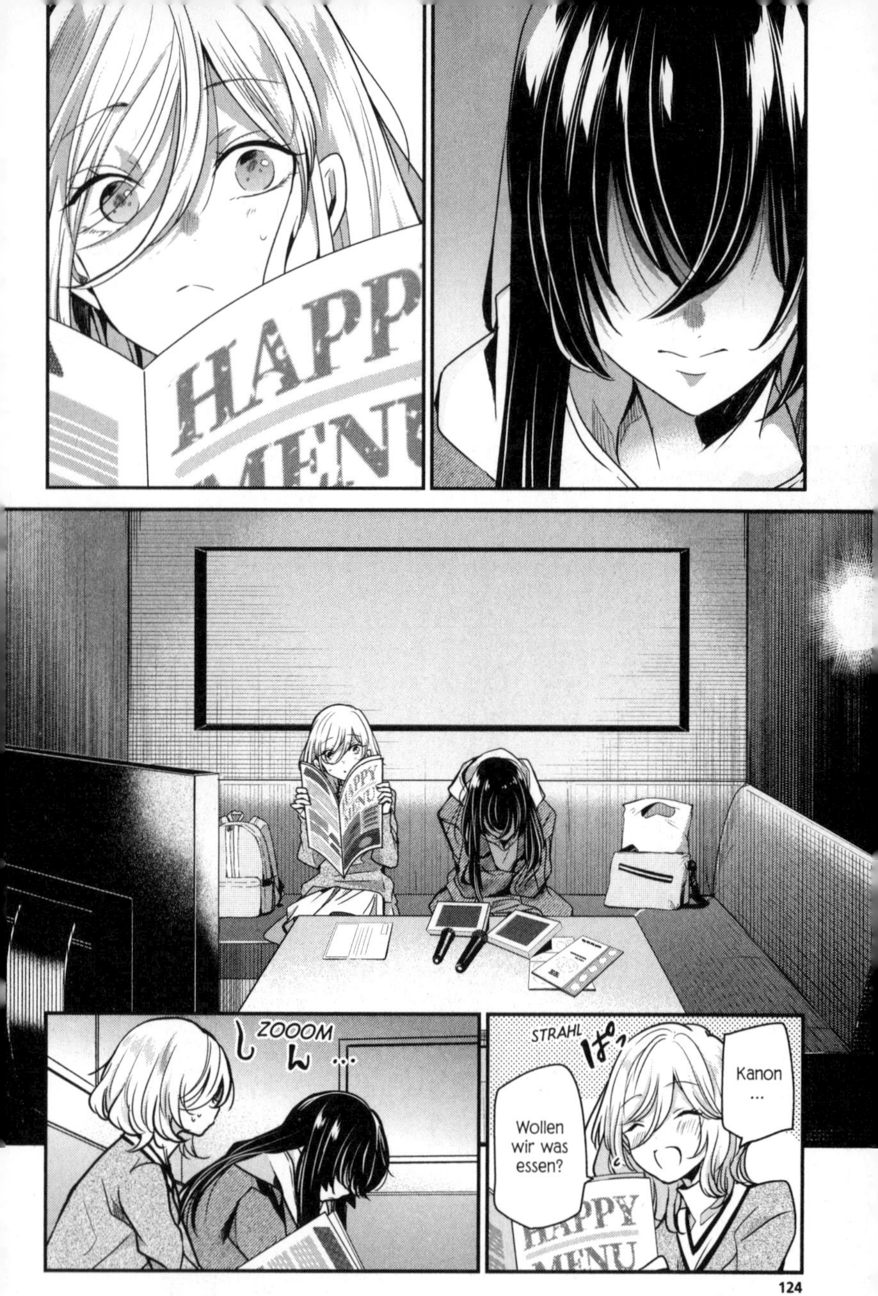
HAPPY MENU
HAPPY MENU
ZOOOM
しん…
STRAHL
ぱっ
Kanon …
Wollen wir was essen?
HAPPY MENU

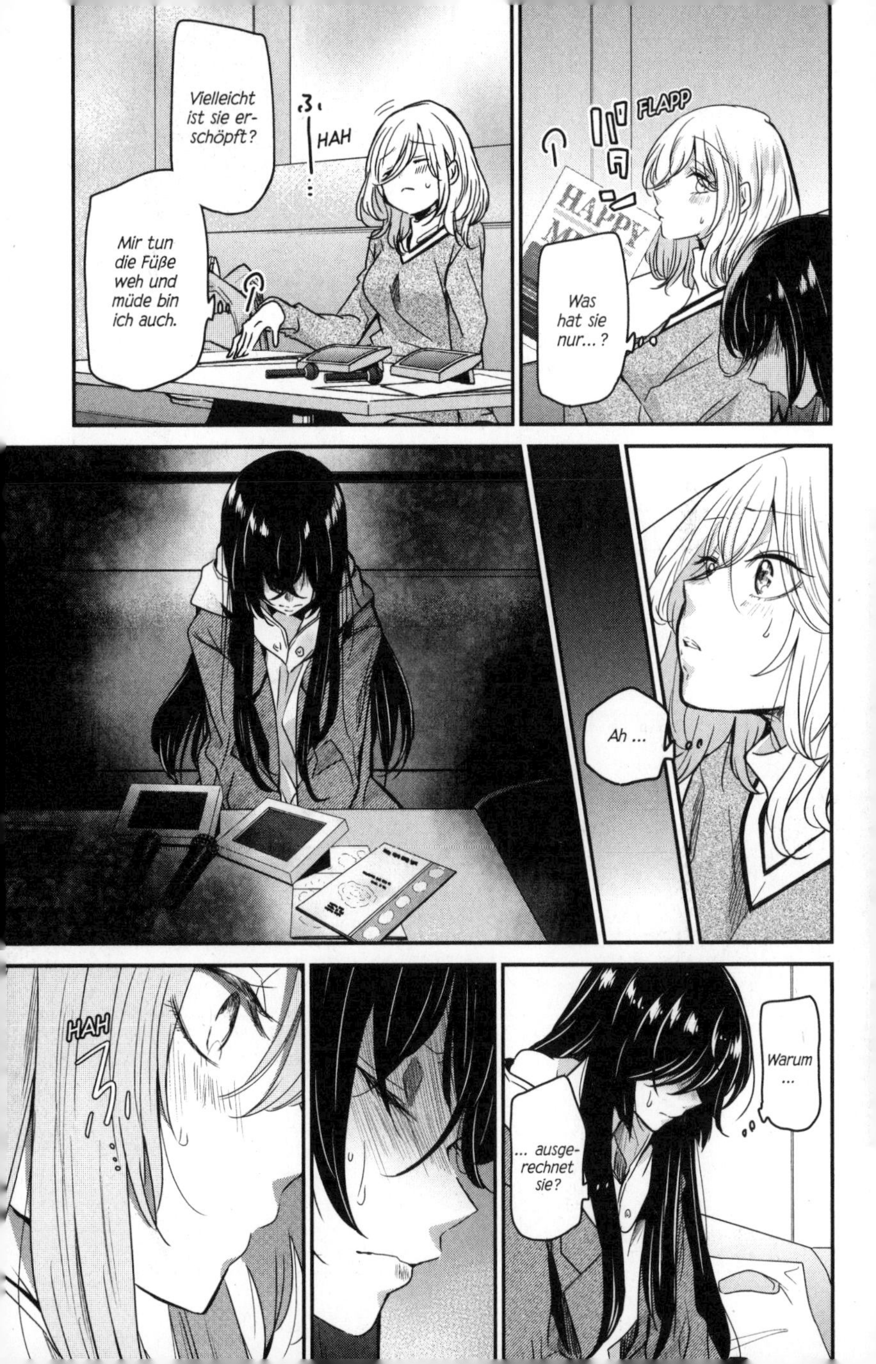
FLAPP
Was hat sie nur...?
HAH
Vielleicht ist sie erschöpft?
Mir tun die Füße weh und müde bin ich auch.
Ah ...
Warum ...
... ausgerechnet sie?
HAH

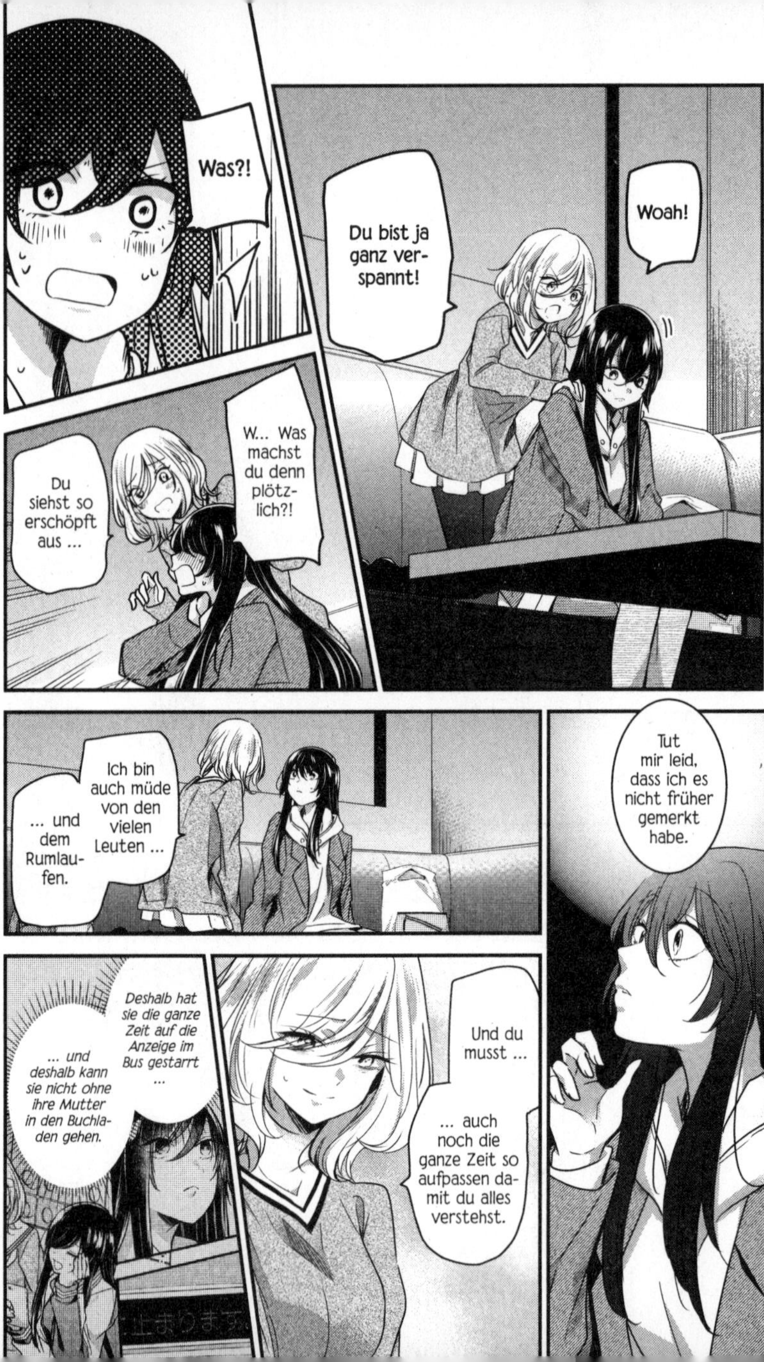
Woah!
Du bist ja ganz ver-spannt!
Was?!
W... Was machst du denn plötz-lich?!
Du siehst so erschöpft aus ...
Tut mir leid, dass ich es nicht früher gemerkt habe.
Ich bin auch müde von den vielen Leuten ...
... und dem Rumlau-fen.
Und du musst ...
... auch noch die ganze Zeit so aufpassen da-mit du alles verstehst.
Deshalb hat sie die ganze Zeit auf die Anzeige im Bus gestarrt ...
... und deshalb kann sie nicht ohne ihre Mutter in den Buchla-den gehen.

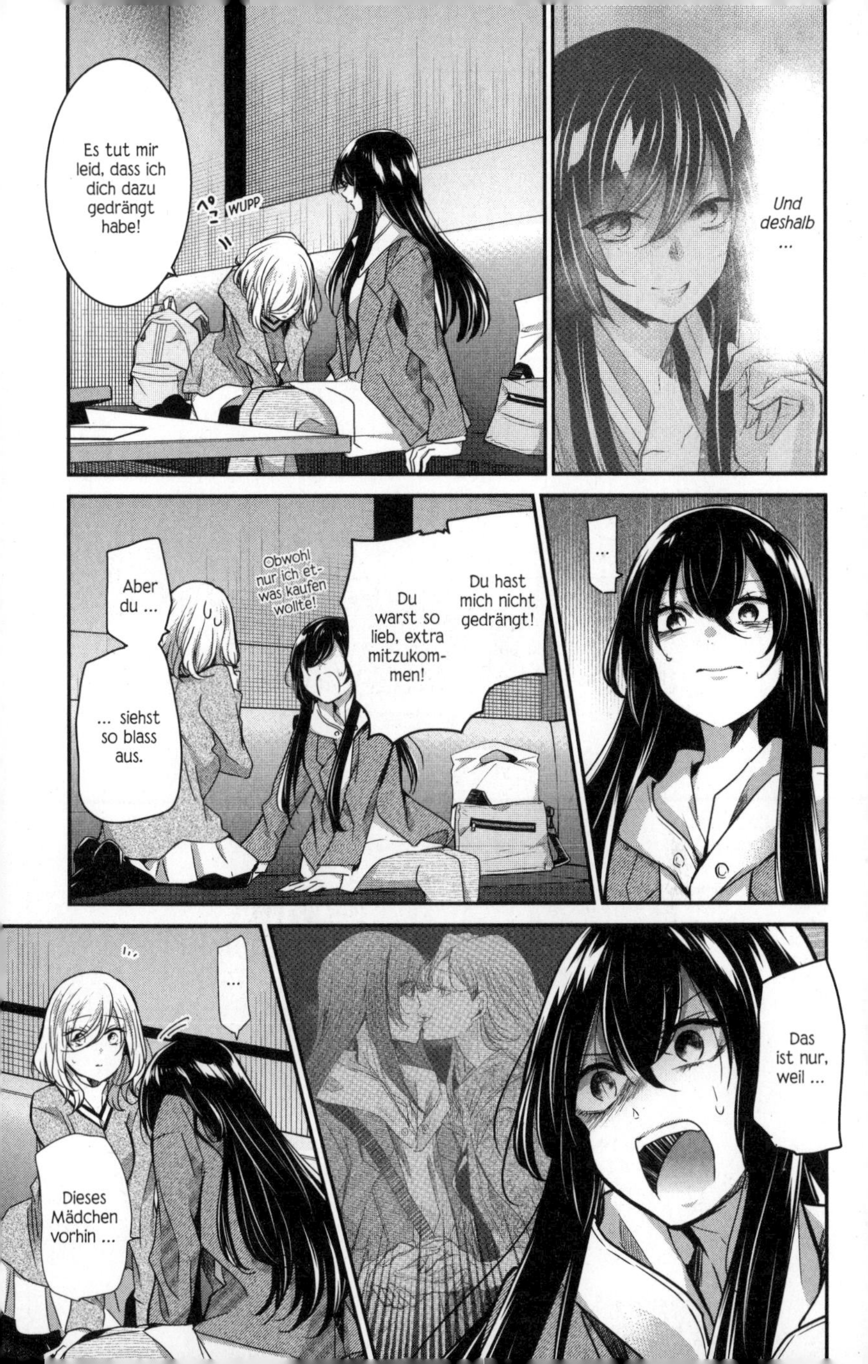

Und deshalb ...
Es tut mir leid, dass ich dich dazu gedrängt habe!
WUPP
...
Du hast mich nicht gedrängt!
Du warst so lieb, extra mitzukommen!
Obwohl nur ich etwas kaufen wollte!
Aber du ...
... siehst so blass aus.
Das ist nur, weil ...
...
Dieses Mädchen vorhin ...

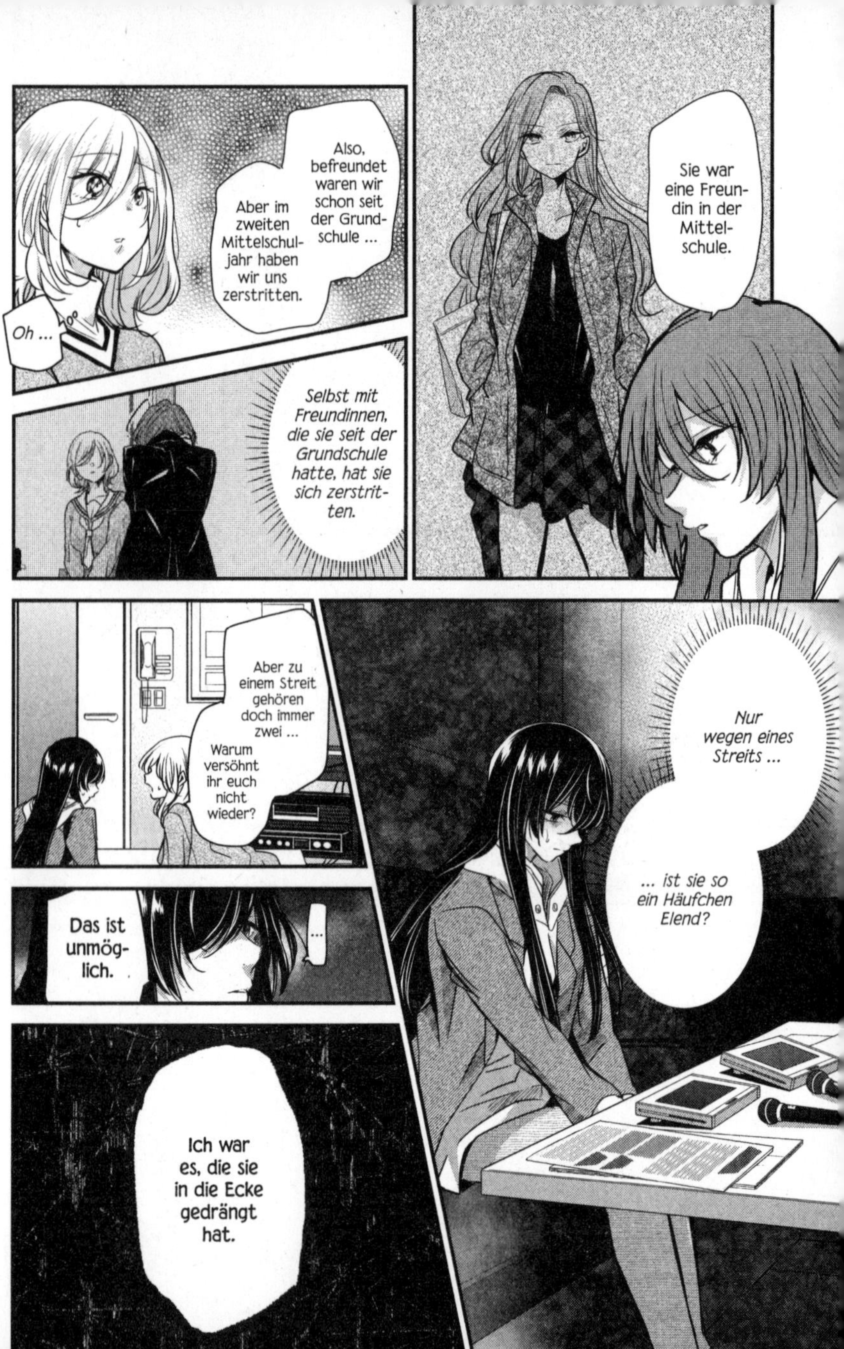
Sie war eine Freundin in der Mittelschule.
Also, befreundet waren wir schon seit der Grundschule ...
Aber im zweiten Mittelschuljahr haben wir uns zerstritten.
Oh ...
Selbst mit Freundinnen, die sie seit der Grundschule hatte, hat sie sich zerstritten.
Nur wegen eines Streits ...
... ist sie so ein Häufchen Elend?
Aber zu einem Streit gehören doch immer zwei ...
Warum versöhnt ihr euch nicht wieder?
...
Das ist unmöglich.
Ich war es, die sie in die Ecke gedrängt hat.

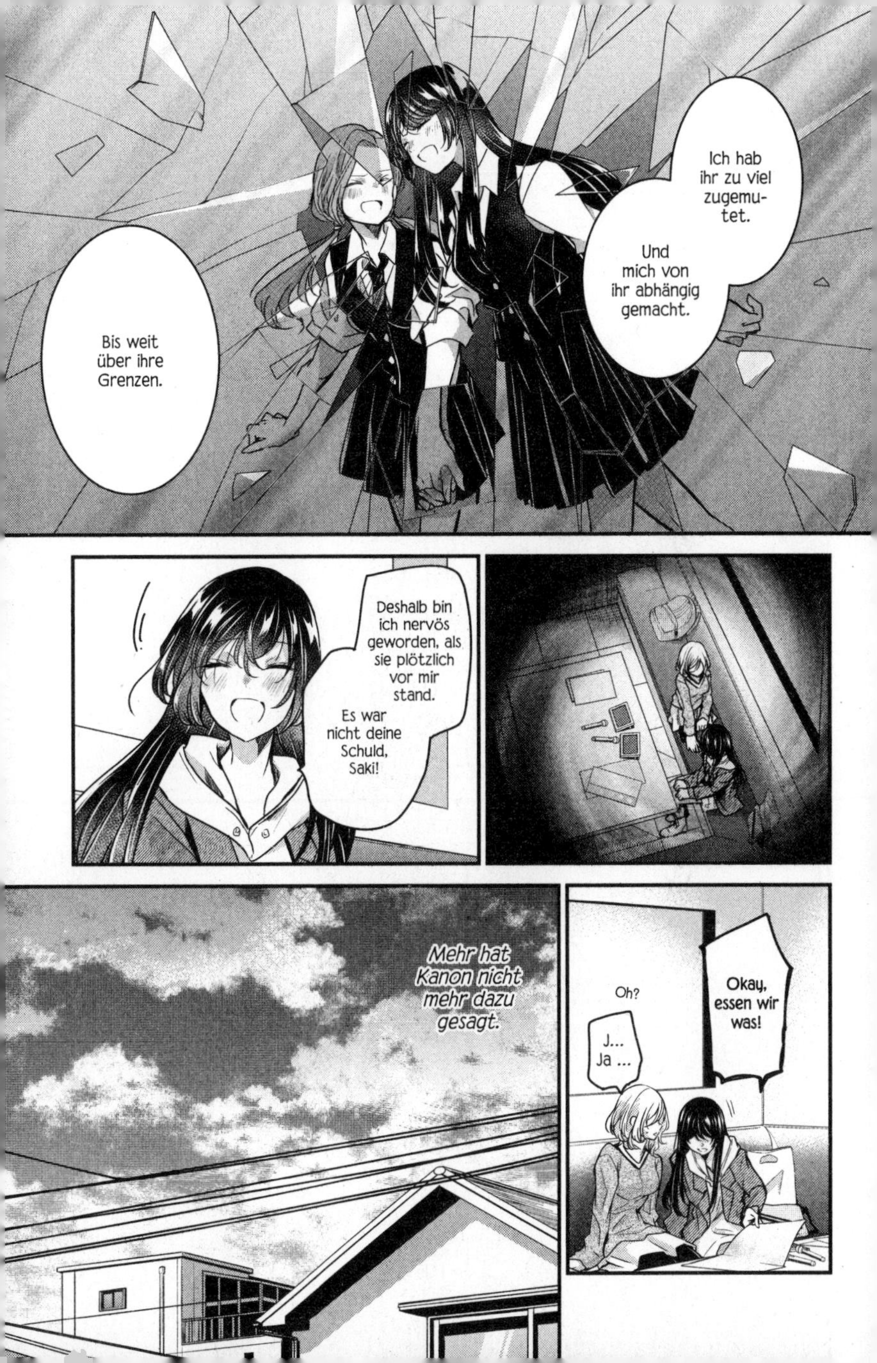

Ich hab ihr zu viel zugemutet.
Und mich von ihr abhängig gemacht.
Bis weit über ihre Grenzen.
Deshalb bin ich nervös geworden, als sie plötzlich vor mir stand.
Es war nicht deine Schuld, Saki!
Okay, essen wir was!
Oh?
J... Ja ...
Mehr hat Kanon nicht mehr dazu gesagt.

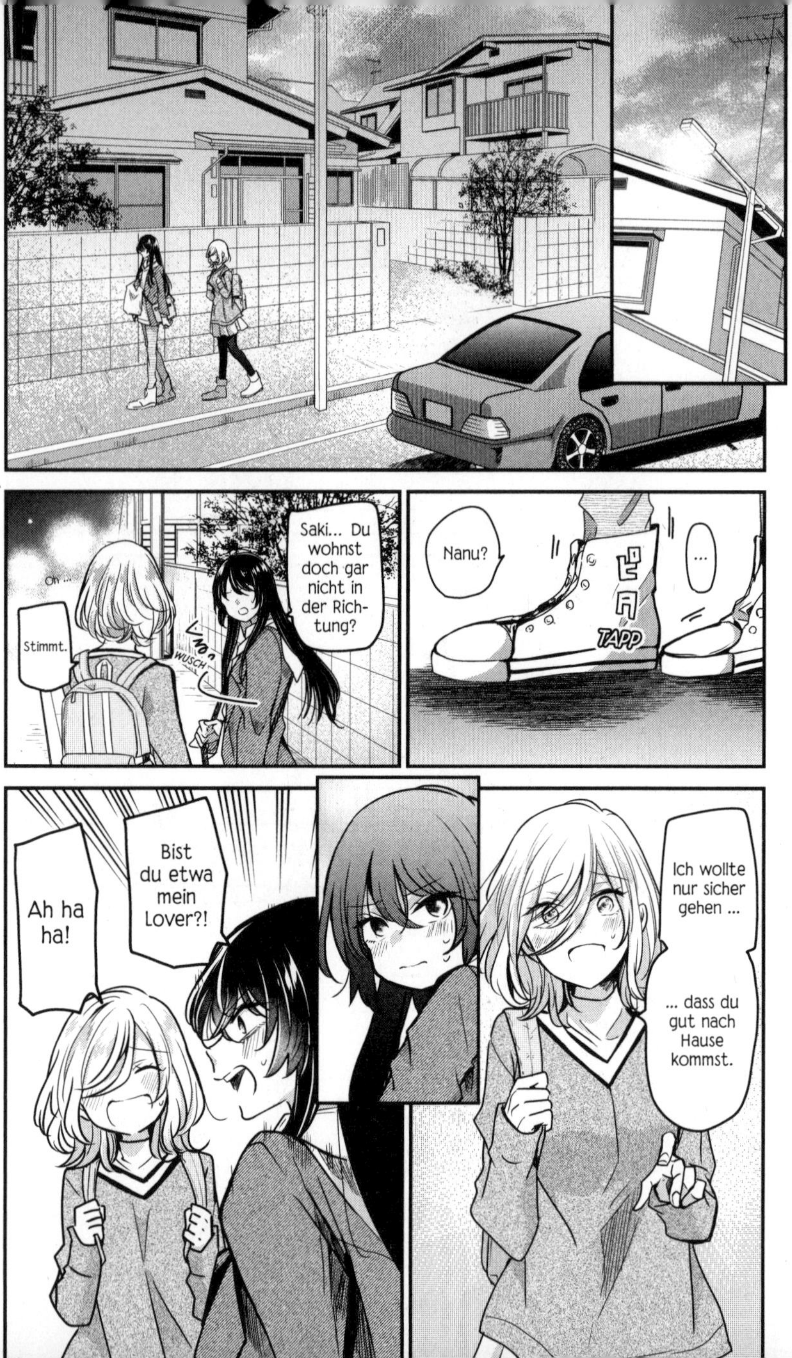
Nanu?
ピタ
TAPP
...
Saki... Du wohnst doch gar nicht in der Richtung?
WUSCH
Oh ...
Stimmt.
Ich wollte nur sicher gehen ...
... dass du gut nach Hause kommst.
Bist du etwa mein Lover?!
Ah ha ha!

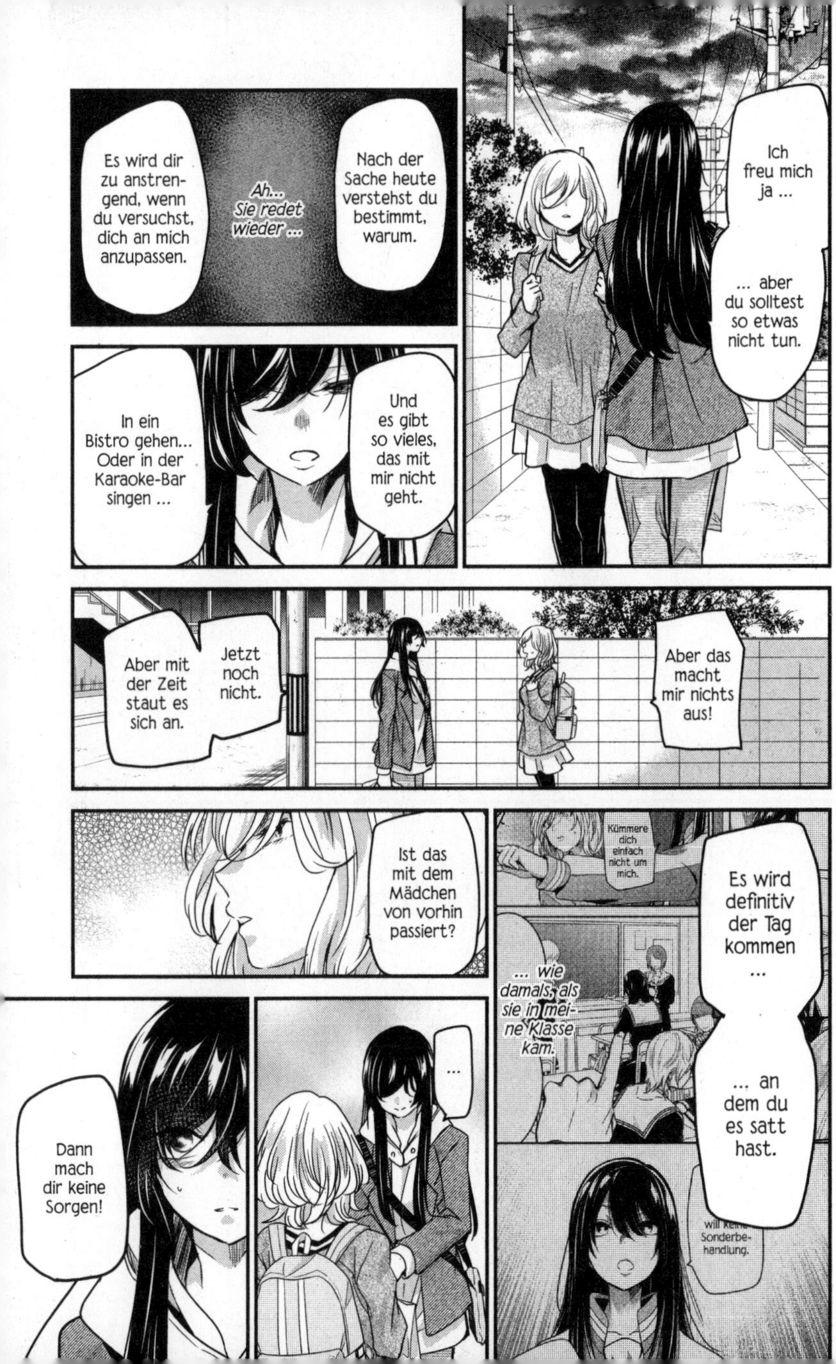
Ich freu mich ja ...
... aber du solltest so etwas nicht tun.
Nach der Sache heute verstehst du bestimmt, warum.
Ah... Sie redet wieder ...
Es wird dir zu anstrengend, wenn du versuchst, dich an mich anzupassen.
Und es gibt so vieles, das mit mir nicht geht.
In ein Bistro gehen... Oder in der Karaoke-Bar singen ...
Aber das macht mir nichts aus!
Jetzt noch nicht.
Aber mit der Zeit staut es sich an.
Es wird definitiv der Tag kommen ...
Kümmere dich einfach nicht um mich.
... wie damals, als sie in meine Klasse kam.
... an dem du es satt hast.
will keine Sonderbehandlung.
Ist das mit dem Mädchen von vorhin passiert?
...
Dann mach dir keine Sorgen!

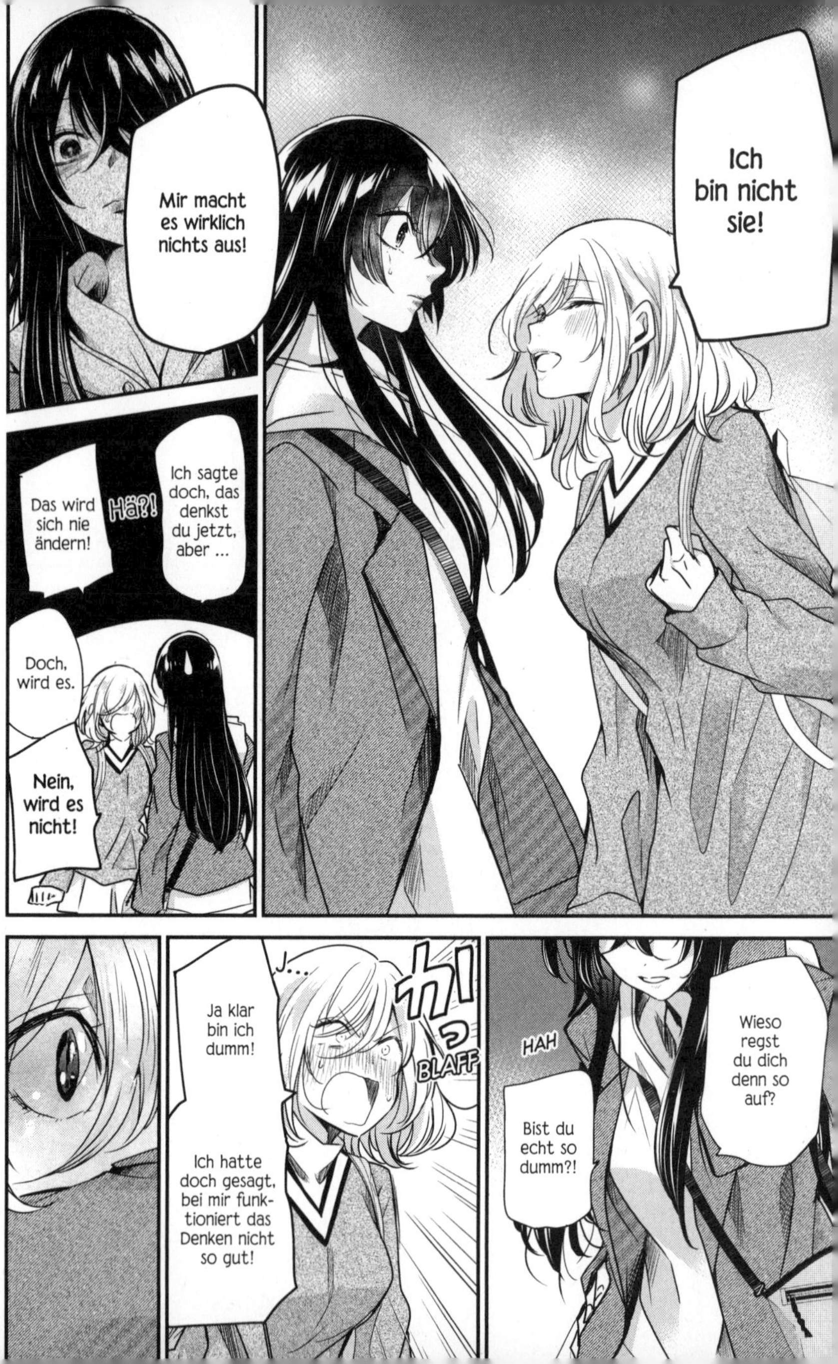
Ich bin nicht sie!
Mir macht es wirklich nichts aus!
Ich sagte doch, das denkst du jetzt, aber ...
Hä?!
Das wird sich nie ändern!
Doch, wird es.
Nein, wird es nicht!
Wieso regst du dich denn so auf?
HAH
Bist du echt so dumm?!
BLAFF
J...
Ja klar bin ich dumm!
Ich hatte doch gesagt, bei mir funktioniert das Denken nicht so gut!

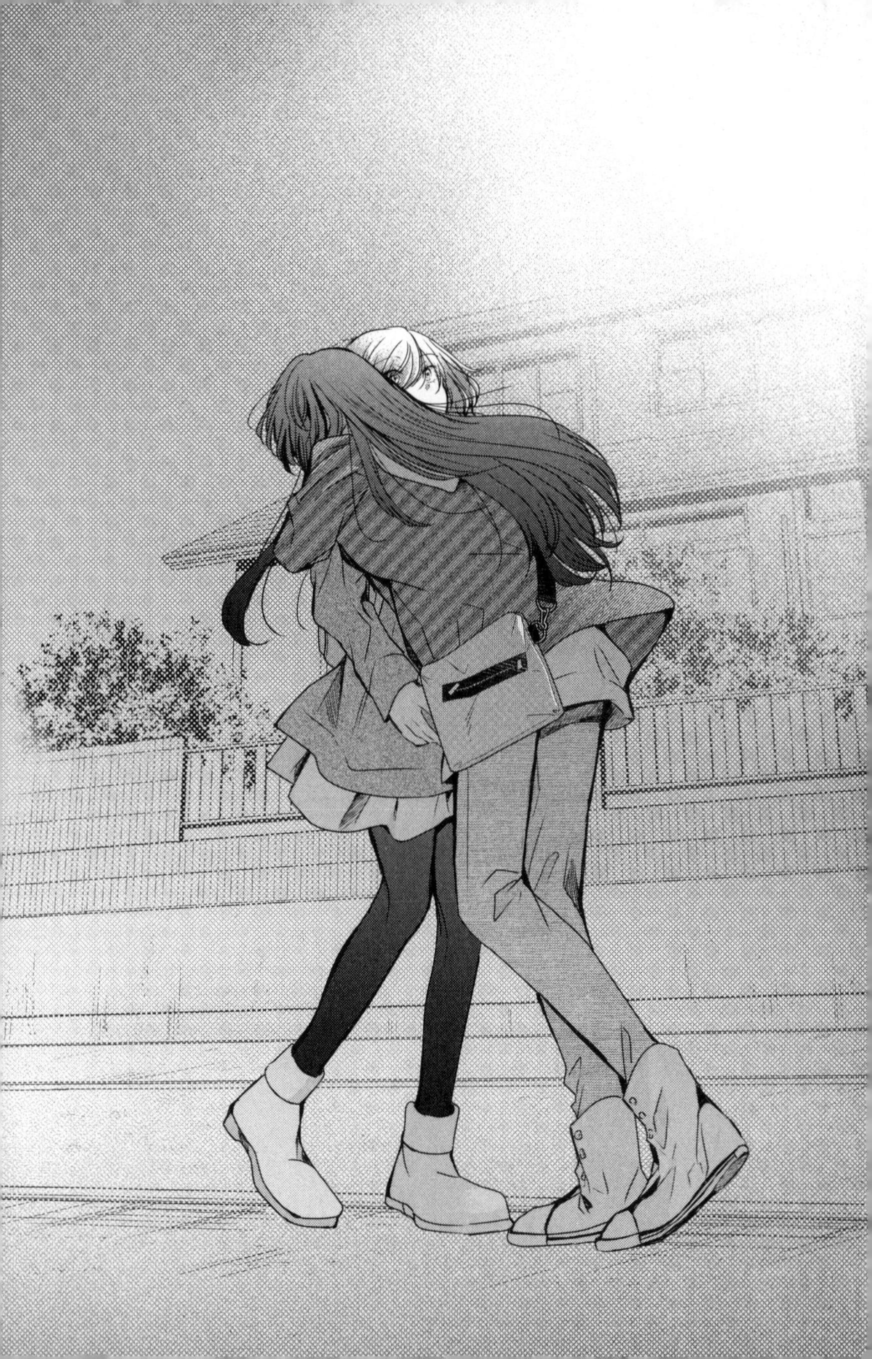

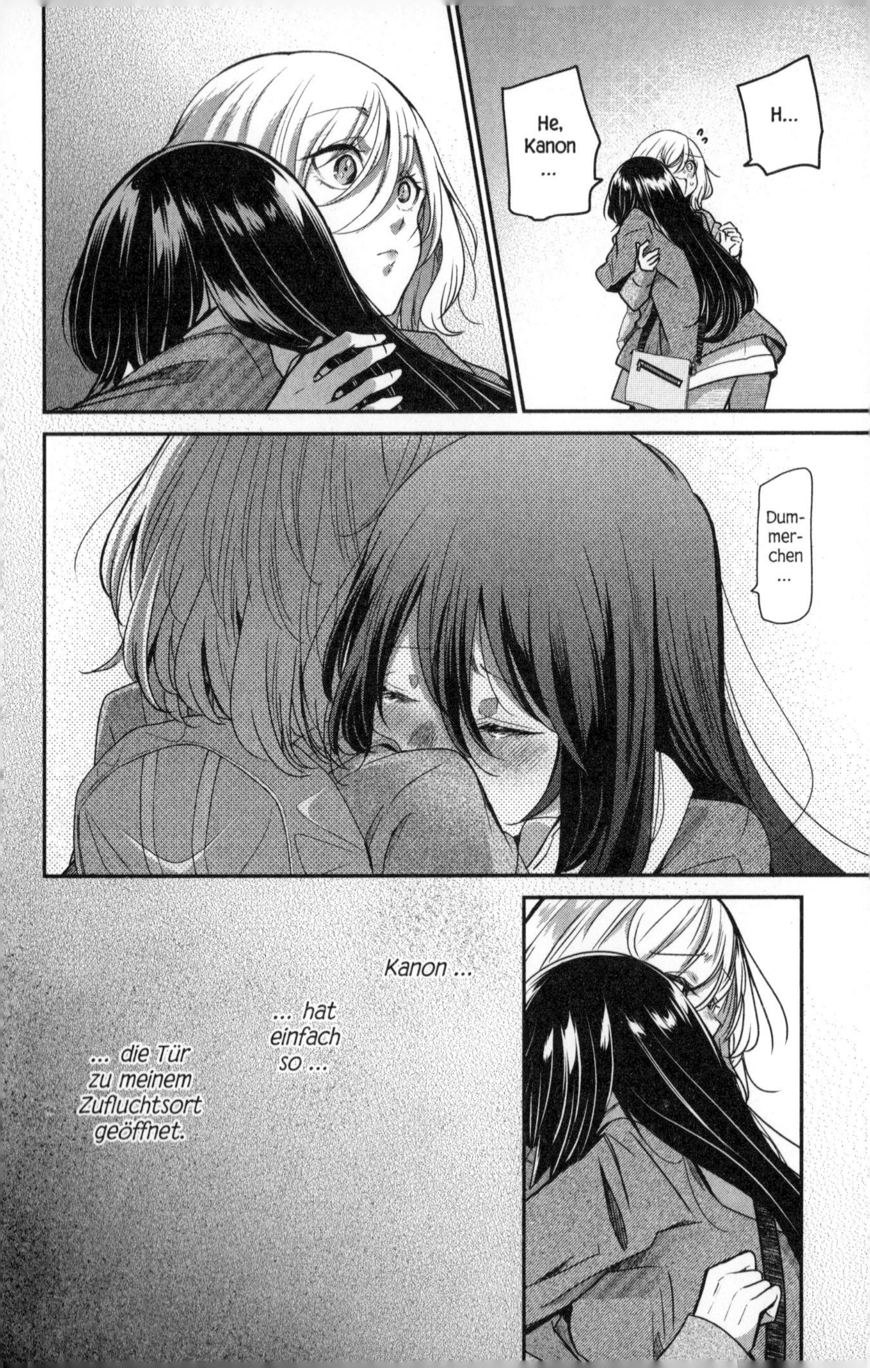

H...
He, Kanon ...
Dummerchen ...
Kanon ...
... hat einfach so ...
... die Tür zu meinem Zufluchtsort geöffnet.

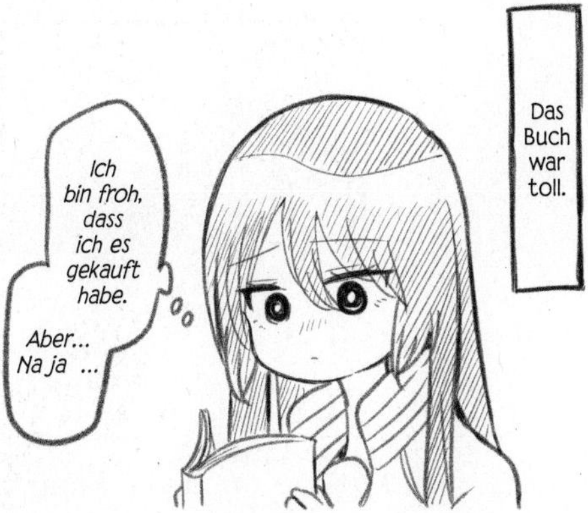
Das Buch war toll.
Ich bin froh, dass ich es gekauft habe.
Aber... Na ja ...

Der Mond in einer Regennacht

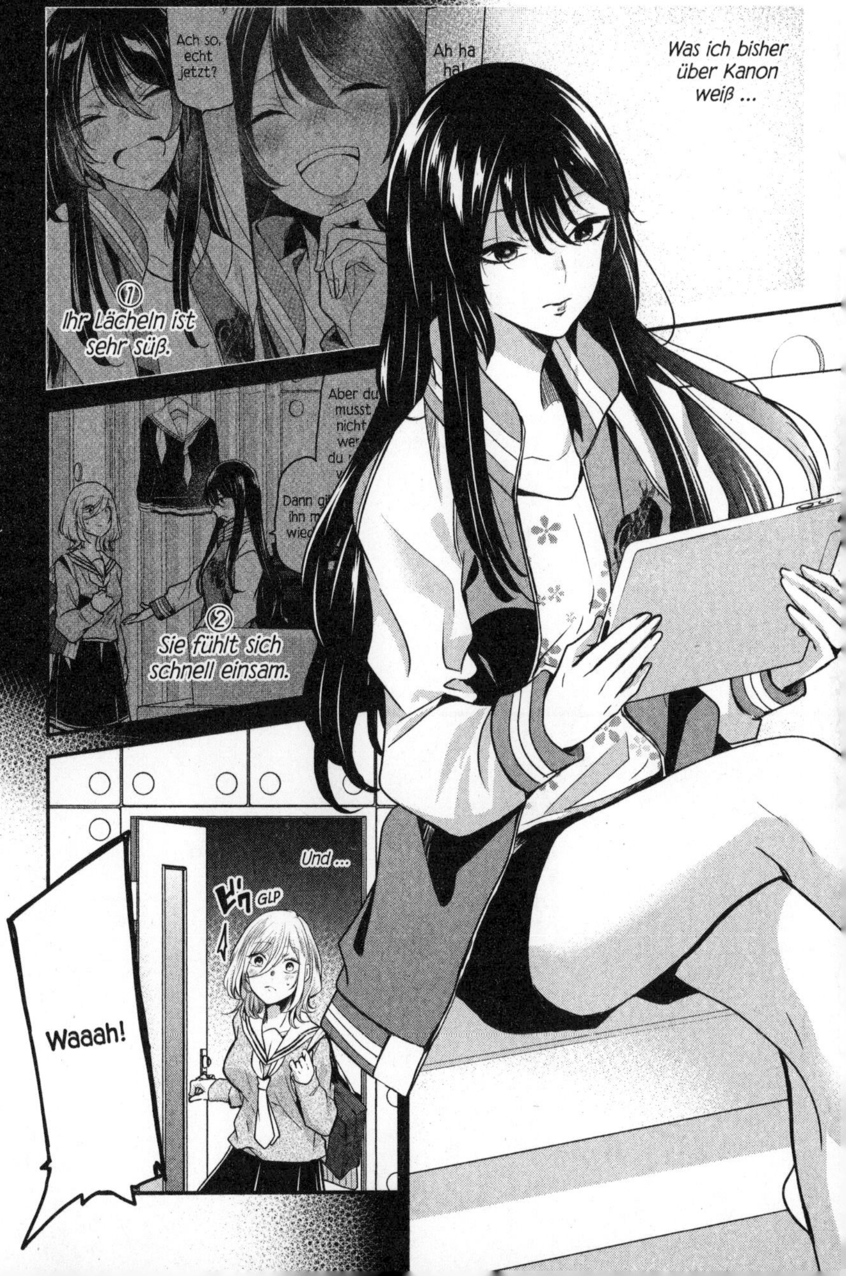
Was ich bisher über Kanon weiß ...
Ah ha ha!
Ach so, echt jetzt?
① Ihr Lächeln ist sehr süß.
② Sie fühlt sich schnell einsam.
Und ...
GLP
Waaah!

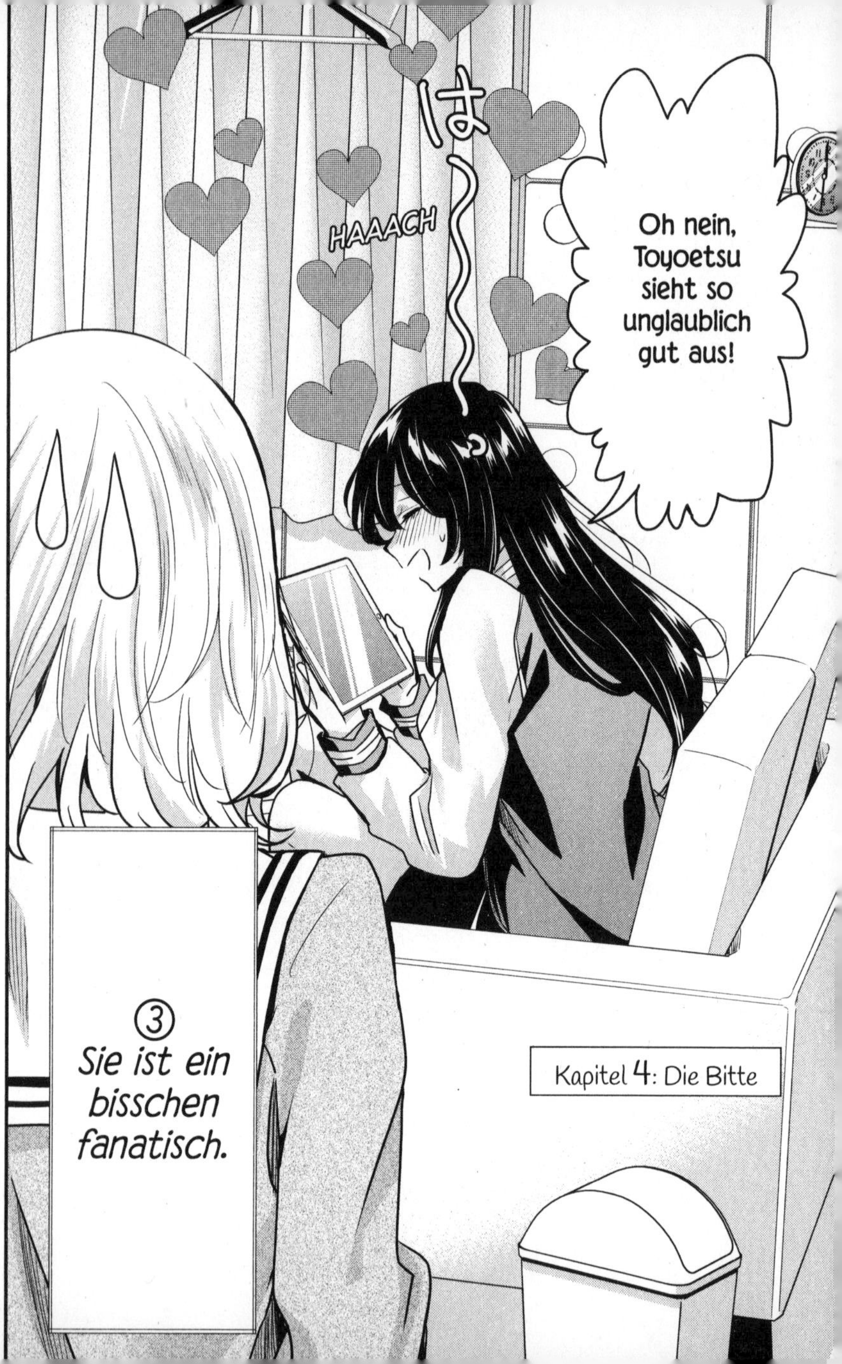
は～
HAAACH
Oh nein, Toyoetsu sieht so unglaublich gut aus!
③ Sie ist ein bisschen fanatisch.
Kapitel 4: Die Bitte

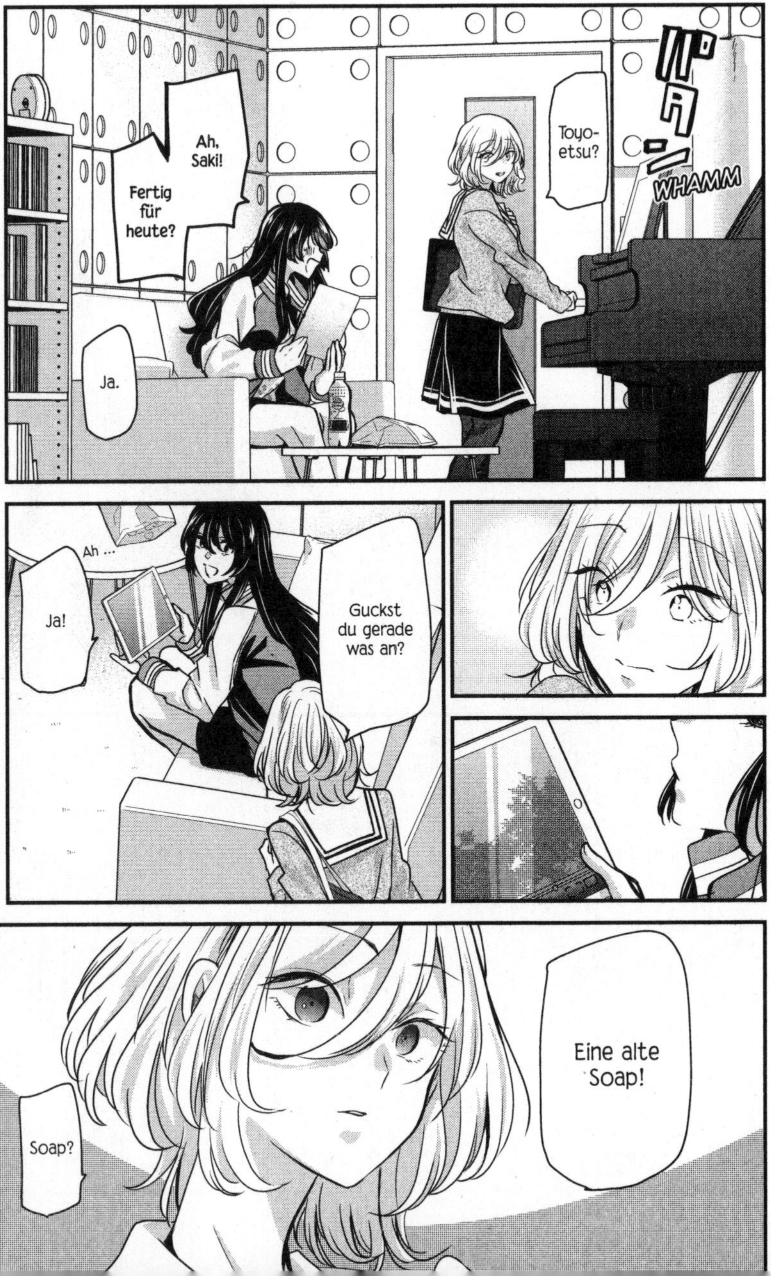
WHAMM
Toyo-etsu?
Ah, Saki!
Fertig für heute?
Ja.
Guckst du gerade was an?
Ah ...
Ja!
Eine alte Soap!
Soap?

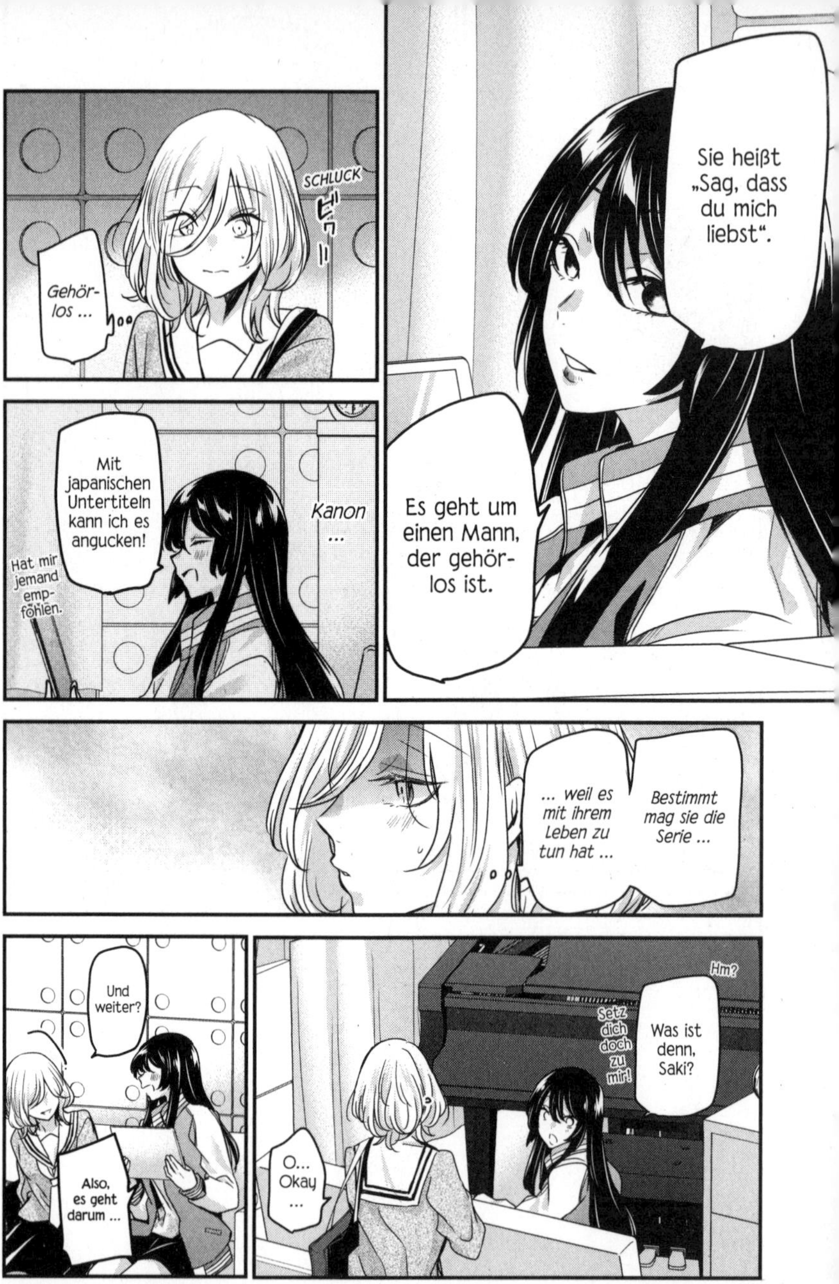
Sie heißt „Sag, dass du mich liebst“.
Es geht um einen Mann, der gehörlos ist.
SCHLUCK
Gehörlos ...
Kanon ...
Mit japanischen Untertiteln kann ich es angucken!
Hat mir jemand empfohlen.
Bestimmt mag sie die Serie ...
... weil es mit ihrem Leben zu tun hat ...
Hm?
Was ist denn, Saki?
Setz dich doch zu mir!
O... Okay ...
Und weiter?
Also, es geht darum ...

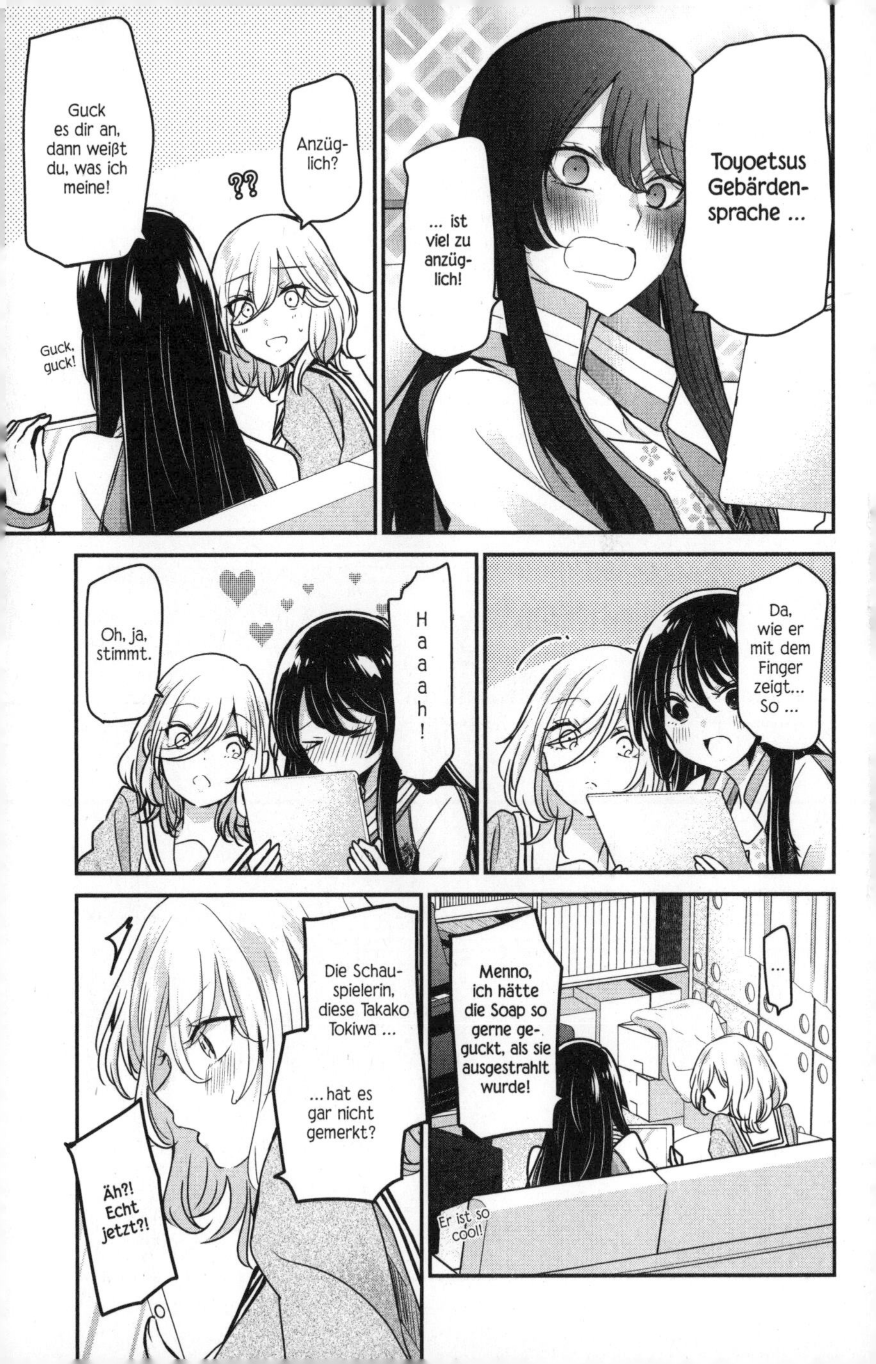
Toyoetsus Gebärdensprache ...
... ist viel zu anzüglich!
Anzüglich?
??
Guck es dir an, dann weißt du, was ich meine!
Guck, guck!
Da, wie er mit dem Finger zeigt... So ...
Haaah!
Oh, ja, stimmt.
...
Menno, ich hätte die Soap so gerne geguckt, als sie ausgestrahlt wurde!
Er ist so cool!
Die Schauspielerin, diese Takako Tokiwa ...
...hat es gar nicht gemerkt?
Äh?! Echt jetzt?!

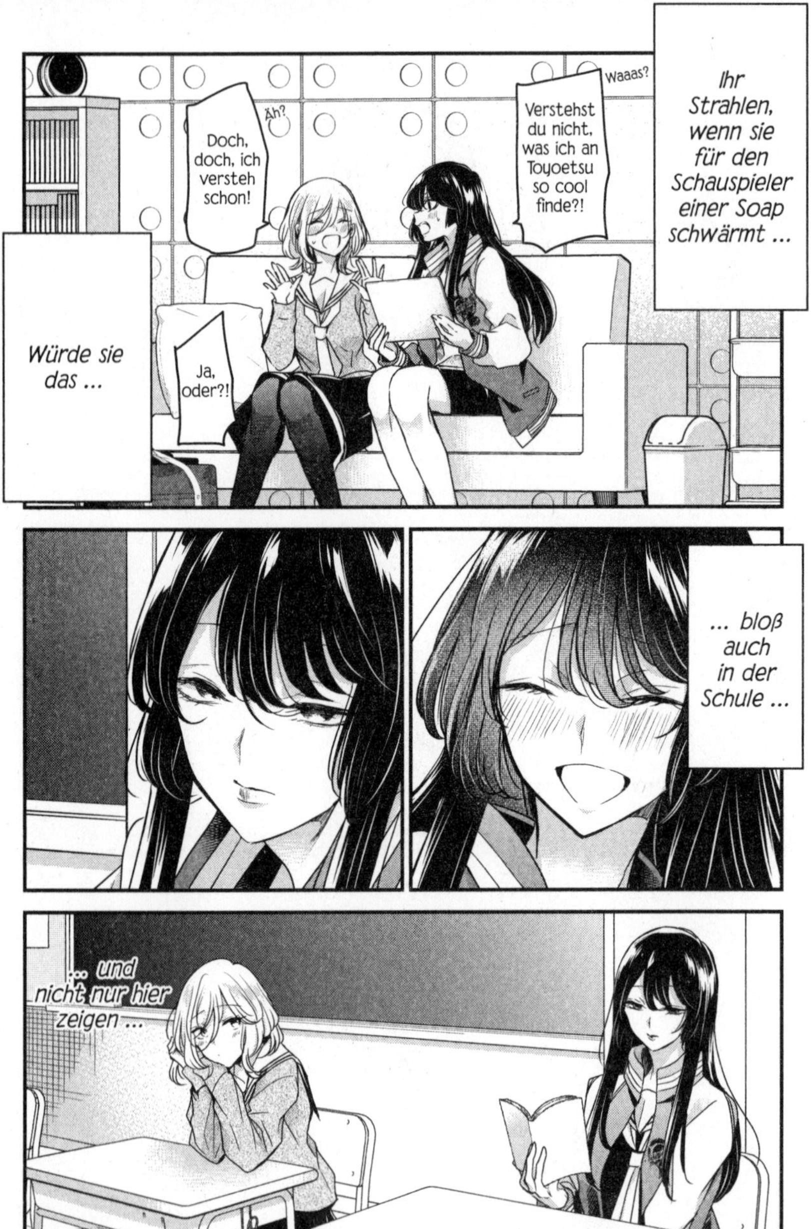

Ihr Strahlen, wenn sie für den Schauspieler einer Soap schwärmt ...
Waaas?
Verstehst du nicht, was ich an Toyoetsu so cool finde?!
Äh?
Doch, doch, ich versteh schon!
Ja, oder?!
Würde sie das ...
... bloß auch in der Schule ...
... und nicht nur hier zeigen ...

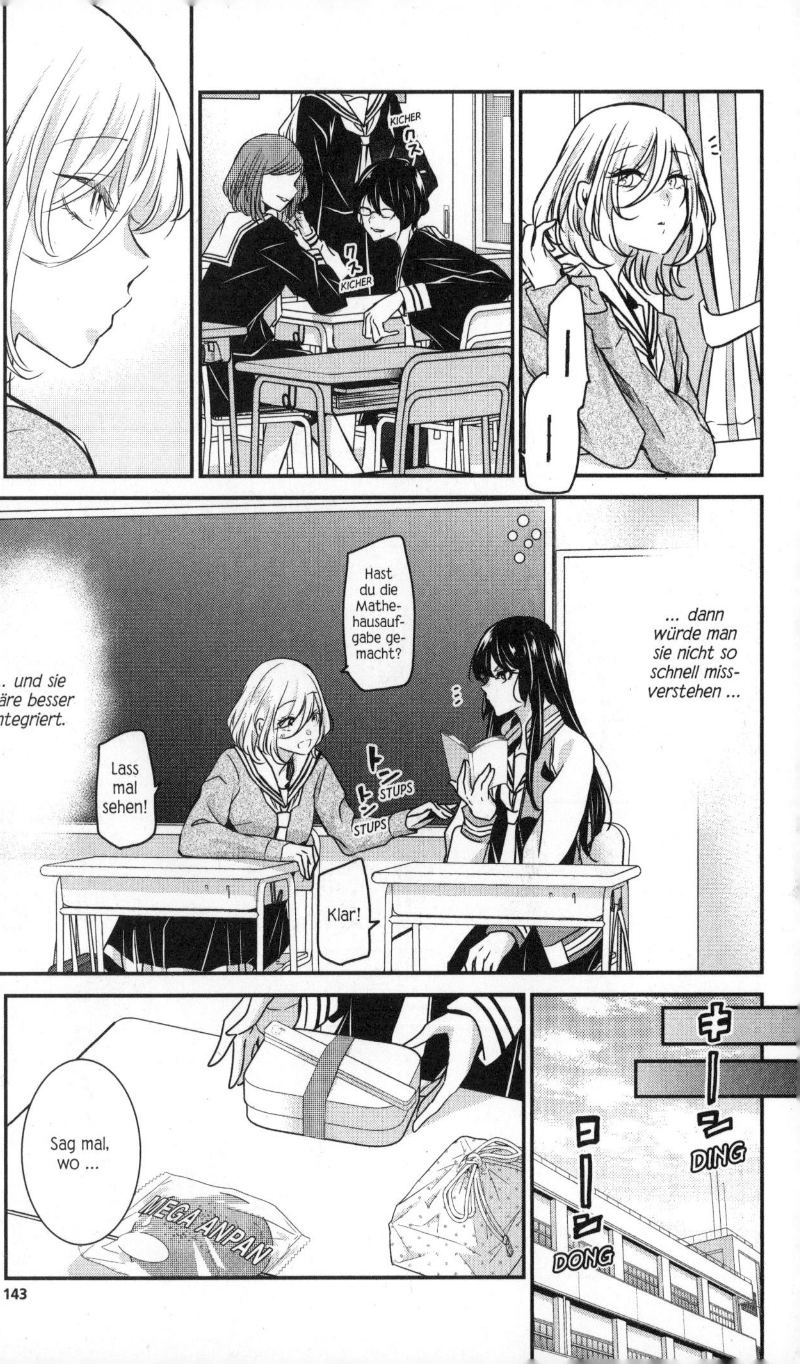
KICHER
KICHER
... dann würde man sie nicht so schnell missverstehen ...
Hast du die Mathehausaufgabe gemacht?
STUPS
STUPS
Lass mal sehen!
Klar!
... und sie wäre besser integriert.
DING
DONG
Sag mal, wo ...
MEGA ANPAN

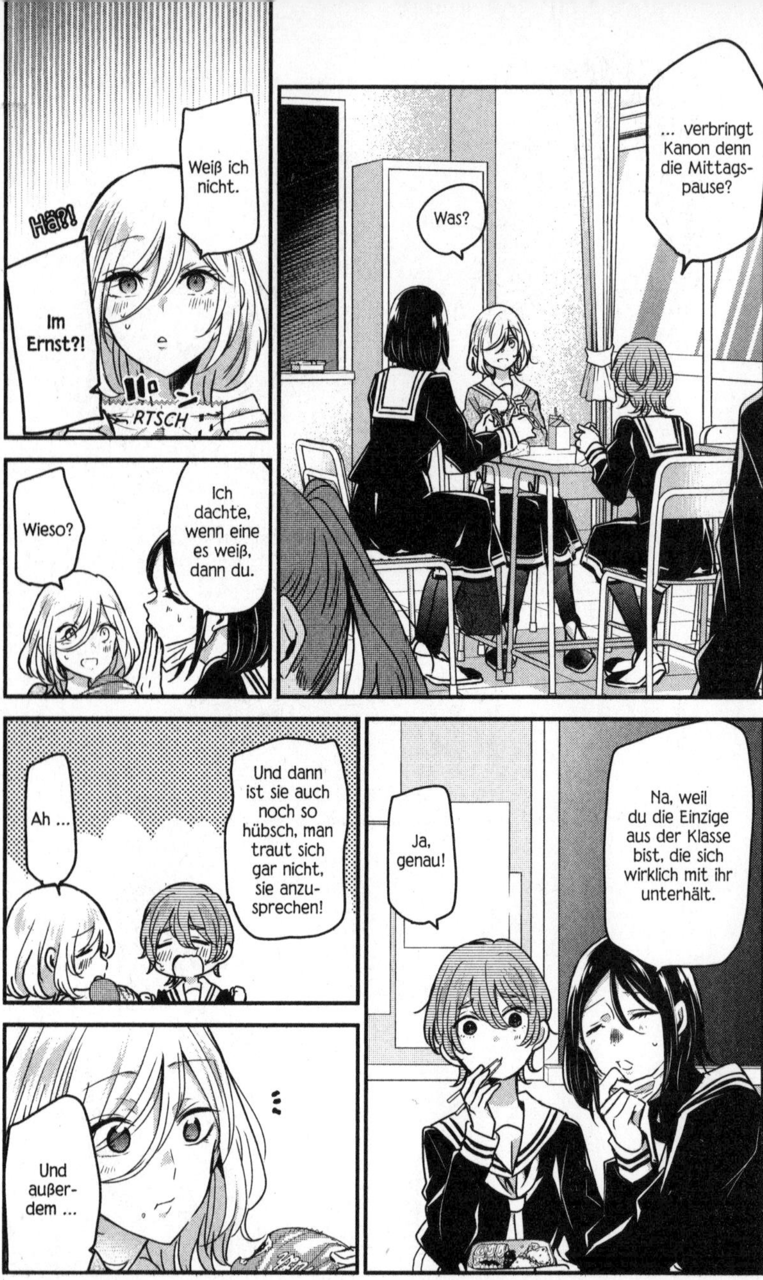
... verbringt Kanon denn die Mittags-pause?
Was?
Weiß ich nicht.
Hä?!
Im Ernst?!
RTSCH
Ich dachte, wenn eine es weiß, dann du.
Wieso?
Na, weil du die Einzige aus der Klasse bist, die sich wirklich mit ihr unterhält.
Ja, genau!
Und dann ist sie auch noch so hübsch, man traut sich gar nicht, sie anzu-sprechen!
Ah ...
Und außer-dem ...

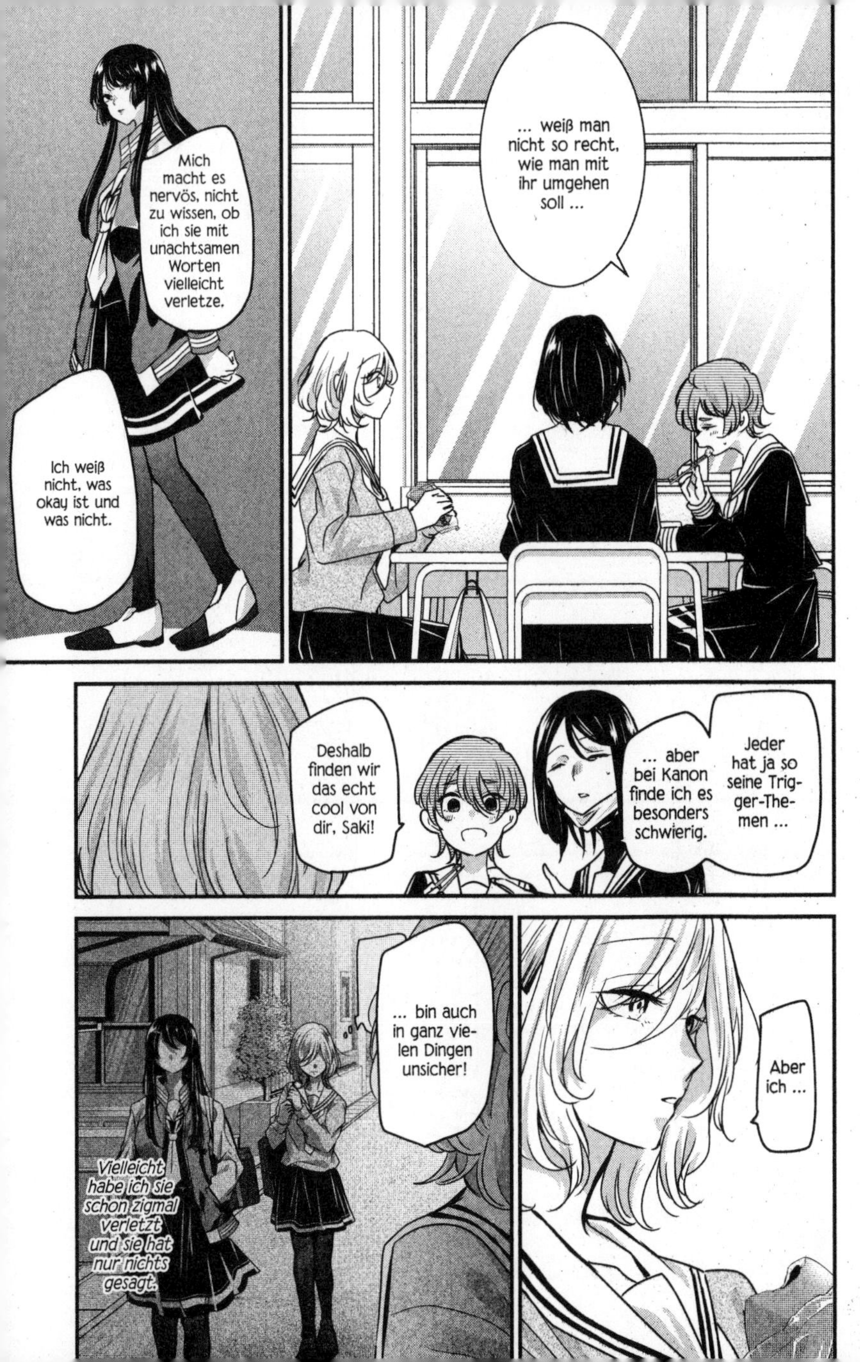
... weiß man nicht so recht, wie man mit ihr umgehen soll ...
Mich macht es nervös, nicht zu wissen, ob ich sie mit unachtsamen Worten vielleicht verletze.
Ich weiß nicht, was okay ist und was nicht.
Jeder hat ja so seine Trigger-Themen ...
... aber bei Kanon finde ich es besonders schwierig.
Deshalb finden wir das echt cool von dir, Saki!
Aber ich ...
... bin auch in ganz vielen Dingen unsicher!
Vielleicht habe ich sie schon zigmal verletzt und sie hat nur nichts gesagt.

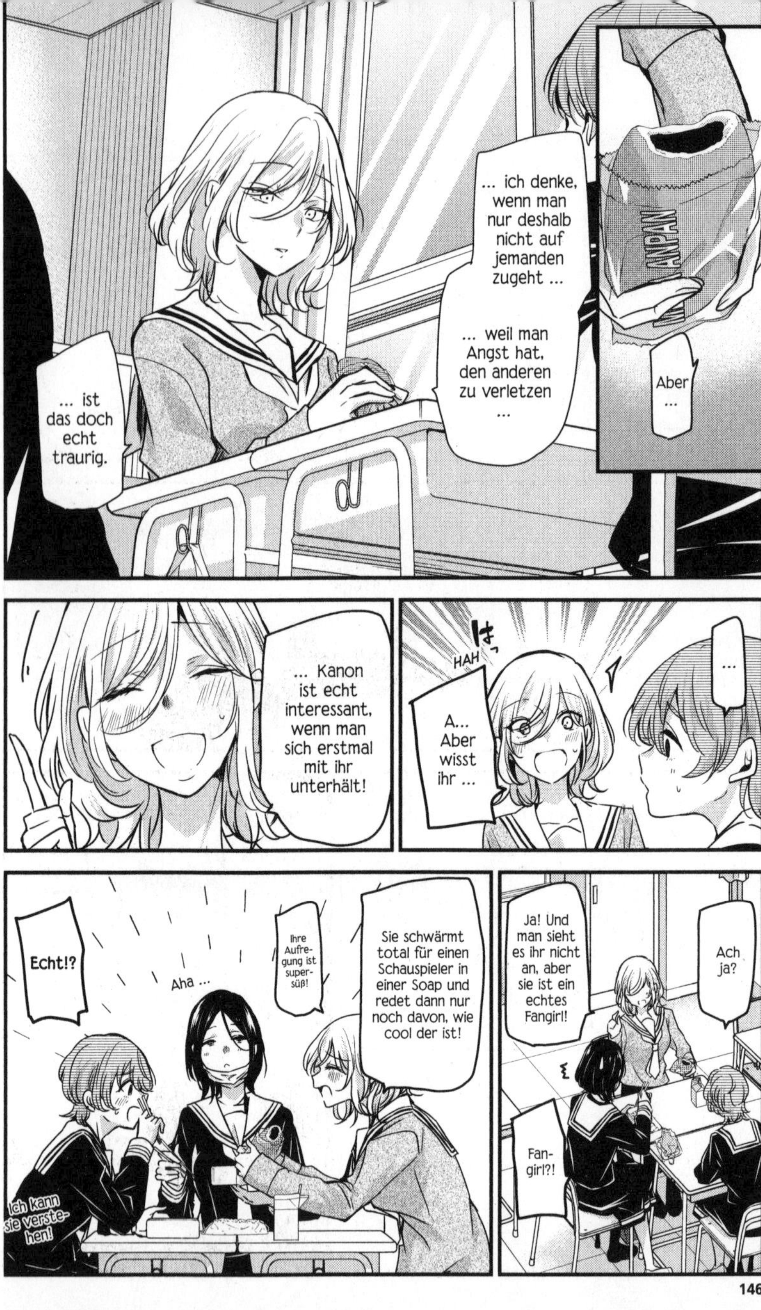
ANPAN
Aber ...
... ich denke, wenn man nur deshalb nicht auf jemanden zugeht ...
... weil man Angst hat, den anderen zu verletzen ...
... ist das doch echt traurig.
...
はっ
HAH
A... Aber wisst ihr ...
... Kanon ist echt interessant, wenn man sich erstmal mit ihr unterhält!
Ach ja?
Ja! Und man sieht es ihr nicht an, aber sie ist ein echtes Fangirl!
Fan-girl!?!
Sie schwärmt total für einen Schauspieler in einer Soap und redet dann nur noch davon, wie cool der ist!
Ihre Aufregung ist super-süß!
Aha ...
Echt!?
Ich kann sie verstehen!

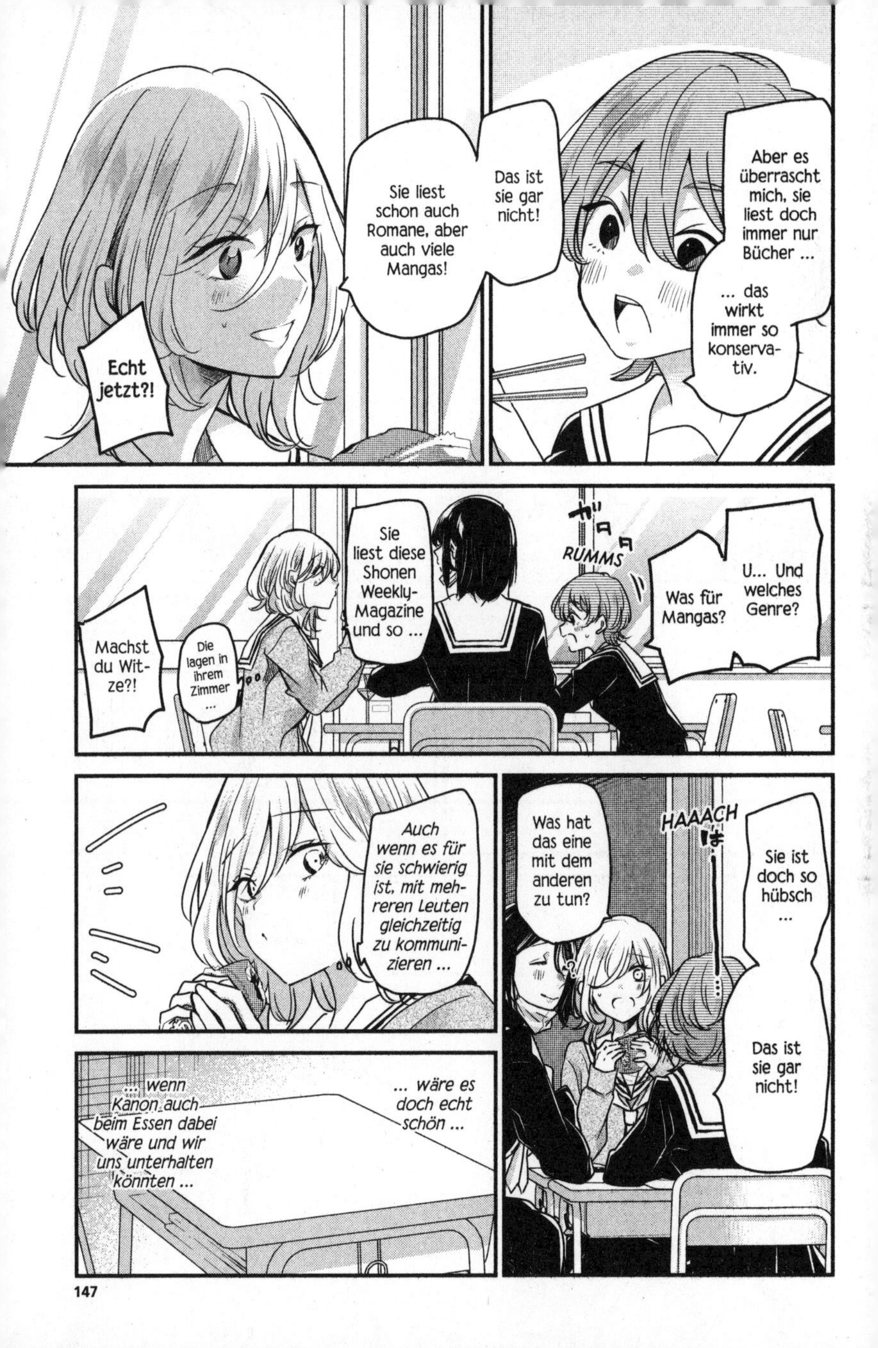
Aber es überrascht mich, sie liest doch immer nur Bücher ...
... das wirkt immer so konservativ.
Das ist sie gar nicht!
Sie liest schon auch Romane, aber auch viele Mangas!
Echt jetzt?!
U... Und welches Genre?
Was für Mangas?
RUMMS
Sie liest diese Shonen Weekly-Magazine und so ...
Die lagen in ihrem Zimmer ...
Machst du Witze?!
HAAACH
Sie ist doch so hübsch ...
Das ist sie gar nicht!
Was hat das eine mit dem anderen zu tun?
Auch wenn es für sie schwierig ist, mit mehreren Leuten gleichzeitig zu kommunizieren ...
... wäre es doch echt schön ...
... wenn Kanon auch beim Essen dabei wäre und wir uns unterhalten könnten ...

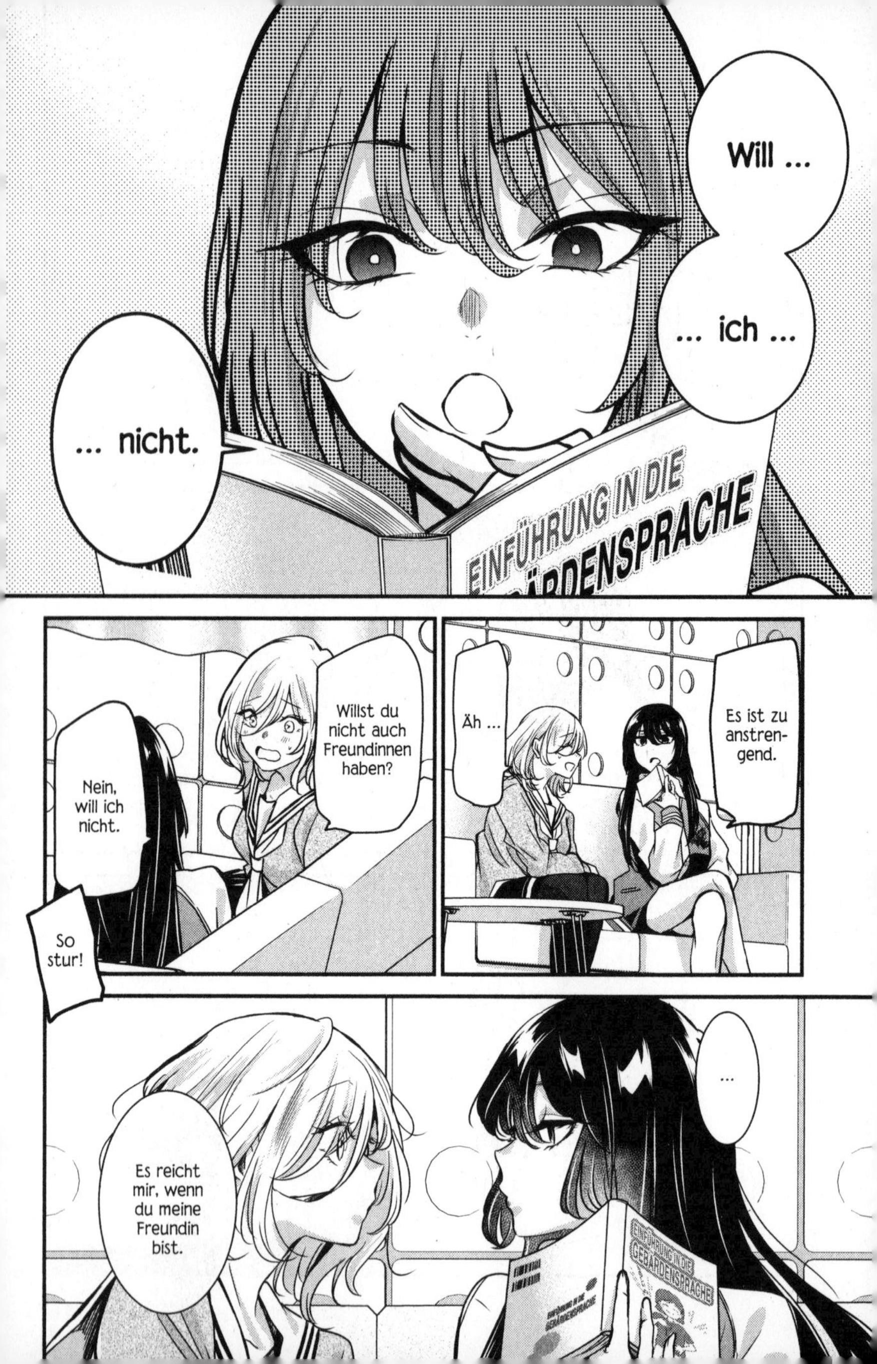

Will ...
... ich ...
... nicht.
EINFÜHRUNG IN DIE GEBÄRDENSPRACHE
Es ist zu anstrengend.
Äh ...
Willst du nicht auch Freundinnen haben?
Nein, will ich nicht.
So stur!
...
Es reicht mir, wenn du meine Freundin bist.
EINFÜHRUNG IN DIE GEBÄRDENSPRACHE

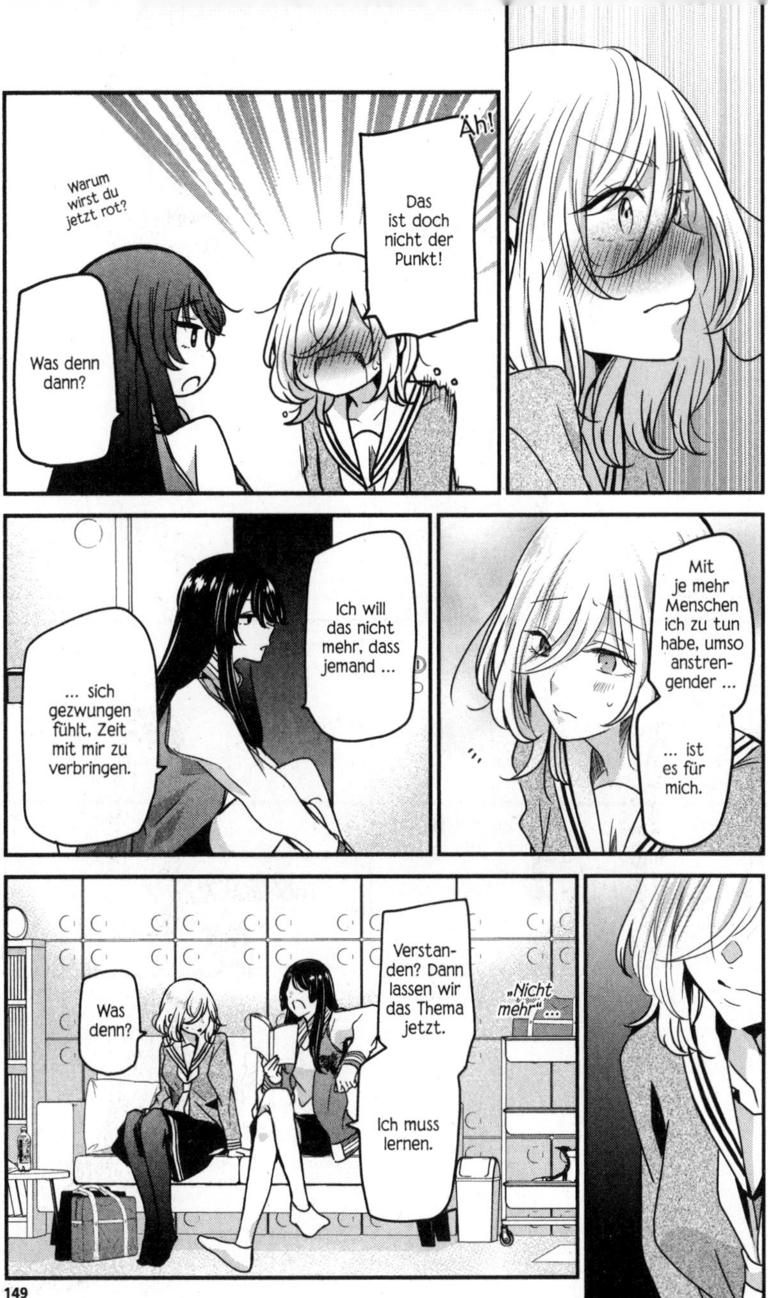
Äh!
Das ist doch nicht der Punkt!
Warum wirst du jetzt rot?
Was denn dann?
Mit je mehr Menschen ich zu tun habe, umso anstrengender ...
... ist es für mich.
Ich will das nicht mehr, dass jemand ...
... sich gezwungen fühlt, Zeit mit mir zu verbringen.
„Nicht mehr“ ...
Verstanden? Dann lassen wir das Thema jetzt.
Ich muss lernen.
Was denn?

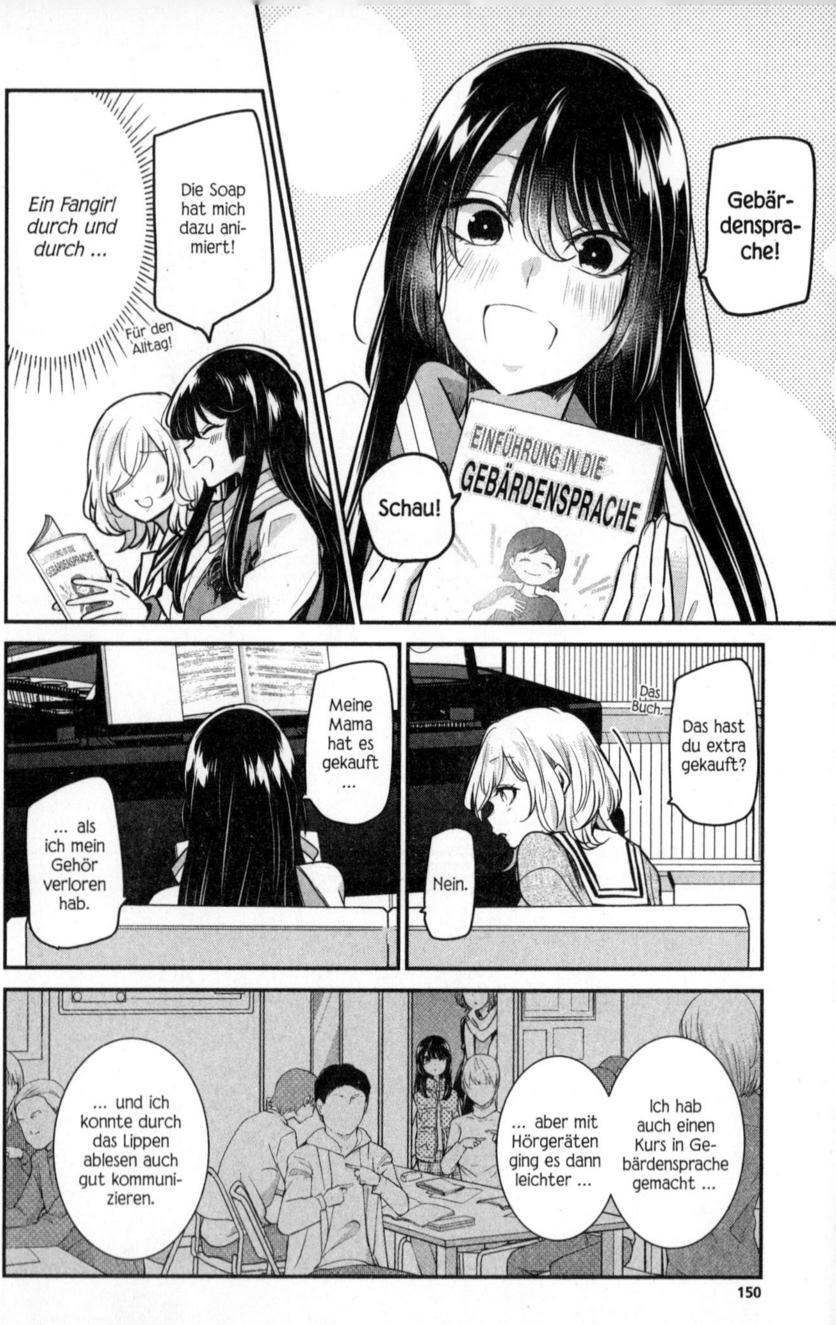
Gebärdensprache!
EINFÜHRUNG IN DIE GEBÄRDENSPRACHE
Schau!
Die Soap hat mich dazu animiert!
Für den Alltag!
Ein Fangirl durch und durch ...
Das Buch.
Das hast du extra gekauft?
Nein.
Meine Mama hat es gekauft ...
... als ich mein Gehör verloren hab.
Ich hab auch einen Kurs in Gebärdensprache gemacht ...
... aber mit Hörgeräten ging es dann leichter ...
... und ich konnte durch das Lippen ablesen auch gut kommunizieren.

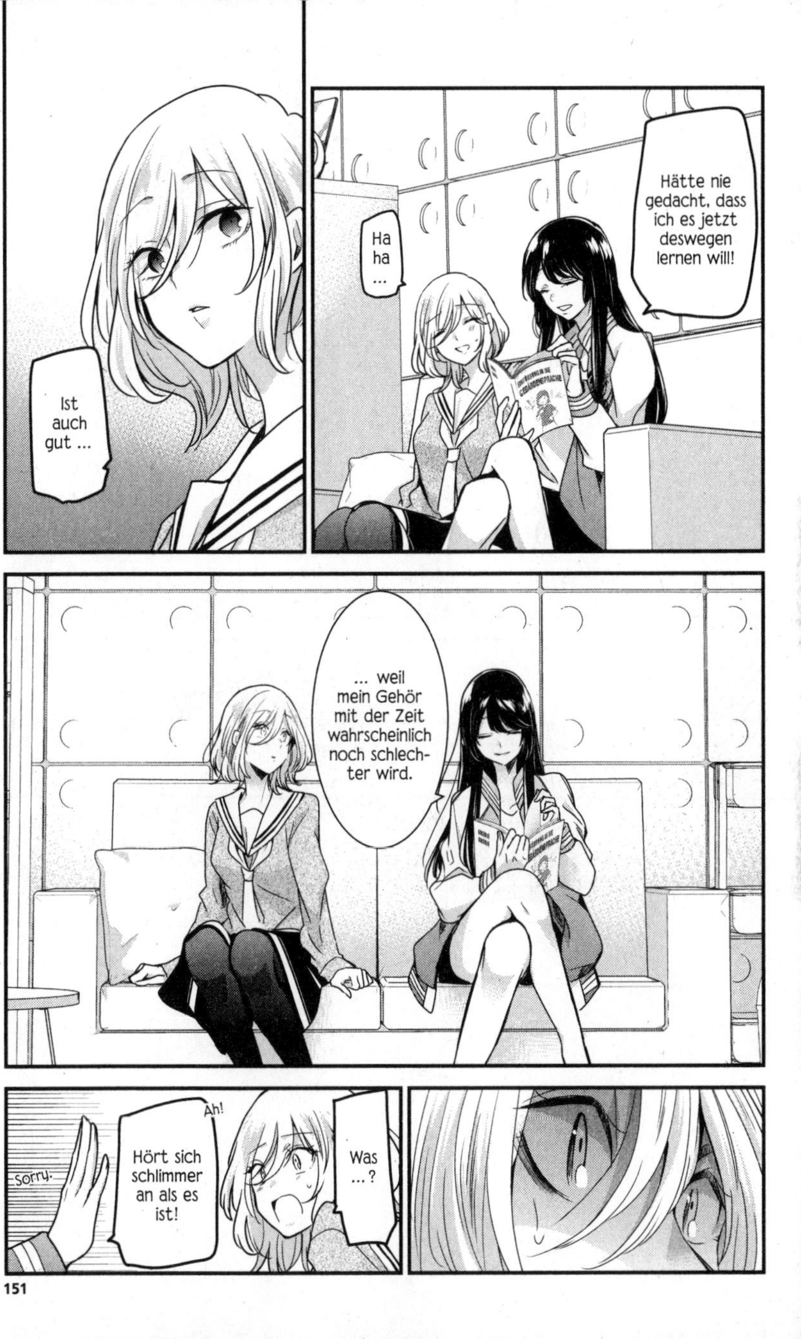
Hätte nie gedacht, dass ich es jetzt deswegen lernen will!
Ha ha ...
Ist auch gut ...
... weil mein Gehör mit der Zeit wahrscheinlich noch schlechter wird.
Was ...?
Ah!
Hört sich schlimmer an als es ist!
Sorry.

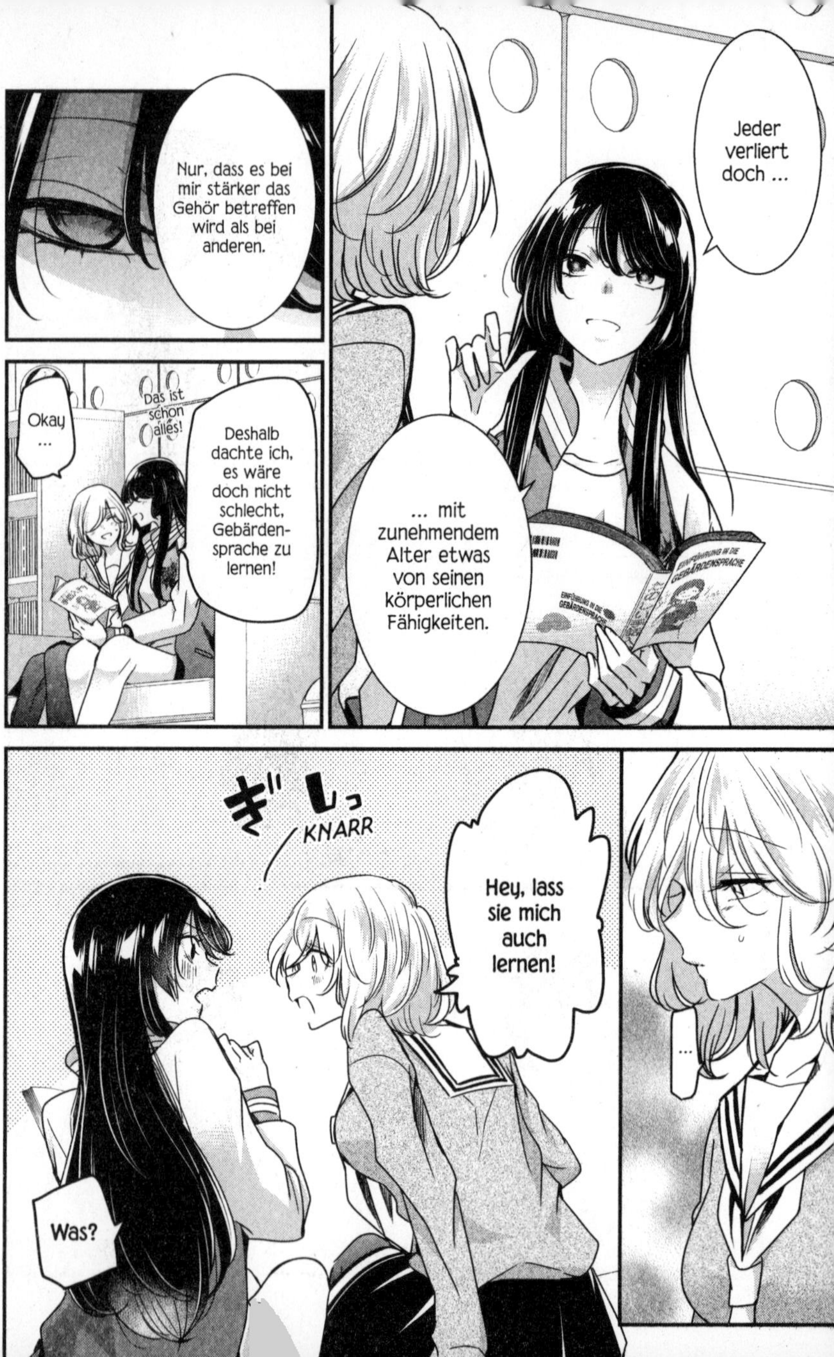
Jeder verliert doch ...
... mit zunehmendem Alter etwas von seinen körperlichen Fähigkeiten.
EINFÜHRUNG IN DIE GEBÄRDENSPRACHE
Nur, dass es bei mir stärker das Gehör betreffen wird als bei anderen.
Deshalb dachte ich, es wäre doch nicht schlecht, Gebärdensprache zu lernen!
Das ist schon alles!
Okay ...
...
Hey, lass sie mich auch lernen!
KNARR
Was?

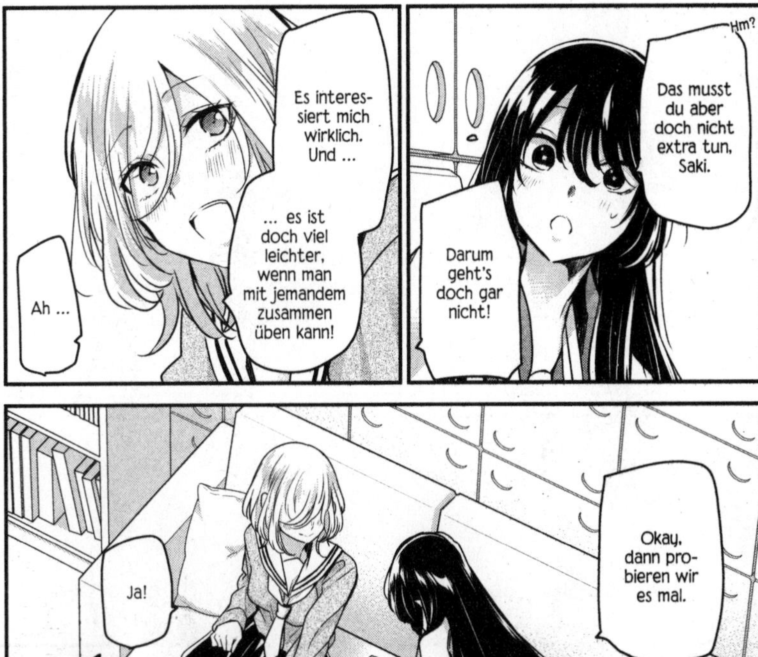

* Es gibt unterschiedliche Gebärdensprachen. Die hier gezeigten Zeichen können von der deutschen Gebärdensprache (DGS) abweichen.

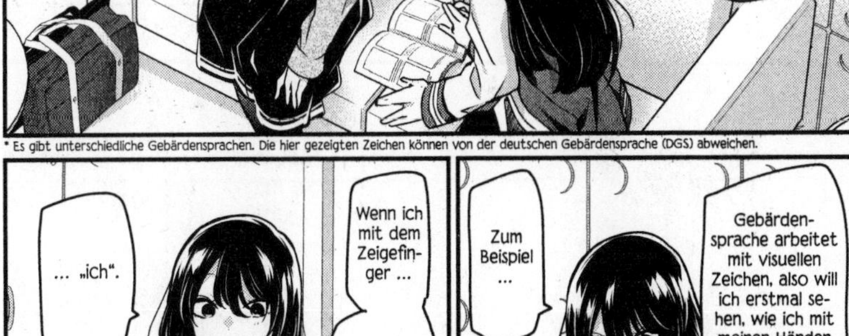

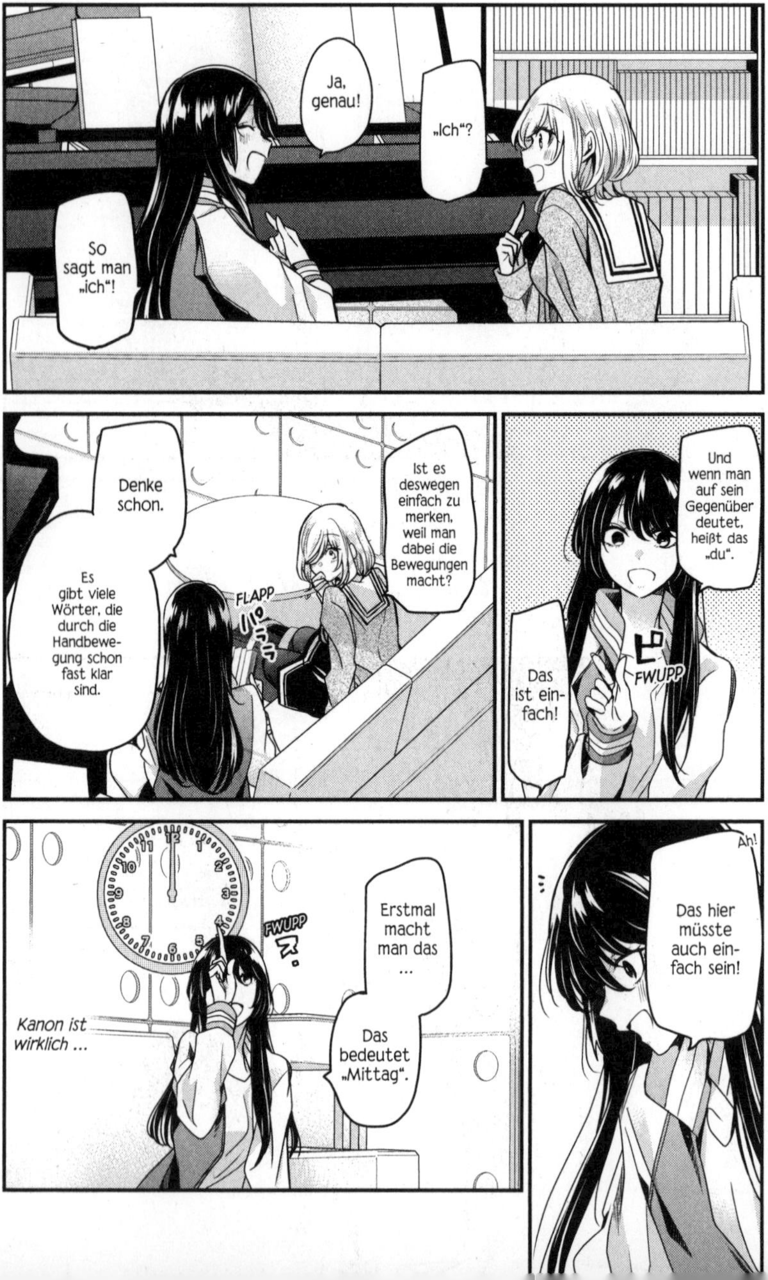
„Ich“?
Ja, genau!
So sagt man „ich“!
Und wenn man auf sein Gegenüber deutet, heißt das „du“.
FWUPP
Das ist ein-fach!
Ist es deswegen einfach zu merken, weil man dabei die Bewegungen macht?
Denke schon.
Es gibt viele Wörter, die durch die Handbewe-gung schon fast klar sind.
FLAPP
Ah!
Das hier müsste auch ein-fach sein!
Erstmal macht man das ...
FWUPP
Das bedeutet „Mittag“.
Kanon ist wirklich ...

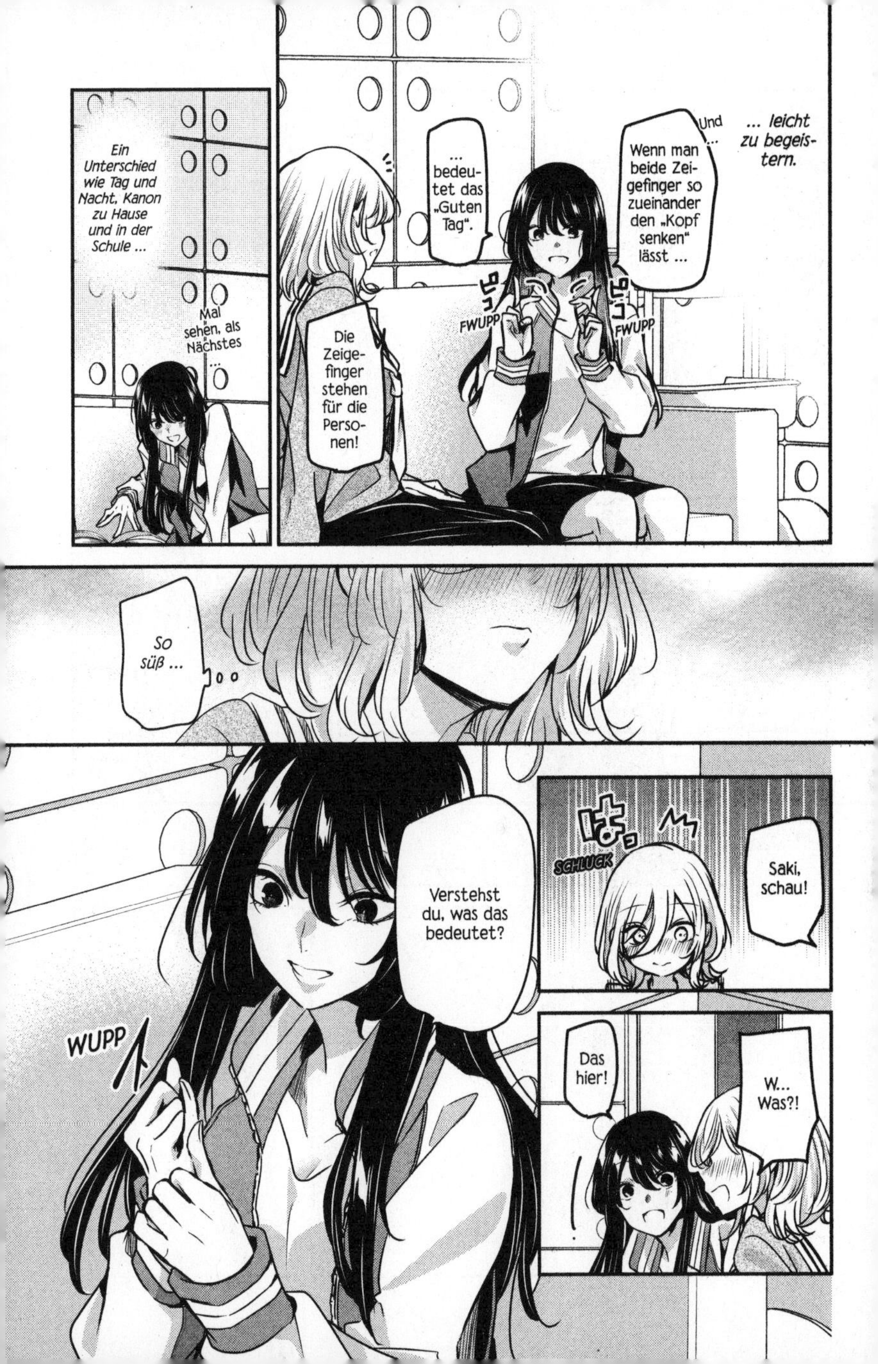
... leicht zu begeistern.
Und ...
Wenn man beide Zeigefinger so zueinander den „Kopf senken“ lässt ...
... bedeutet das „Guten Tag“.
FWUPP
FWUPP
Die Zeigefinger stehen für die Personen!
Ein Unterschied wie Tag und Nacht, Kanon zu Hause und in der Schule ...
Mal sehen, als Nächstes ...
So süß ...
Saki, schau!
SCHLUCK
W... Was?!
Das hier!
Verstehst du, was das bedeutet?
WUPP

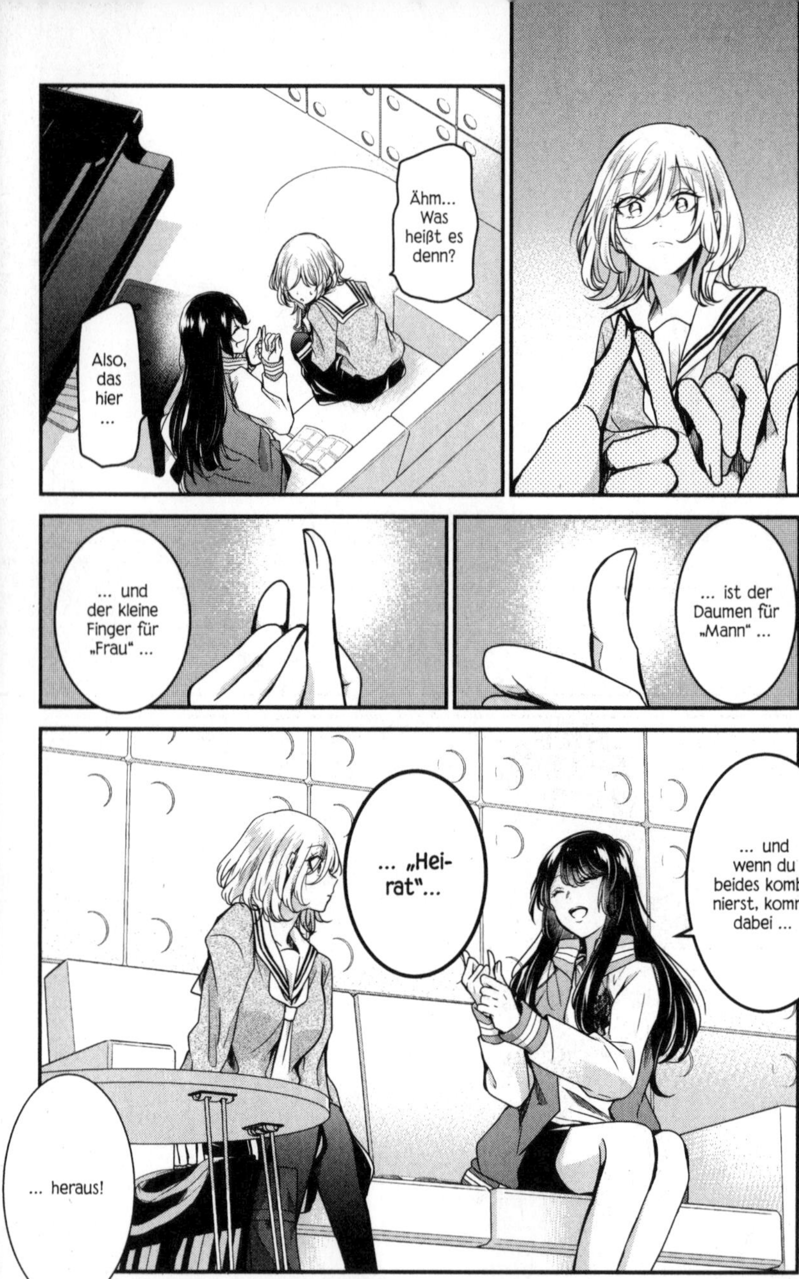
Ähm... Was heißt es denn?
Also, das hier ...
... ist der Daumen für „Mann“ ...
... und der kleine Finger für „Frau“ ...
... und wenn du beides kombinierst, kommt dabei ...
... „Heirat“...
... heraus!

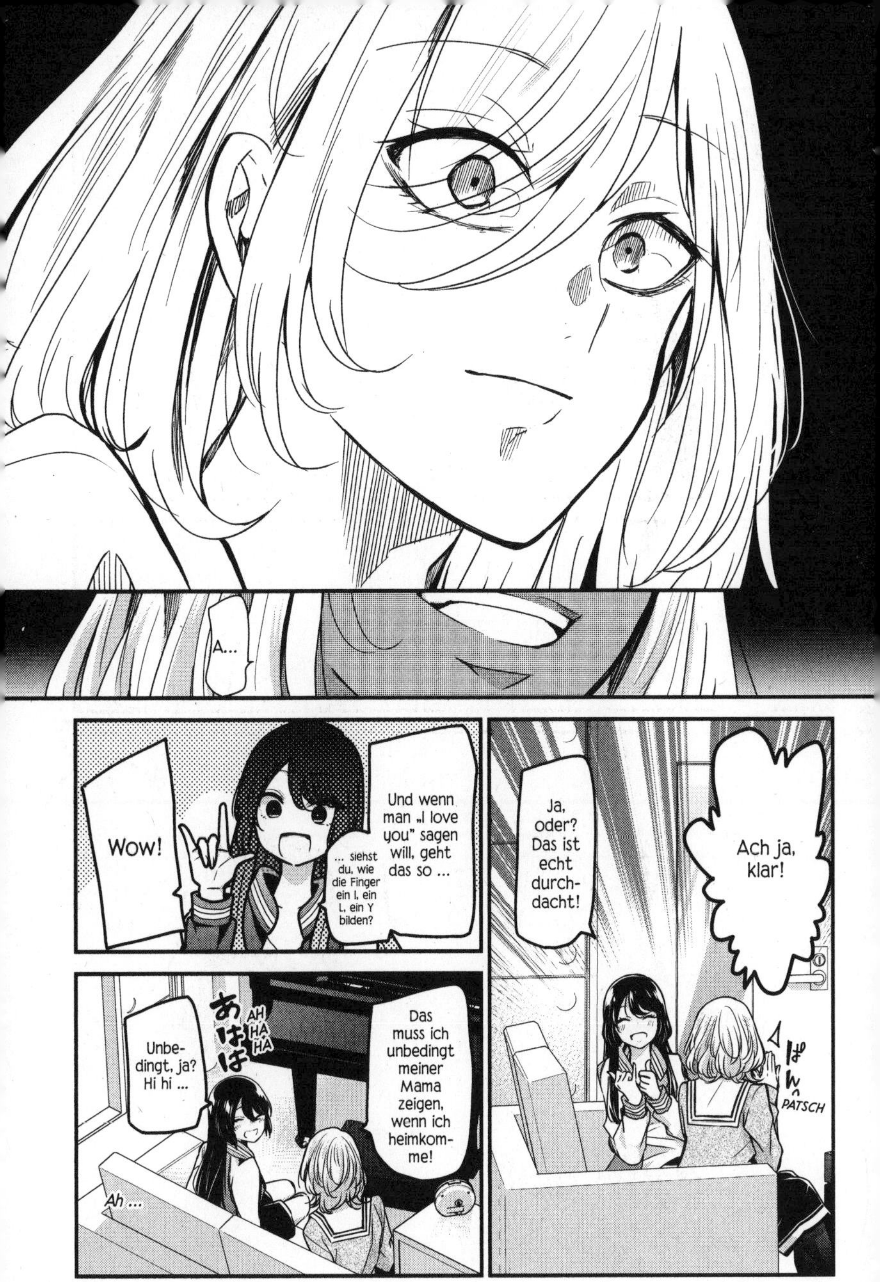
A...
Und wenn man „I love you" sagen will, geht das so ...
... siehst du, wie die Finger ein I, ein L, ein Y bilden?
Wow!
Ach ja, klar!
Ja, oder? Das ist echt durchdacht!
ぱん PATSCH
Das muss ich unbedingt meiner Mama zeigen, wenn ich heimkomme!
あはは AH HA HA
Unbedingt, ja? Hi hi ...
Ah ...

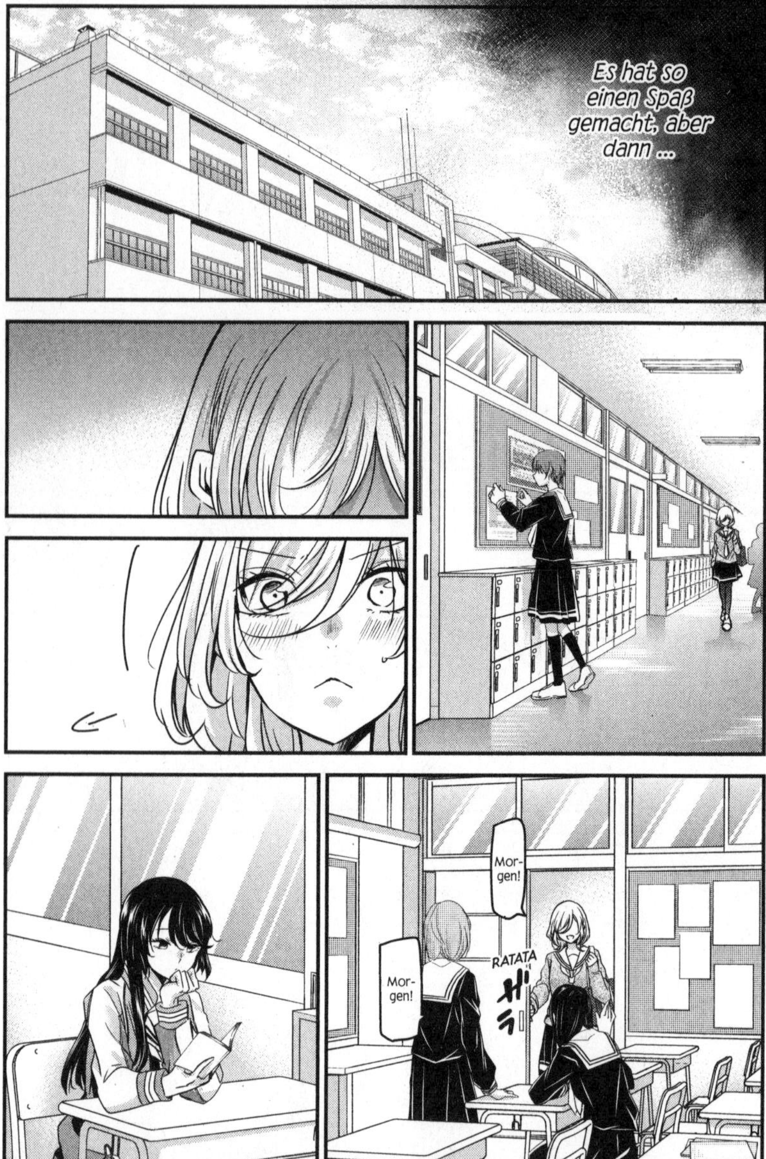
Es hat so einen Spaß gemacht, aber dann ...
Morgen!
RATATA
Morgen!

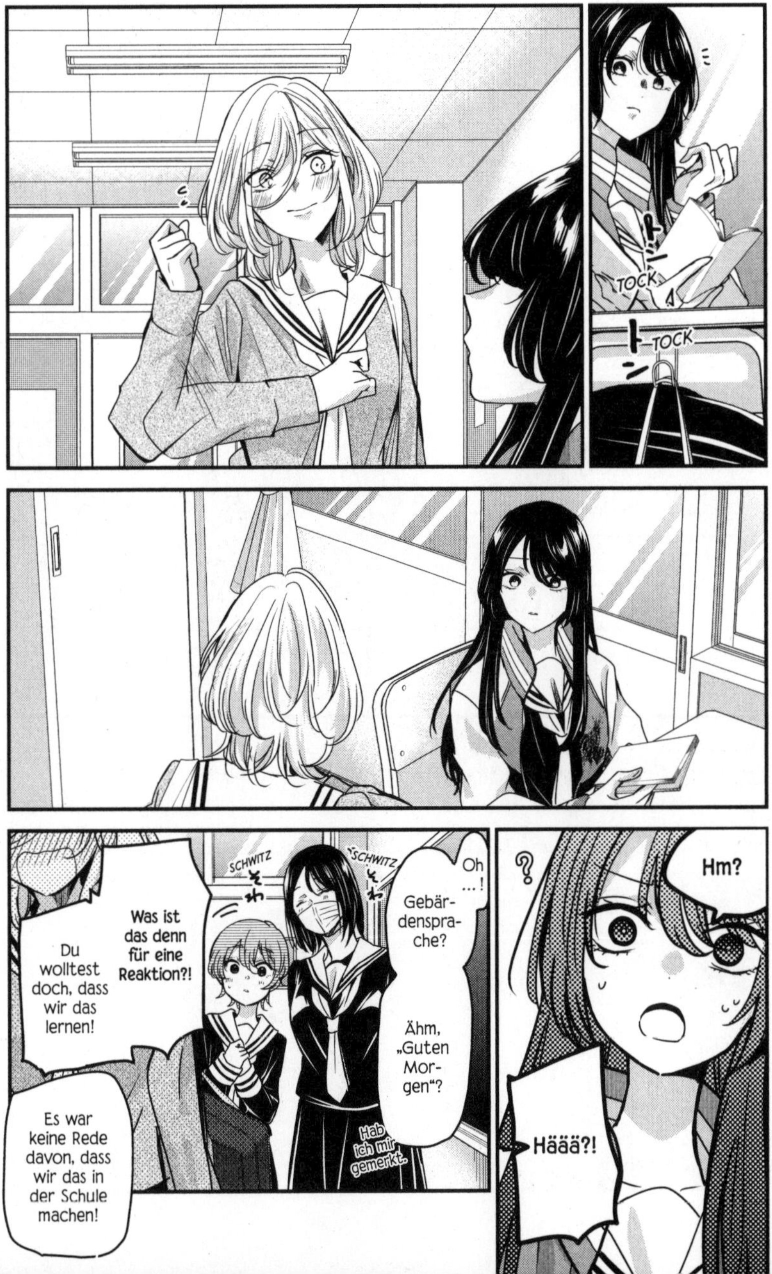
TOCK
TOCK
Hm?
Häää?!
Oh ...!
Gebärdensprache?
Ähm, „Guten Morgen“?
Hab ich mir gemerkt.
SCHWITZ
SCHWITZ
Was ist das denn für eine Reaktion?!
Du wolltest doch, dass wir das lernen!
Es war keine Rede davon, dass wir das in der Schule machen!

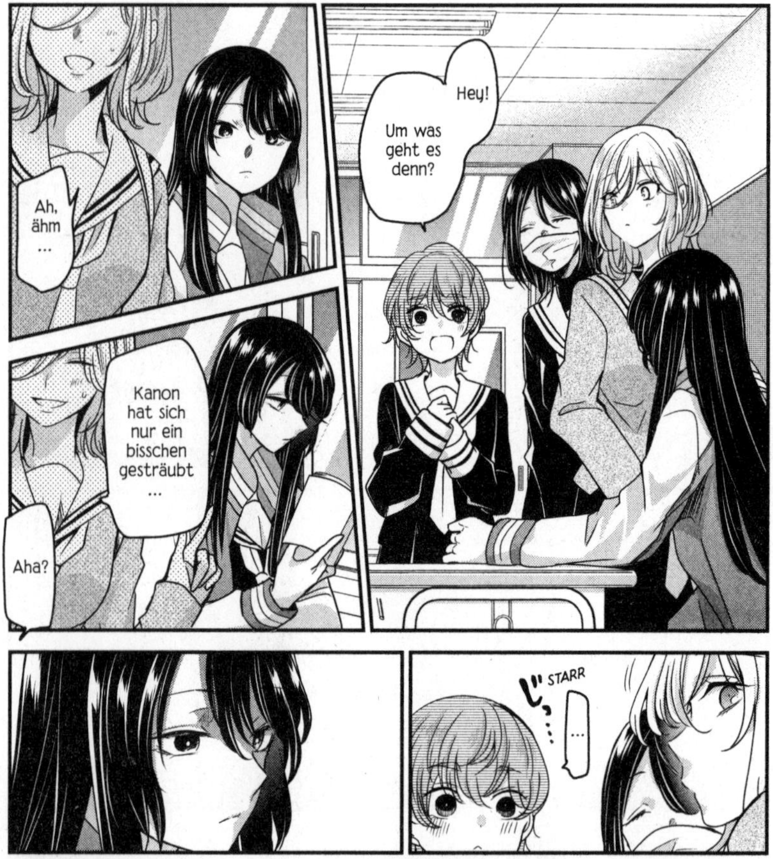
Hey!
Um was geht es denn?
Ah, ähm ...
Kanon hat sich nur ein bisschen gesträubt ...
Aha?
STARR
...
Hey, Kanon!

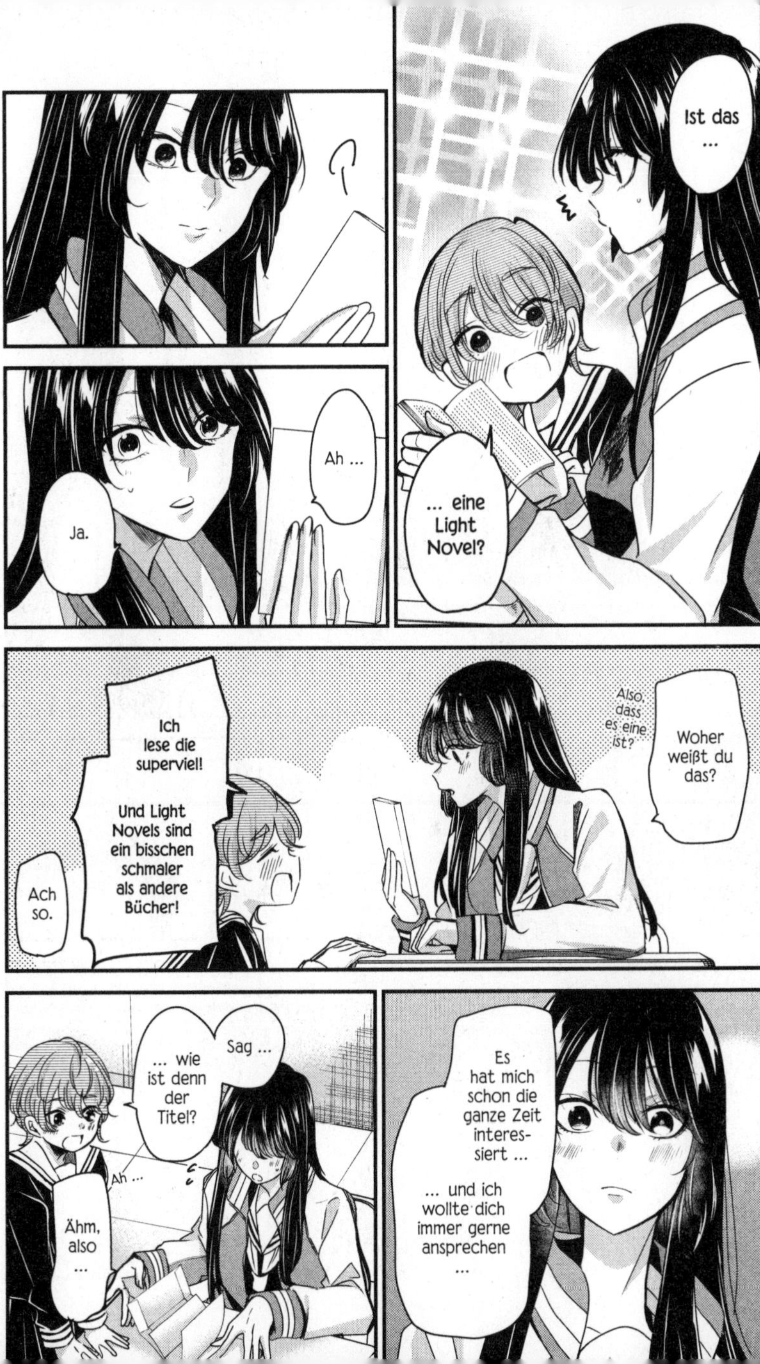
Ist das …
… eine Light Novel?
Ah …
Ja.
Woher weißt du das?
Also, dass es eine ist?
Ich lese die superviel!
Und Light Novels sind ein bisschen schmaler als andere Bücher!
Ach so.
Es hat mich schon die ganze Zeit interessiert …
… und ich wollte dich immer gerne ansprechen …
Sag …
… wie ist denn der Titel?
Ah …
Ähm, also …

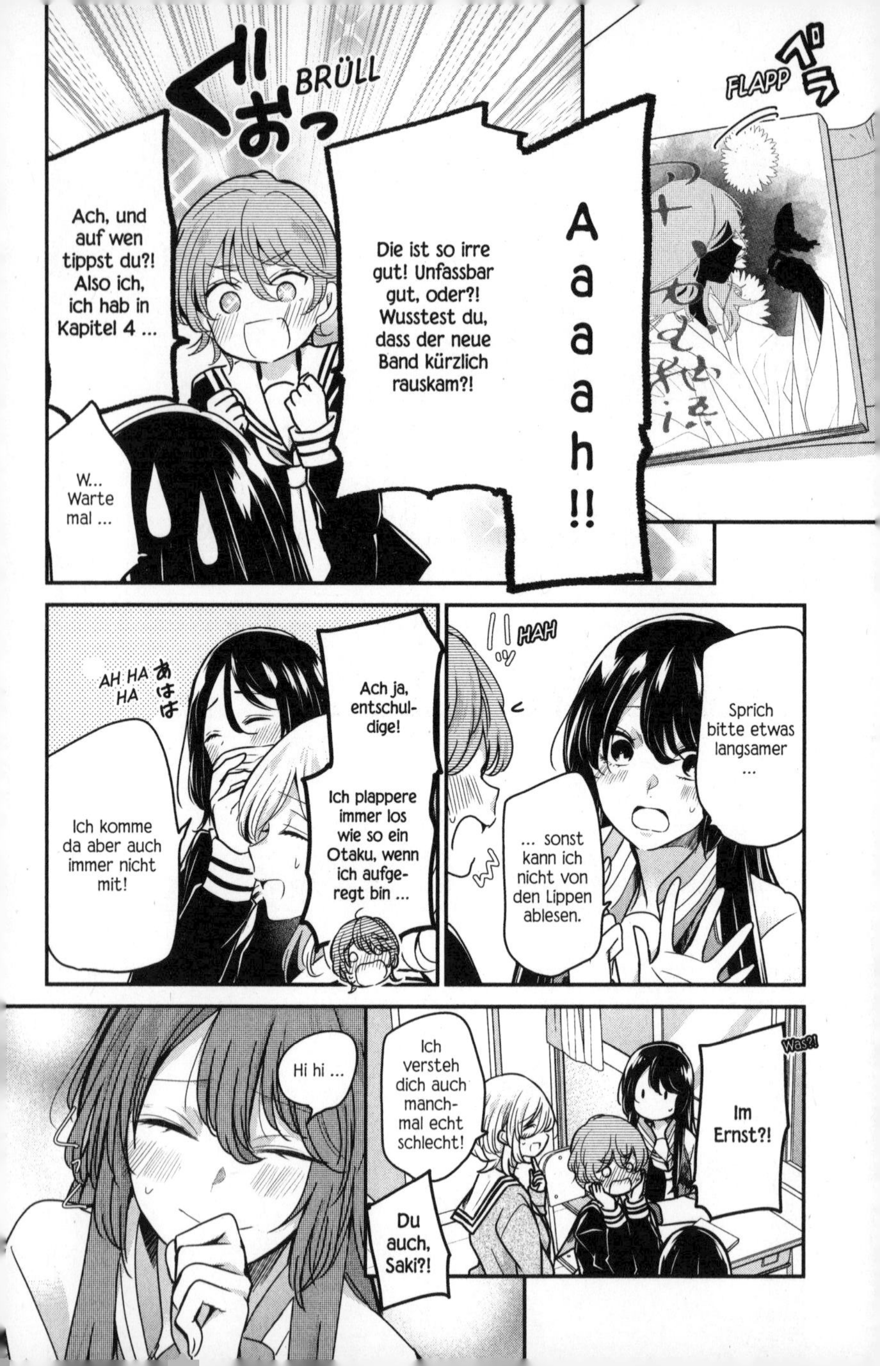

FLAPP ペラ
Aaaah!!
Die ist so irre gut! Unfassbar gut, oder?! Wusstest du, dass der neue Band kürzlich rauskam?!
BRÜLL ぐおっ
Ach, und auf wen tippst du?! Also ich, ich hab in Kapitel 4 …
W… Warte mal …
HAH ハッ
Sprich bitte etwas langsamer …
… sonst kann ich nicht von den Lippen ablesen.
Ach ja, entschuldige!
Ich plappere immer los wie so ein Otaku, wenn ich aufgeregt bin …
AH HA HA あはは
Ich komme da aber auch immer nicht mit!
Was?!
Im Ernst?!
Ich versteh dich auch manchmal echt schlecht!
Du auch, Saki?!
Hi hi …

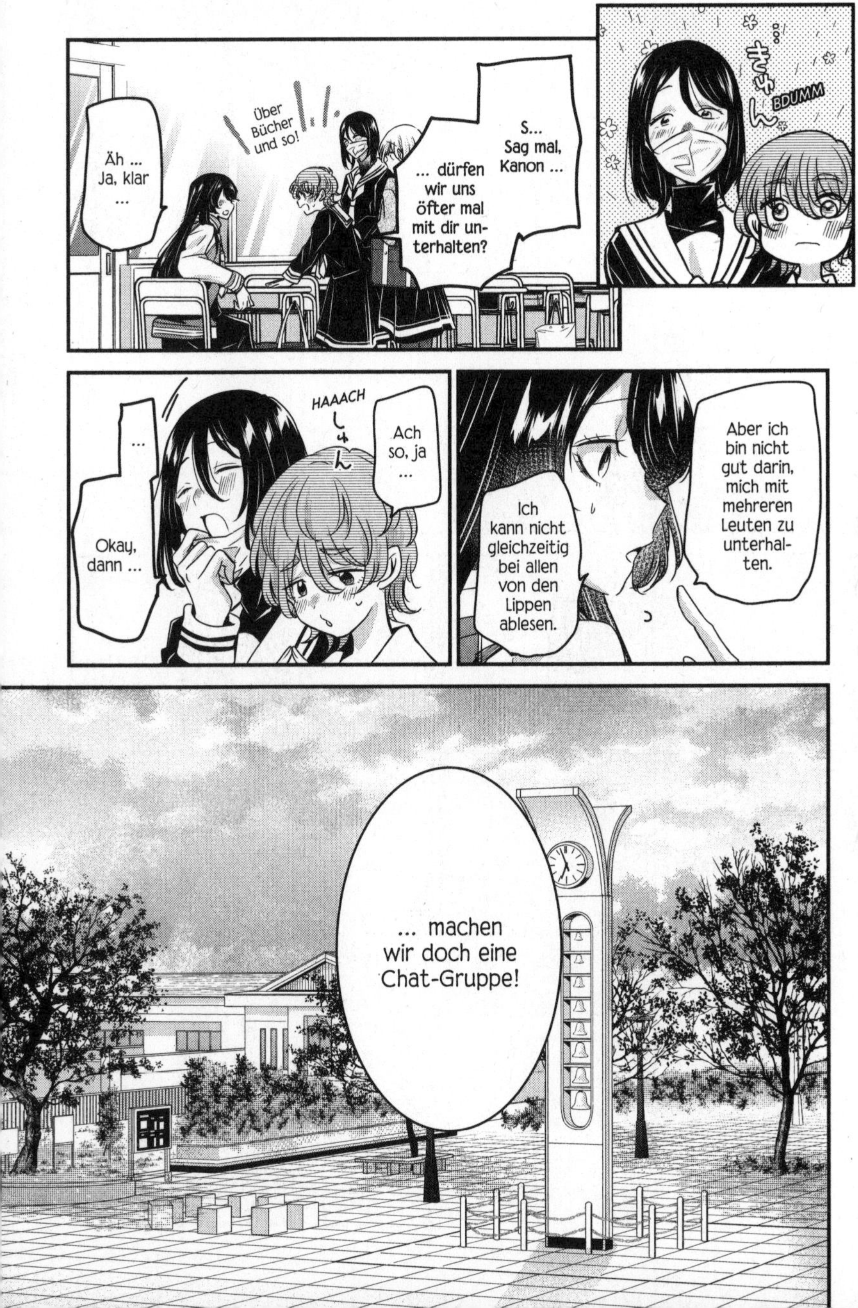

きゅん
BDUMM
S... Sag mal, Kanon ...
... dürfen wir uns öfter mal mit dir unterhalten?
Über Bücher und so!
Äh ... Ja, klar ...
Aber ich bin nicht gut darin, mich mit mehreren Leuten zu unterhalten.
Ich kann nicht gleichzeitig bei allen von den Lippen ablesen.
HAAACH
しゅん
Ach so, ja ...
...
Okay, dann ...
... machen wir doch eine Chat-Gruppe!

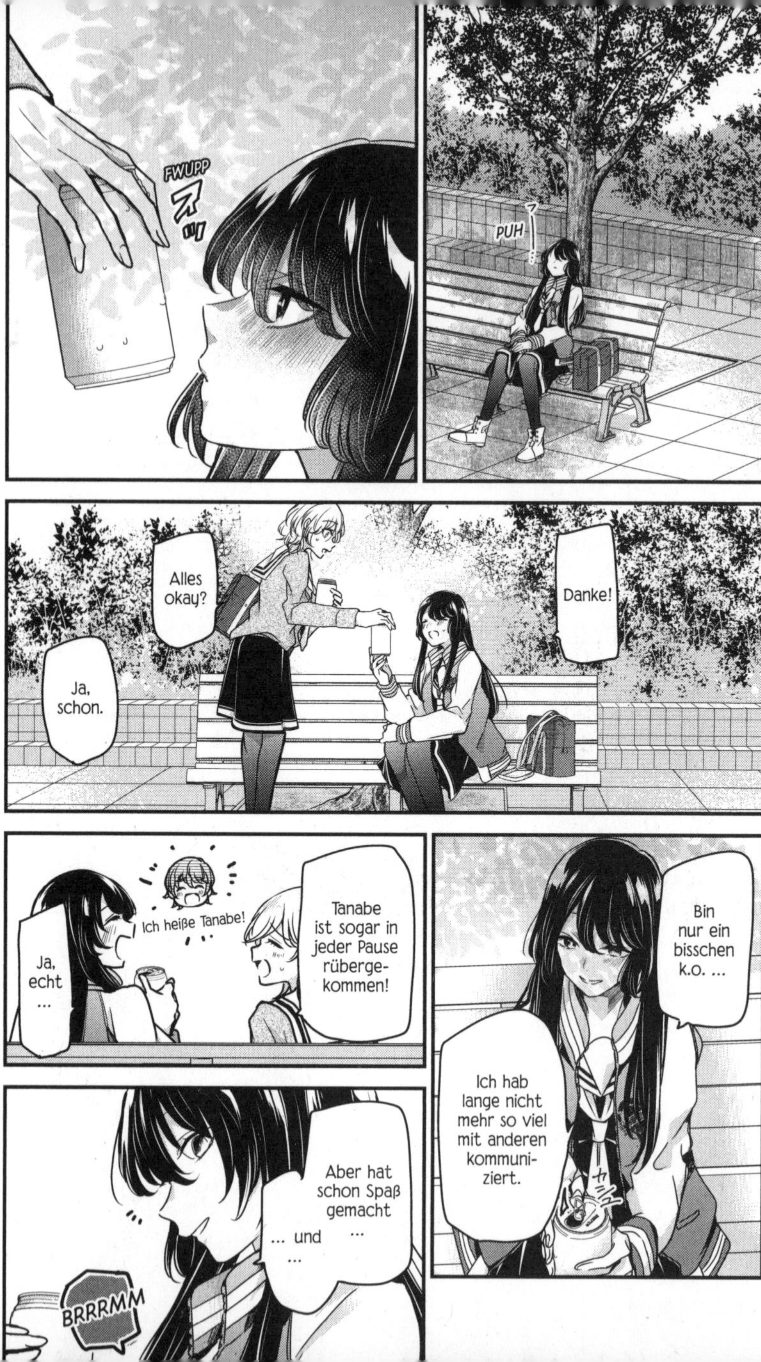
PUH
FWUPP
Danke!
Alles okay?
Ja, schon.
Bin nur ein bisschen k.o. ...
Ich hab lange nicht mehr so viel mit anderen kommuniziert.
Tanabe ist sogar in jeder Pause rübergekommen!
Ich heiße Tanabe!
Ja, echt ...
Aber hat schon Spaß gemacht ...
... und ...
BRRRMM

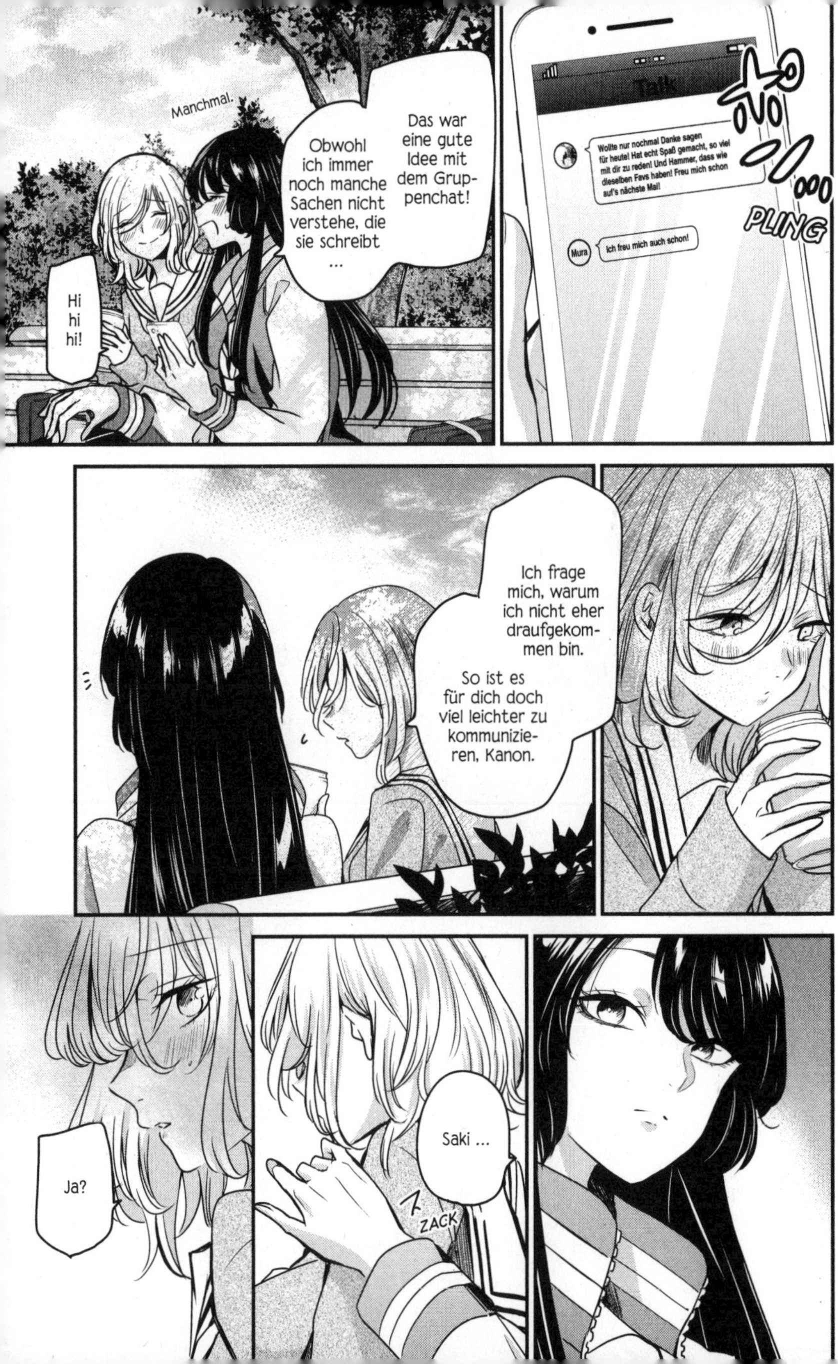
Talk
Wollte nur nochmal Danke sagen für heute! Hat echt Spaß gemacht, so viel mit dir zu reden! Und Hammer, dass wie dieselben Favs haben! Freu mich schon auf's nächste Mal!
Mura
Ich freu mich auch schon!
PLING
Das war eine gute Idee mit dem Grup-penchat!
Obwohl ich immer noch manche Sachen nicht verstehe, die sie schreibt …
Manchmal.
Hi hi hi!
Ich frage mich, warum ich nicht eher draufgekom-men bin.
So ist es für dich doch viel leichter zu kommunizie-ren, Kanon.
Saki …
ZACK
Ja?

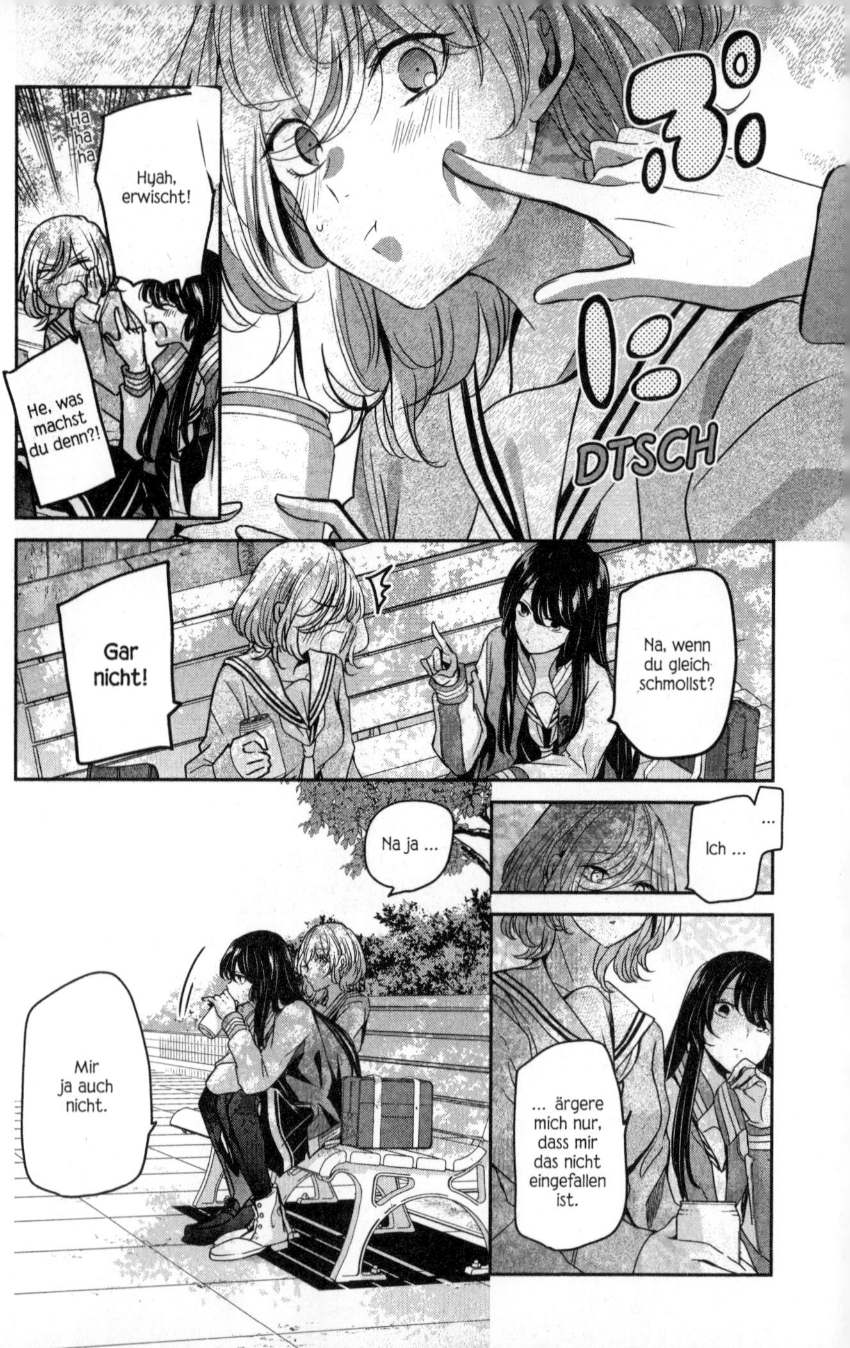
DTSCH
Ha ha ha
Hyah, erwischt!
He, was machst du denn?!
Na, wenn du gleich schmollst?
Gar nicht!
...
Ich ...
... ärgere mich nur, dass mir das nicht eingefallen ist.
Na ja ...
Mir ja auch nicht.

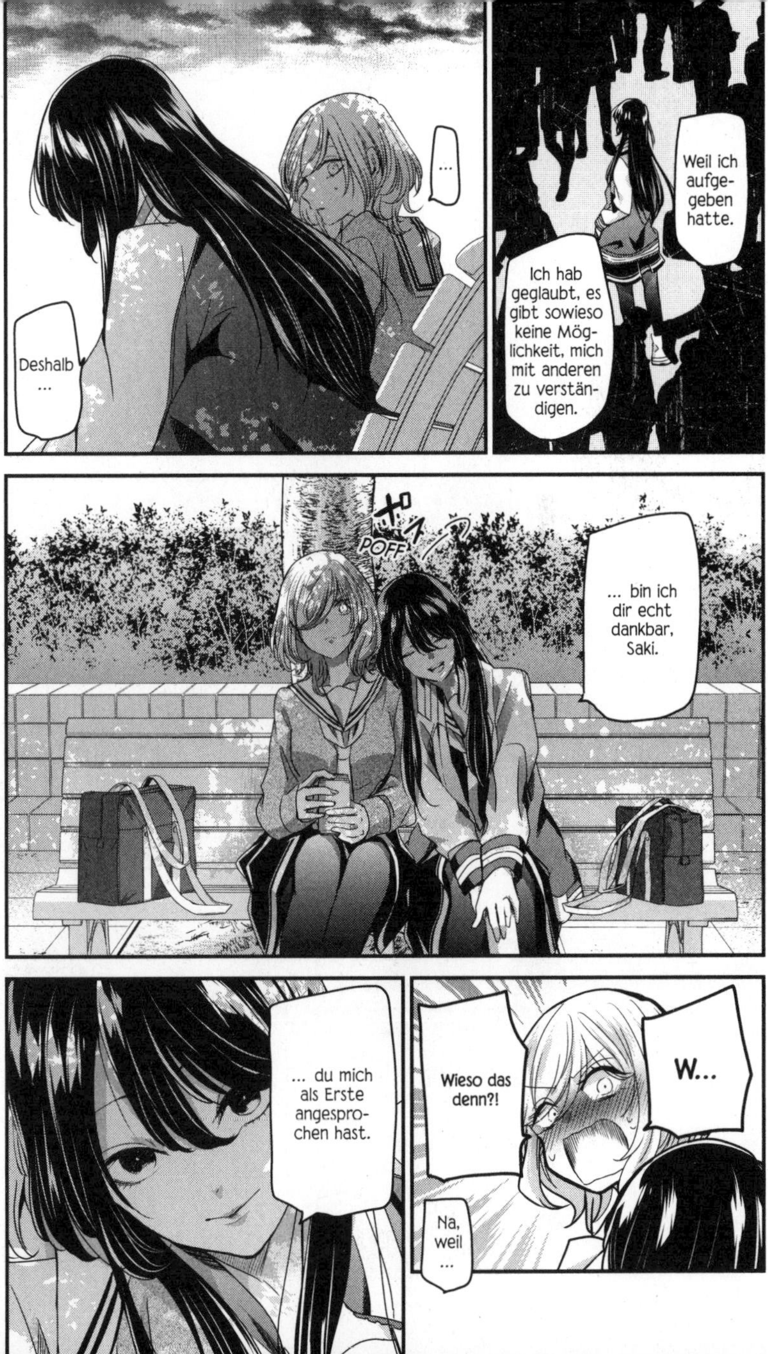
Weil ich aufgegeben hatte.
Ich hab geglaubt, es gibt sowieso keine Möglichkeit, mich mit anderen zu verständigen.
...
Deshalb ...
POFF
... bin ich dir echt dankbar, Saki.
W...
Wieso das denn?!
Na, weil ...
... du mich als Erste angesprochen hast.

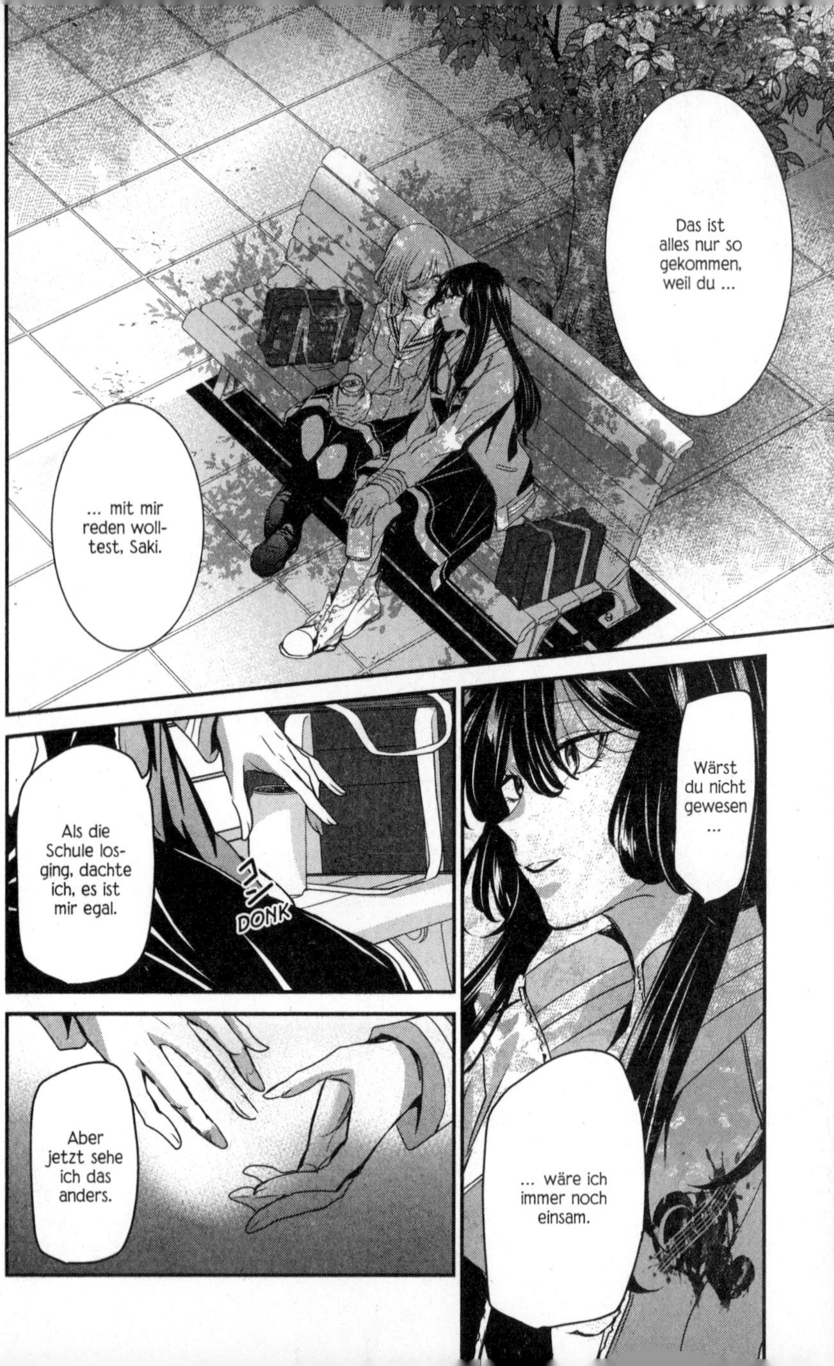
Das ist alles nur so gekommen, weil du ...
... mit mir reden wolltest, Saki.
Wärst du nicht gewesen ...
... wäre ich immer noch einsam.
Als die Schule losging, dachte ich, es ist mir egal.
DONK
Aber jetzt sehe ich das anders.

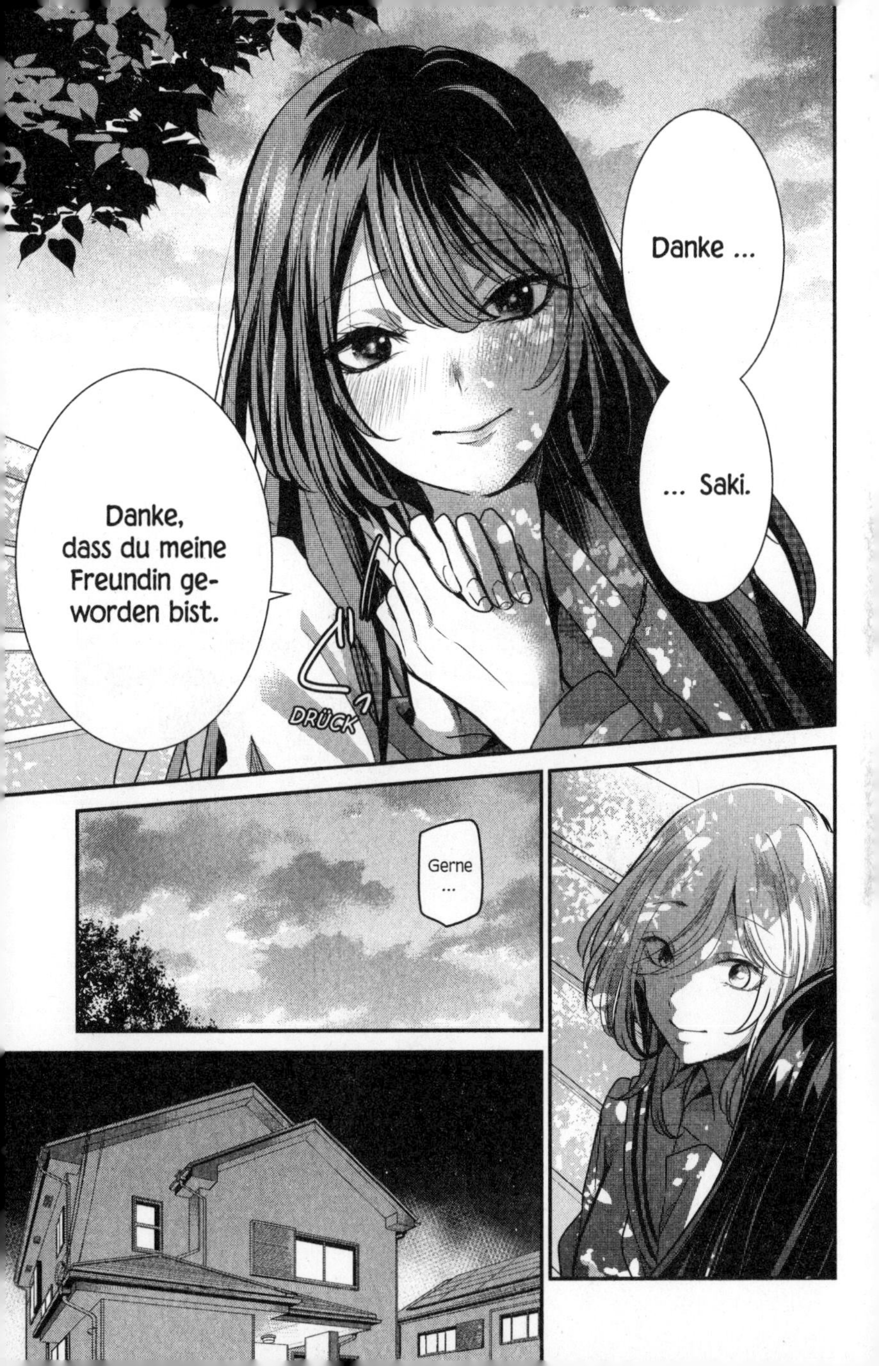
Danke ...
... Saki.
Danke, dass du meine Freundin geworden bist.
DRÜCK
Gerne ...

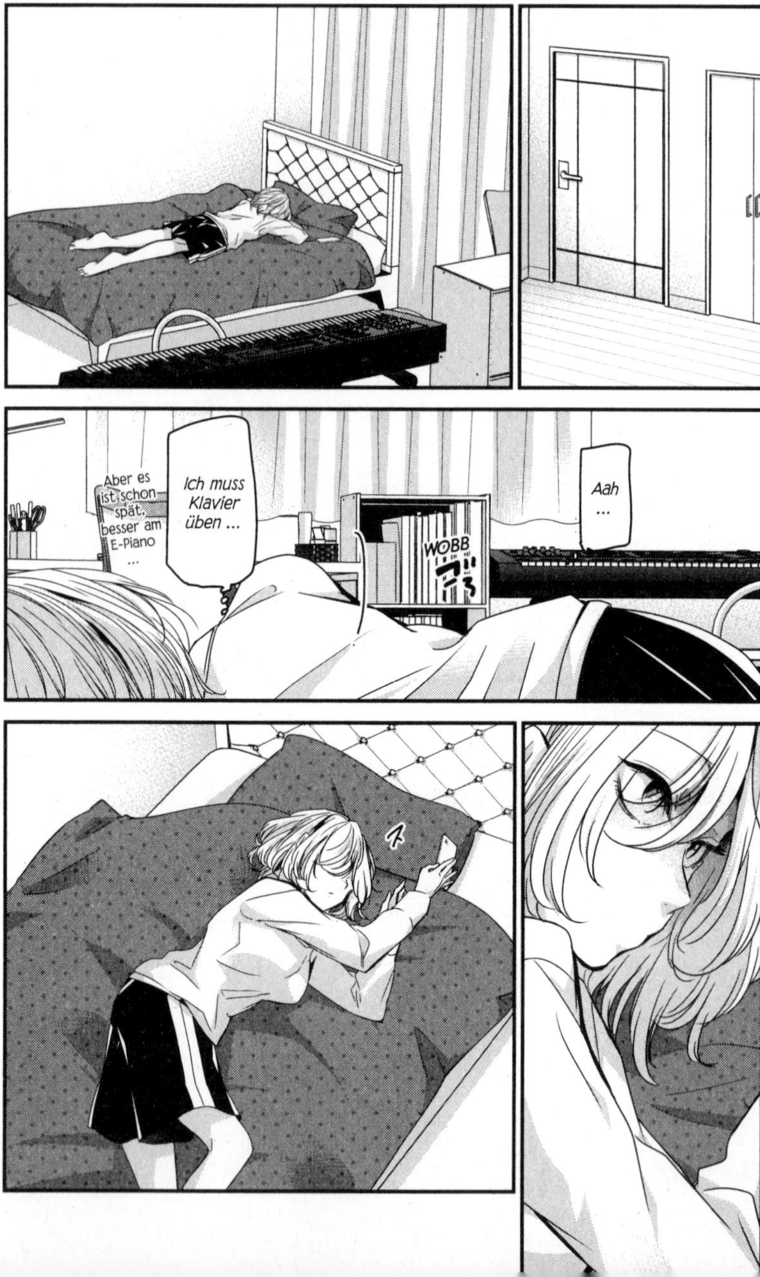
Aah ...
WOBB
Ich muss Klavier üben ...
Aber es ist schon spät, besser am E-Piano ...

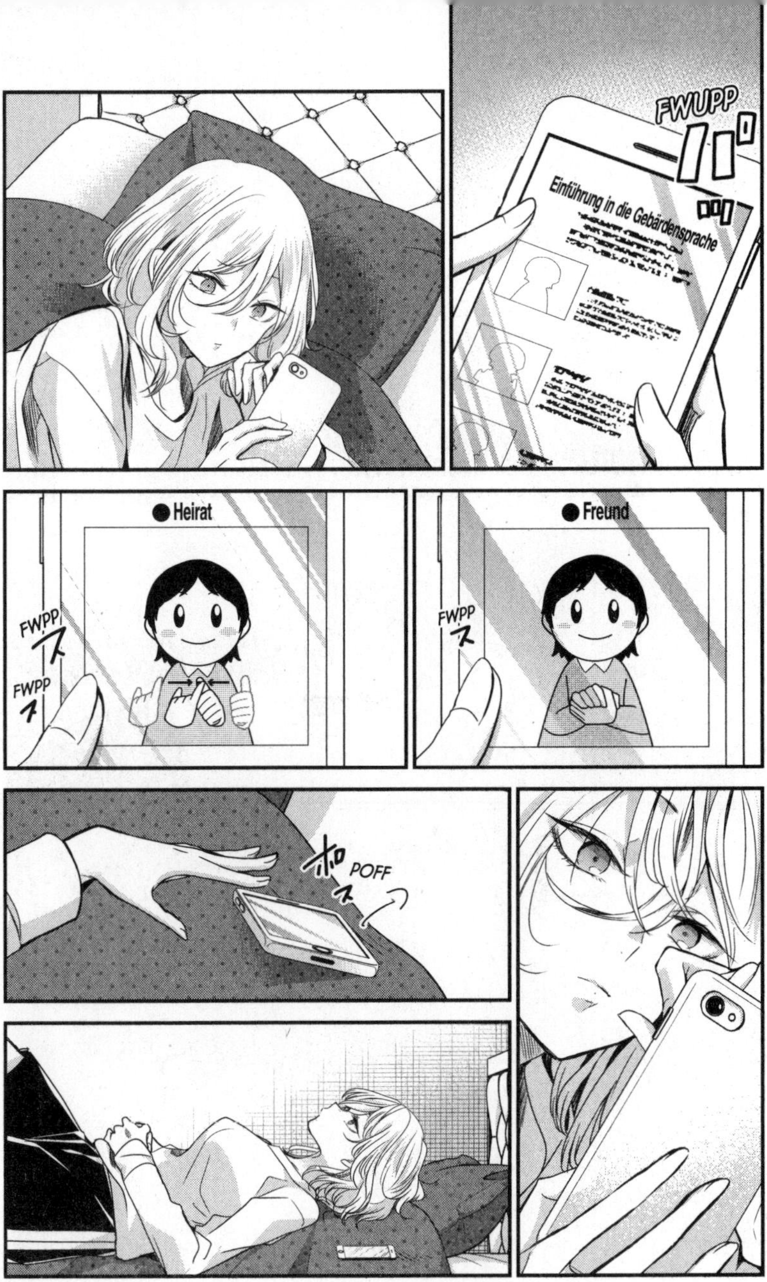
FWUPP
Einführung in die Gebärdensprache
Freund
FWPP
Heirat
FWPP
FWPP
POFF

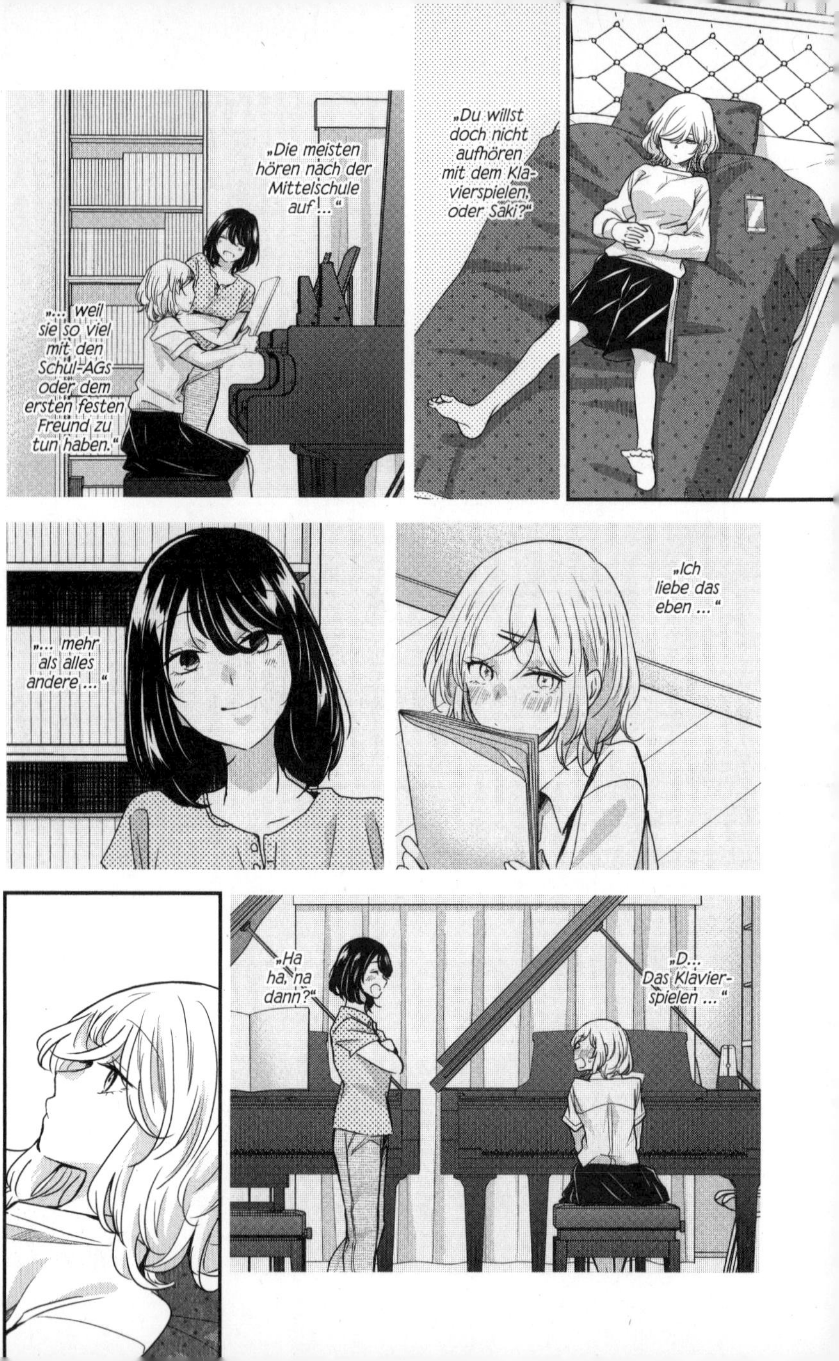
„Du willst doch nicht aufhören mit dem Klavierspielen, oder Saki?“
„Die meisten hören nach der Mittelschule auf …“
„… weil sie so viel mit den Schul-AGs oder dem ersten festen Freund zu tun haben.“
„Ich liebe das eben …“
„… mehr als alles andere …“
„D… Das Klavierspielen …“
„Ha ha, na dann?“

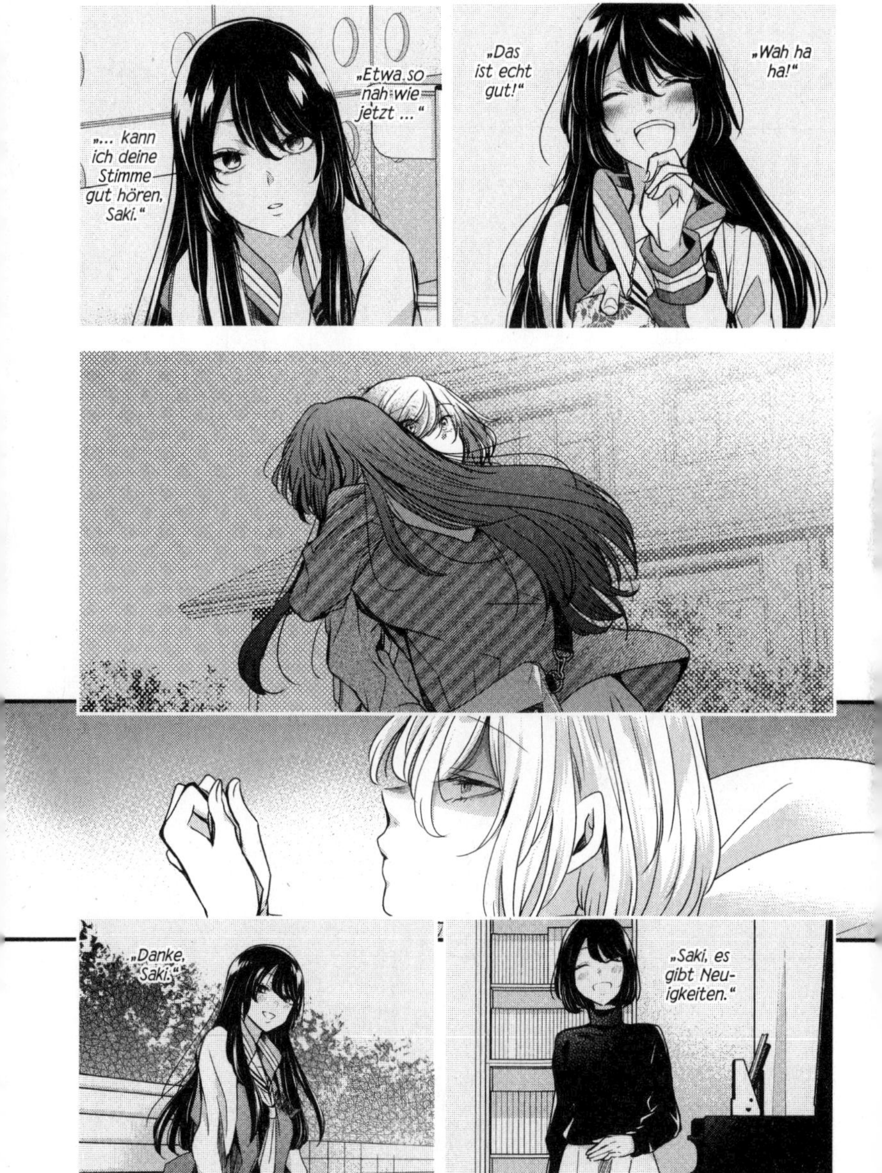
„Etwa so nah wie jetzt …“
„… kann ich deine Stimme gut hören, Saki.“
„Wah ha ha!“
„Das ist echt gut!“
„Saki, es gibt Neuigkeiten.“
„Danke, Saki.“

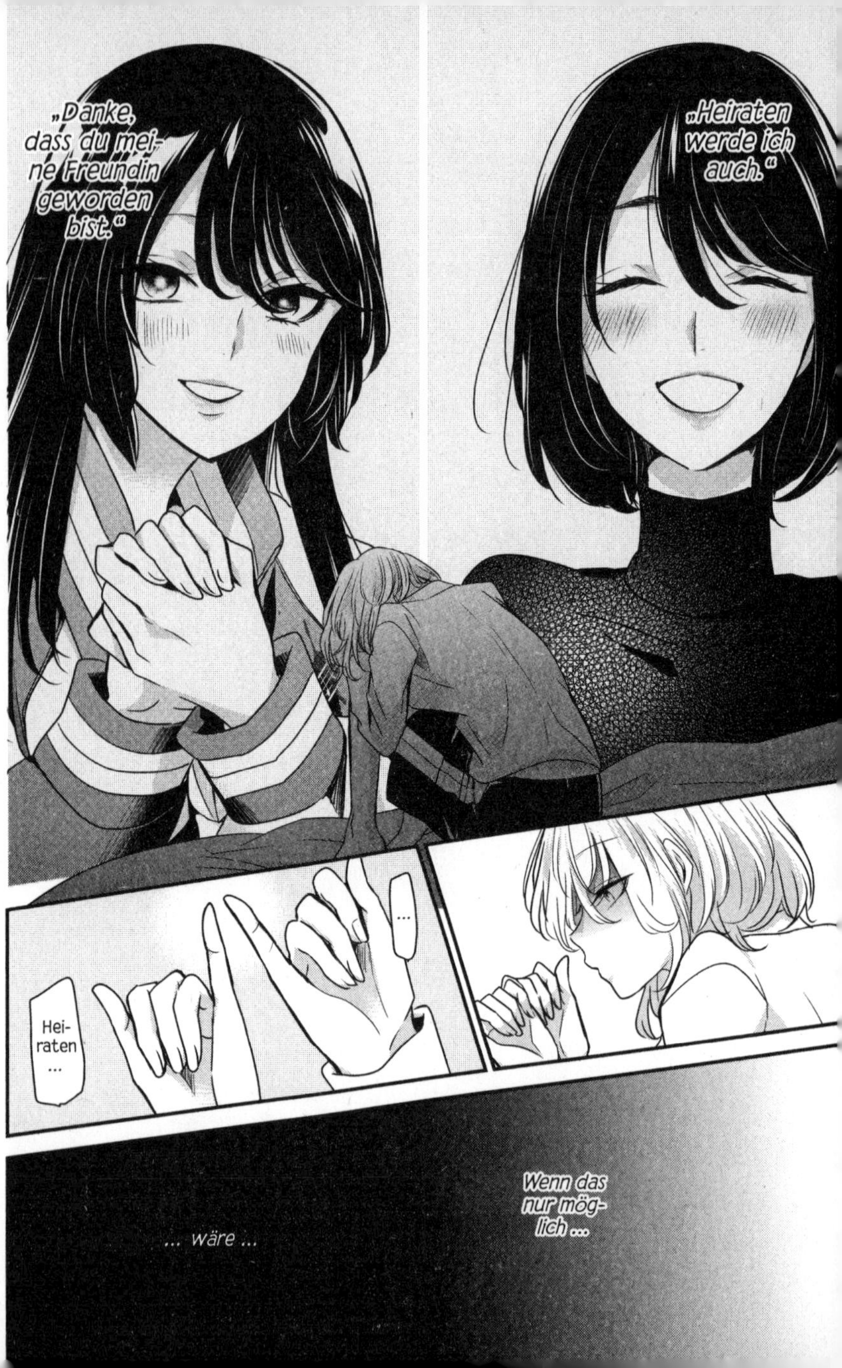
„Heiraten werde ich auch.“
„Danke, dass du meine Freundin geworden bist.“
…
Heiraten …
Wenn das nur möglich …
… wäre …

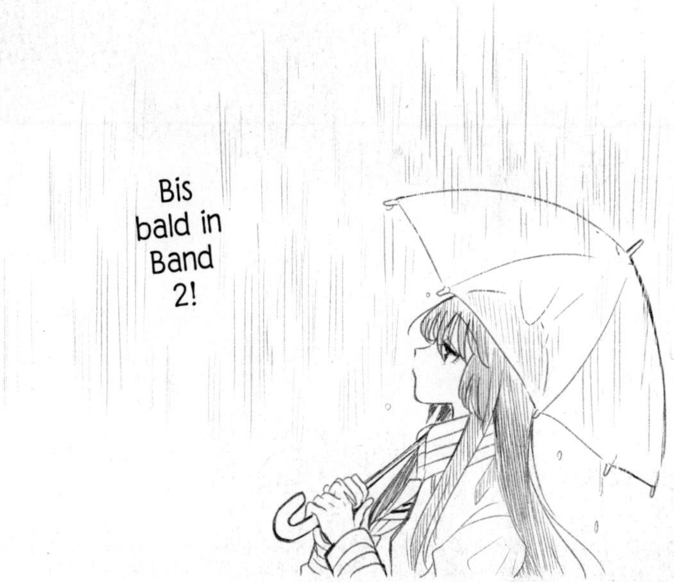
Bis bald in Band 2!

SUTOPPU!

Koko wa kono manga no owari dayo.
Hantaigawa kara yomihajimete ne!
Dewa omatase shimashita!
Tanoshii hitotoki wo dozo!

Egmont-Manga-Chiimu

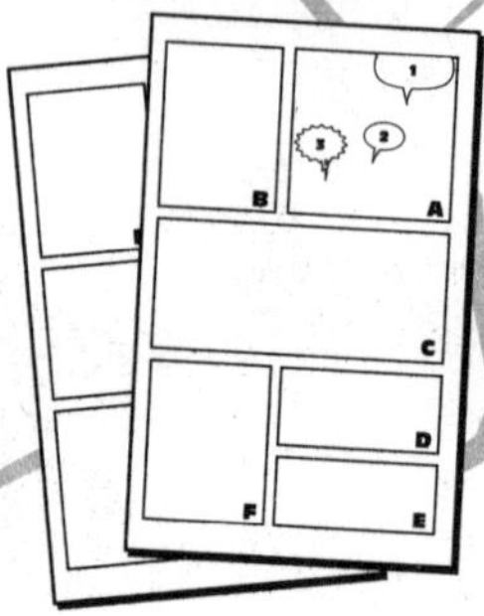

STOPP!

Das ist der Schluss des Mangas.
Fangt bitte am anderen Ende an!
Und nun genug der Vorrede,
viel Spaß beim Lesen!

Euer Egmont-Manga-Team

KODANSHA

EGMONT Shop
www.egmont-shop.de

„Der Mond in einer Regennacht" von Kuzushiro
Aus dem Japanischen von Dorothea Überall
Originaltitel: Amayo no Tsuki

Originalausgabe:
Amayo no Tsuki 01

Deutschsprachige Ausgabe:
Egmont Manga
verlegt durch Egmont Verlagsgesellschaften mbH,
Ritterstraße 26, 10969 Berlin
safety@egmont.de

2. Auflage 2025
Verantwortliche Redakteurin: Inga Wurzbach
Textbearbeitung: Beatrice Tavares
Gestaltung: Anke Koopmann, Designomicon
Sensitivity Reading: Ludmila Schmidt
Koordination: Angelika Schönhuber
Printed in the EU
ISBN 978-3-7555-0299-9

story house
EGMONT